浙江省自然科学基金联合基金资助项目（LQ21G020001）资助

混合所有制企业公司治理能力对资本管理的影响研究

杜运潮　著

中国财经出版传媒集团
中国财政经济出版社

图书在版编目（CIP）数据

混合所有制企业公司治理能力对资本管理的影响研究/杜运潮著 . -- 北京：中国财政经济出版社，2021.5

ISBN 978－7－5223－0477－9

Ⅰ.①混… Ⅱ.①杜… Ⅲ.①国有企业－混合所有制－企业管理－研究－中国 Ⅳ.①F279.241

中国版本图书馆 CIP 数据核字（2021）第 058541 号

责任编辑：彭　波　　　　　责任校对：张　凡
封面设计：卜建辰　　　　　责任印制：史大鹏

中国财政经济出版社 出版

URL：http://www.cfeph.cn

E-mail：cfeph@cfeph.cn

（版权所有　翻印必究）

社址：北京市海淀区阜成路甲 28 号　邮政编码：100142
营销中心电话：010-88191522
天猫网店：中国财政经济出版社旗舰店
网址：https://zgczjjcbs.tmall.com
北京财经印刷厂印刷　各地新华书店经销
成品尺寸：170mm×240mm　16 开　14.75 印张　232 000 字
2021 年 5 月第 1 版　2021 年 5 月北京第 1 次印刷
定价：78.00 元
ISBN 978－7－5223－0477－9
（图书出现印装问题，本社负责调换，电话：010-88190548）
本社质量投诉电话：010-88190744
打击盗版举报热线：010-88191661　QQ：2242791300

前　言

积极发展混合所有制经济，是深化国企改革、推进国有经济战略性调整的重要任务，是促进国有企业和非国有企业融合发展的有效途径。国有资本、非国有资本交叉持股，相互融合的混合所有制经济，将是未来我国经济形式的主流。国有资产改革方向从"管人管事管资产"向"管资本"的转变，这其中公司治理能力发挥了至关重要的作用。公司治理能力作为混合所有制企业发展的保障，混合所有制企业公司治理能力如何评价，其提升能否提高资本投资效率、资本收益，能否优化资本结构等，是研究混合所有制经济必须面对和解决的现实问题。

本书基于混合所有制企业、公司治理能力和资本管理相关研究成果，结合公司治理理论、资本管理理论、企业能力理论等多种理论，综合运用变异系数—加权法、面板数据模型、多元回归模型等研究方法，探索混合所有制企业公司治理能力对资本管理的影响，为混合所有制企业提升公司治理能力、提高资本投资效率和资本收益、优化资本结构提出管理启示。本书沿着"理论框架—能力测度—效率影响—效益影响—中介效应"的研究思路展开，具体内容如下：

第一，对混合所有制企业、公司治理能力、资本管理的基础理论知识概述。界定了混合所有制企业概念，分析了混合所有制企业的特征，梳理了混合所有制企业的形式；界定了公司治理能力、混合所有制公司治理能力的概念，并分析了混合所有制企业公司治理能力的特点；厘清了资本的内涵与外延，界定了资本管理的概念，并基于资本管理目标，搭建了混合所有制企业公司治理能力对资本管理影响的思路框架。

第二，对利益相关者进行了博弈均衡分析，得出解决"持股人"问题是混合所有制改革中的一个重要问题的结论。在此基础上，构建了混合所有制企业利益相关者动态博弈模型并进行了求解，得出国有企业进行混合所有制改革的必然性结论。

第三，以利益相关者理论和企业能力理论为基础，从内外部治理主体"综合素质"角度，全面剖析了公司治理能力构成要素，包含内部治理能力和外部治理能力。内部治理能力分为股东会治理能力、董事会治理能力、监事会治理能力、经理层治理能力和员工治理能力；外部治理能力分为政府关系治理能力、银行关系治理能力、供应商关系治理能力、客户关系治理能力和公众关系治理能力。构建了包含50项指标的混合所有制企业公司治理能力测度指标体系。选取92家国企改革成分股作为样本，建立变异系数—加权法测度模型。测度结果表明，内部治理能力比外部治理能力更能影响混合所有制企业公司治理能力大小；企业综合指数总体结果较好；不同行业、不同地区、不同上市板块的混合所有制企业差异显著。

第四，从混合所有制企业综合指数、内部治理能力指数以及外部治理能力指数三个方面出发，对混合所有制企业公司治理能力对资本投资效率的影响进行了实证分析，并重点探讨了混合所有制企业股东会治理能力、董事会治理能力、监事会治理能力以及经理层治理能力对资本投资效率的影响，利用Richardson模型计算混合所有制企业非效率投资，以此反映其资本投资效率。研究表明混合所有制企业公司治理能力对资本投资效率影响过程中，内部治理能力处于核心影响地位，且这种正向促进过程中，公司治理能力、内部治理能力和外部治理能力均对下一阶段资本投资效率产生正向影响，其中外部治理能力的长效影响更为显著；新兴行业、高资本混合度条件下的混合所有制企业公司治理能力对资本投资效率的影响更显著。

第五，从混合所有制企业综合指数、内部治理能力指数以及外部治理能力指数三个方面出发，对我国混合所有制企业公司治理能力对资本收益的影响进行了实证分析。研究发现：混合所有制企业公司治理能力的提升对企业价值与企业效益均有促进作用，但影响效应有所差别；混合所有制企业内部治理能力指数与企业价值 Tobin's Q 正相关，同时与企业价值也具有正相关性；混合所有制企业外部治理能力指数对企业价值、企业效益均有正向影响；混合所有制企业公司治理能力的提升对企业价值和企业效益的影响都具有长期性。

第六，以资本混合度、资本集中度、资产负债率三个指标从不同层面反映资本结构，从资本增值的长远视角选择企业价值指标来描述资本收益，分析合所有制企业公司治理能力对资本结构影响资本收益的中介效应。研究发现：资本结构整体上对资本收益具有显著影响，但资本混合度对资本收益影响不够显著；公司治理能力对资本结构影响资本收益具有整体上的强中介作用，但对资本混合度影响资本收益中介效应难以发挥作用；对于新兴行业与传统行业、高资本混合度与低资本混合度条件下，公司治理能力对资本混合度、资本集中度、资产负债率各自影响资本收益的中介作用存在差异。

本书研究表明：混合所有制企业公司治理能力对资本投资效率具有正向的可持续影响，对资本收益也有正向可持续性影响，对资本结构影响资本收益具有整体上的强中介作用，新兴行业与传统行业、高资本混合度与低资本混合度条件下，公司治理能力对资本管理三个维度的影响存在差异。本书的主要创新点为：（1）提出了混合所有制企业公司治理能力对资本管理的影响逻辑;(2)设计了基于内外部治理主体的混合所有制企业公司治理能力测度体系;(3)揭示了混合所有制企业公司治理能力在资本结构对资本收益影响关系中的中介作用。

目 录

第1章 绪 论 ……………………………………………………… 1
  1.1 研究背景 ……………………………………………………… 1
  1.2 研究目的和意义 ……………………………………………… 4
  1.3 国内外相关研究综述 ………………………………………… 6
  1.4 研究内容与方法 ……………………………………………… 21

第2章 概念界定及理论基础 …………………………………… 25
  2.1 混合所有制企业的内涵及形式 ……………………………… 25
  2.2 混合所有制企业的公司治理能力 …………………………… 29
  2.3 资本与资本管理 ……………………………………………… 35
  2.4 资本管理与公司治理能力的关系 …………………………… 42
  2.5 相关理论基础 ………………………………………………… 44
  本章小结 …………………………………………………………… 52

第3章 混合所有制企业利益博弈分析 ………………………… 53
  3.1 混合所有制企业利益相关者分析 …………………………… 53
  3.2 混合所有制企业利益相关者合作剩余分析 ………………… 58
  3.3 混合所有制企业利益相关者博弈均衡分析 ………………… 66
  3.4 混合所有制企业利益相关者的动态博弈模型 ……………… 71
  本章小结 …………………………………………………………… 74

第4章 混合所有制企业公司治理能力的构成及测度 ... 75
4.1 混合所有制企业公司治理能力的构成要素 ... 75
4.2 混合所有制企业公司治理能力的测度指标体系 ... 84
4.3 混合所有制企业公司治理能力的测度 ... 93
4.4 混合所有制企业公司治理能力提升对策 ... 114
本章小结 ... 122

第5章 混合所有制企业公司治理能力对资本投资效率的影响 ... 124
5.1 研究假设 ... 125
5.2 混合所有制企业资本投资效率的衡量 ... 128
5.3 研究设计 ... 133
5.4 实证分析 ... 134
5.5 研究结论及启示 ... 147
本章小结 ... 150

第6章 混合所有制企业公司治理能力对资本收益的影响 ... 151
6.1 研究假设 ... 152
6.2 研究设计 ... 156
6.3 实证分析 ... 158
6.4 研究结论及启示 ... 170
本章小结 ... 172

第7章 混合所有制企业治理能力对资本结构影响资本收益中的中介效应 ... 174
7.1 研究假设 ... 175
7.2 研究设计 ... 179
7.3 实证分析 ... 181
7.4 研究结论及启示 ... 195
本章小结 ... 198

第8章 结论与展望 199
  8.1 全书总结 199
  8.2 创新点 201
  8.3 研究展望 202

参考文献 204

附 录 216
  附表1 样本企业股票代码及名称 216
  附表2 混合所有制企业公司治理能力测度指标变异系数 218
  附表3 按行业分组的混合所有制企业内部治理能力指数描述性统计 220
  附表4 按行业分组的混合所有制企业外部治理能力指数描述性统计 220
  附表5 按行业分组的混合所有制企业二级指数均值统计 221
  附表6 按区域分组的混合所有制企业内部治理能力指数描述性统计 222
  附表7 按区域分组的混合所有制企业外部治理能力指数描述性统计 222
  附表8 按区域分组的混合所有制企业二级指数均值统计 222
  附表9 按上市板块分组的混合所有制企业二级指数均值统计 223

第 1 章

绪　　论

1.1　研究背景

1.1.1　混合所有制改革是国有企业发展的必然要求

改革开放以来，我国国有企业不断深化改革，主要经历了四个发展阶段：第一阶段是 1978~1992 年，国企改革的初步探索阶段。该阶段提出承包经营责任制和放权让利，主要解决国企整体效率低下及管理体制中产权过于集中的问题，为后续国有企业改革留下宝贵的经验和教训。第二阶段是 1993~2002 年，国企改革的制度变革阶段。该阶段主要解决社会主义制度下计划与市场的关系问题，是国企改革实践的重大突破，要求国企进行制度创新，并开始现代企业制度建设试点。但该阶段政企不分、政资不分的问题未得到根本解决。第三阶段是 2003~2013 年，国企改革的推进阶段。该阶段涉及国有资产管理体制改革，强调统一监管、建立现代企业制度，并确立"管资产、管人、管事相结合"的国有资产监管原则。但在国有企业经营发展过程中，各种所有制经济并未实现有机融合，导致协同效应较弱，国有资产流失严重。第四阶段是 2014 年至今，国企改革的深化阶段。该阶段大力支持混合所有制经济的发展，并将国有资产监管原则进一步转向为"管资本"，加快国有企业混合所有制改革的步伐，提高国有资本效率，建立现代企业制度，增强国有企业活力。

混合所有制改革成为当前国企改革的重要突破口，对推动国企产权多元化、建立市场化体制、机制，使国有企业真正成为市场竞争主体具有重大意义。截至2017年2月底，中央企业各级子企业公司制改制面达到92%以上，根据国资委划定的公司制改制目标，我国有望在2017年底全面完成股份制改革工作。混合所有制改革的推进使国有企业效益效率稳步提升。2016年，我国国有及国有控股企业实现营业收入45.9万亿元，同比增长2.6%；实现利润总额2.3万亿元，同比增长1.7%。随着各种所有制经济的发展，混合所有制经济成为基本经济制度与市场经济体制相结合的必然产物，为进一步激发市场活力、实现更大范围内的资本社会化提供了有力保障。自十八届三中全会通过《中共中央关于全面深化改革若干重大问题的决定》（以下简称《决定》）以来，新一轮混合所有制改革全面展开，混合所有制企业由"管资产"向"管资本"转变，通过继续深化混合所有制改革，积极发展混合所有制经济，实现国有资本放大功能、保值增值，提高国有企业市场竞争力。总体而言，混合所有制改革是国企发展的必然要求。

1.1.2 公司治理能力是混合所有制企业发展的内在动力

近年来，国有企业积极采取措施推动混合所有制改革各项任务落到实处。但在国企改革过程中，也存在一些突出问题：一是如何确定合理的混合所有制股权结构，缺乏科学依据；二是垄断行业的改革步履艰难，民营资本进入基础产业、基础设施、社会公共服务等领域难以落实；三是规范企业尤其是上市公司行为方面存在缺陷；四是资本市场供需不平衡。这些问题的存在，加之新一轮改革细则至今未出，民营企业对发展混合所有制大多心存疑虑，如何提高国企效率，实现混合所有制企业的可持续发展成为社会各界探讨的热点。

同时十八届三中全会通过的《决定》还指出积极推进混合所有制改革要时刻关注市场化、国际化的新形势，全面建立现代企业制度。现代企业制度的核心是构建合理的公司治理结构，规范的公司治理结构有助于实现所有权与经营权相分离的现代经济运行模式，提高国有企业经营效率。通过完善混合所有制企业的治理结构和治理机制，其公司治理能力得到逐步的提升，形成相对稳定均衡的利益关系和权力结构，股东和管理者能积极发挥自身作用提高企业经营效率。其中非国有资本能够起到良好的监督作用，缩短委托—代理链条，解决国有企业所有者缺位的难题，进而提高国有资本的价值创造力。权力的制衡与协调能有效调动各利益相关方的积极性和创造性，保持混合所有制企业发展所需的内生动力和市场动力，提高公司治理效率、降低交易成本和代理成本，进而实现混合所有制企业的价值最大化。因此，公司治理能力是国有企业混合所有制改革的关键，也是提高混合所有制企业效率、促进可持续发展的重要保障。

1.1.3 资本管理是混合所有制改革的重要内容与目标

在混合所有制改革过程中，国有资产管理仅关注资产的占用状况、实物形态、价值变化等，往往忽视资本的运行质量及使用效率，国有资产监管越位、缺位、错位现象时有发生，导致国有资产流失、违纪违法等问题在一些领域和企业较为突出，国有资本配置效率亟待提高。如何发挥国有资本运营效率、激发企业活力是社会各界关注的焦点。

国务院印发的《关于深化国有企业改革的指导意见》（以下简称《意见》）明确提出，国有资产改革方向应从"管人管事管资产"转向"管资本"，推动国有资产监管机构职能的转变，真正实现所有权与经营权的分离，促进企业自主经营及市场化发展。新一轮的国有资产管理体制改革为混合所有制改革提供了政策指导，国有企业应致力于优化国有资本布局结构，紧紧围绕服务国家战略，调整国有资本重点投资方向和投资领域，支持有条件的国有企业改组为国有资本投资公司，提高企业资本管理效率。现阶段，基本经济制度的重要实现形式就是将国有资本和非国有资本相互融合的混合所有制经济。通过对不同性质的资本的有效管理，注重资本保值和增值，提高资本投入产出比率，维持资本形态变化的连续性，能够充分实现混合所有制企业各种所有制资本取长补短、共同发展，提升企业价值。目前实现资本增值的关键途径就是进行资本管理，对提高资本配置和运行效率有着积极作用。在混合所有制改革进程中，资本管理是改革的重点，也是改革顺利实施的关键。

由此，有必要清晰界定混合所有制企业公司治理能力和资本管理内涵，分析混合所有制企业公司治理能力构成要素，构建混合所有制企业公司治理能力测度指标体系，科学测度混合所有制企业公司治理能力。在此基础上，结合本书对资本管理内容的分解，分别从公司治理能力、内外部治理能力对资本投资效率、资本收益的影响（包括当期影响和长效影响），以及内外部治理能力对资投资效率的结构性影响。进一步围绕主题，探究公司治理能力对资本结构影响资本收益的中介效应，分析公司治理能力是否能够间接影响资本结构的调整。

1.2 研究目的和意义

1.2.1 研究目的

《决定》着重强调混合所有制经济是基本经济制度的重要实现形式，这表明在未来很长一段时间内，混合所有制企业改革是我国企业改革的一项伟大举措，对我国经济发展产生深远的影响。积极推进混合所有制企业改革是深化国企改革、推进国有经济战略性调整的重要任务，是促进国有资本和非国有资本融合发展的有效途径。《意见》明确提出，国有资产改革方向应从"管人管事管资产"转向"管资本"。但具体如何管资本、管资本的什么仍未明确，公司治理能力作为混合所有制企业发展的保障，混合所有制企业公司治理能力如何，其提升能否提高资本投资效率、资本收益，能否优化资本结构等，是研究混合所有制经济必须面对和解决的现实问题。

为此，本书基于公司治理理论、资本管理理论和企业能力理论等理论，界定公司治理能力、资本管理的概念，搭建公司治理能力和资本管理的理论框架；分析公司治理能力的构成要素，构建混合所有企业公司治理能力测度体系，并选择样本企业进行测度，多方面比较公司治理能力测度结果；从"资本效率"方面，构建资本投资效率衡量模型，从公司治理能力、内外部治理能力和内部治理能力结构三方面分析其对资本投资效率的影响；从"资本效益"方面，选取不同指标衡量资本收益，从公司治理能力、内外部治理能力和内部治理能力结构三方面分析其对资本收益的影响；最后，分析公司治理能力对资本结构影响资本收益的中介效应，依据实证结果分别提出管理启示。

1.2.2 研究意义

本书结合公司治理理论、资本管理理论和企业能力理论等理论，搭建混合所有制企业公司治理能力和资本管理理论框架，构建混合所有制企业公司治理能力测度指标体系，并利用变异系数—加权法测度构建其测度模型。基于资本管理理论框架，探索混合所有制企业公司治理能力对资本投资效率、资本收益的影响，在此基础上，进一步探讨混合所有制企业公司治理能力对资本结构影响资本收益的中介效应，以实现通过提升公司治理能力强化混合所有制企业资本管理，实现资本增值。本书研究的意义可从以下两个方面进行阐述：

（1）理论意义。

①基于内外部治理主体角度构建混合所有制企业公司治理能力测度体系，可以丰富和发展公司治理理论和研究内容。

本书基于国内外有关混合所有制企业和公司治理能力的相关研究成果，结合现代企业制度理论、企业能力理论等相关理论，界定混合所有制企业公司治理能力内涵，分析混合所有制企业构成要素。同时，基于内外部治理主体，从股东大会治理能力、董事会治理能力、监事会治理能力、管理层治理能力、员工治理能力、政府关系治理能力、银行关系治理能力、供应商关系治理能力、客户关系治理能力和公众关系治理能力十个方面，构建混合所有制企业公司治理能力测度指标体系。在此基础上，构建基于变异系数—加权法的测度模型，选择样本企业进行公司治理能力测度，能够丰富和发展公司治理理论和研究内容。

②搭建混合所有制企业公司治理能力对资本管理影响的逻辑框架，拓展公司治理能力和资本管理理论的研究视野。

本书依据资本管理目标分析，即包括预期资本回报目标、资本收益最大化目标、资本配置优化目标和资本增值回报目标，将资本管理的核心归纳为资本投资效率、资本收益和资本结构，提出"公司治理能力测度体系→公司治理能力对资本投资效率的影响→公司治理能力对资本收益的影响→公司治理能力对资本结构影响资本收益的中介效应"的逻辑框架，探究混合所有制企业公司治理能力对资本管理的影响，对拓宽公司治理理论和资本管理理论的研究视野具有重要意义。

（2）现实意义。

①本书研究成果可以为混合所有制企业提升公司治理能力、提高资本投资效率和资本收益以及优化资本结构提供管理启示。

本书利用构建的混合所有制企业公司治理能力测度指标体系，选择样本进行能力测度，得到反映公司治理能力大小的综合指数排名和影响公司治理能力大小的核心指标，为混合所有制企业加强公司治理能力建设提供依据。同时，本书利用测度结果，进一步探讨混合所有制企业公司治理能力对资本管理的影响，为混合所有制企业提高资本投资效率和资本收益、优化资本结构提出借鉴。

②本书研究成果可以为相关政府部门加快发展混合所有制改革、强化资本管理、实现国有资本增值提出参考。

目前，混合所有制改革方向由"管资产"向"管资本"方向转变，使资本管理成为混合所有制企业改革的重点内容和关键目标，但具体如何管资本仍然不是十分明确。本书通过研究所有制企业公司治理能力对资本管理的影响，探索从公司治理能力角度加强混合所有制企业资本管理，为政府部门，尤其是发改委、国资委等大力发展混合所有制改革，强化资本管理、实现国有资本增值提供参考。

1.3 国内外相关研究综述

1.3.1 混合所有制的相关研究

国外学者对混合所有制的研究主要源于混合经济。凯恩斯在《通论》中指出，国家权威与私人资本的融合是解决经济危机行之有效的方法，这是"混合经济"的最初由来[1]。随后，阿尔文汉森、萨缪尔森等学者认为大多数西方资本主义国家经济已经形成私人资本主义经济与社会化公共经济相互融合、相互促进的双重经济模式，在此基础上提出了混合经济理论，认为混合经济改变西方国家经济运行机制的同时,带来了混合所有制并成为经济运行的产权基础[2]。

在我国,混合所有制也并非新的所有制形态,是基于社会主义初级阶段基本国情一种过渡形式,是市场经济竞争的产物。改革开放以后,我国单一的公有制开始被打破,先后出现了经济联合体、"三资"和股份合作制的形式。党的十五大报告首次定义了"混合所有制",十六届三中全会又特别指出"投资主体多元化的实现,使股份制成为公有制经济的主要实现形式"。在混合所有制改革逐步深入的过程中,以公有制为主体,多种所有制经济共同发展的经济格局基本形成。在当前阶段,十八届三中全会将"积极发展混合所有制经济"作为大政方针指导新一轮国企改革。此后,有关混合所有制的研究逐渐增多。

由此可知,在我国混合所有制的实践远早于理论的形成,由于混合所有制改革的实践,才引起学术界的关注(赵春雨,2015)[3]。从对发展混合所有制经济的探索与争论到政府对混合所有制的肯定和发展,再到针对混合所有制企业治理的研究,在实践探索与理论突破中逐渐形成了中国特色社会主义市场经济改革的独特范式。结合国内外学者关于混合所有制的研究,从混合所有制的内涵、优越性、改革历程三方面进行文献回顾。

(1) 混合所有制内涵的相关研究。

从20世纪80年代起,不少国内学者针对混合所有制的含义进行了深入研究,但到目前为止,仍然没有形成统一的观点[5-8]。总结国内相关文献对于混合所有制含义的表述,可以从宏观层次、微观层次、三层论和四层论对其进行界定,如表1-1所示。

表1-1　　　　　　　　混合所有制经济含义的界定

层次	视角	观点表述
宏观	经济制度	指公有制为主体,多种所有制经济共同发展的社会主义初级阶段的基本经济制度。
微观	企业层次	指两种或两种以上的单一所有制结合而成的所有制。
	产权	不同所有性质的产权主体多元投资、交叉渗透、互相融合而形成的多元产权结构的企业。
	生产资料	指生产资料所有制的结构,是多种不同所有制。

续表

层次	视角	观点表述
三层论	宏观层面 微观结构 经营方式	一是以公有制为主体、多种所有制经济成分并存的所有制结构；二是指企业投资主体多元化；三是指经营方式多元化、混合化。
四层论	社会经济成分 所有制结构 企业资本组织形式 结合部与实现形式	一是指社会主义市场经济的重要组成成分；二是指所有制结构的构成包括多种经济成分；三是指在同一企业中存在多元的产权所有者；四是国有资本与非国有资本相互融合，使股份制成为公有制经济的主要实现形式。

根据对混合所有制含义的界定，在混合所有制具体形式划分方面[9~13]，本书依据国内学者提出的四种依据做出整理，如表1-2所示。

表1-2　　　　　　　　　　混合所有制经济的形式

划分依据	形式
企业形式	合资、合作企业，股份制和股份合作企业，以及由法人和自然人联合组建的各类投资基金，其中股份制是其典型。
投资来源	涉外经济形态、民营经济形态、国企改制形态。
公有制与非公有制的结合方式	混合股份制企业、混合合作企业、股份合作企业。
公有制与非公有制的地位	以公有制成分为主体、以非公有制成分为主体。

基于此，部分国内学者结合十八届三中全会的新要求，对混合所有制做出更为明确的界定。刘玉廷和刚成军（2014）[14]认为，混合所有制经济是我国基本经济制度的主要实现形式，是国有企业改革的重要任务，其主要表现形式是国有资本和非国有资本的混合。黄速建（2014）[15]从社会经济成分和企业产权结构两方面对混合所有制进行界定。

（2）混合所有制经济发展的相关研究。

随着国企改革的深化和发展，国内外学者对混合所有制的研究主要从国企改革的必要性和混合所有制的制度优势两方面进行探讨。Hua et al.（2006）[16]根据治理结构将国有企业分为混合制、股份制、国有控股以及小微企业四类，认为混合制具有最强的经济和社会政治功能。Yang（2007）[17]认为国企改革关系全局，包括金融体系、劳动配置和社会福利体系等，加快国企改革步伐、发展混合所有制有助于激发市场活力，否则上述领域均会处于停滞状态，经济改革的根基就会松散。Yan（2009）[18]以混合所有制经济效率的视角探索公共事业民营化改革之路，指出混合所有制有助于提高企业经营管理效率，是改革的有效路径。Guy et al.（2015）[19]以1997~2003年中国国企改革期间1100家的国有企业为研究对象，认为国有企业混合所有制改革有助于发挥政府和私人力量的协同效应，进一步提升公司业绩。顾钰民（2006）[20]指出混合所有制在产权制度、经营制度和分配制度方面比单一所有制更具制度效率。顾钰民（2014）[21]认为发展混合所有制经济有利于国有资本放大功能，更好地体现公有制经济的主体地位，同时促进各种所有制资本共同发展，指出将混合所有制引入国有企业改革是大势所趋。吴延兵（2014）[22]研究不同所有制企业技术创新能力发现，混合所有制企业能力最强，国有企业最弱。张东明和史册（2015）[23]强调，从理论和实践上都能充分证明混合所有制对中国国有企业改革具有积极的促进作用。吴万宗和宗大伟（2016）[24]认为，公有资本和非公有资本的交叉混合能够形成一种取长补短、相互促进的效应，从而提高企业效率。

（3）混合所有制改革的相关研究。

随着国民经济的发展，政府不断进行政策创新指导国有企业改革。周叔莲和刘戒骄（2008）[25]认为，国企改革先后历经了扩权让利、两权分离、建立现代企业制度、改革国有资产管理体制等阶段。张文魁（2008）[26]认为，国企改革经历的是从激进的控制权改革向渐进的所有权改革的演变。回顾国有企业改革的历史进程，可以归纳为初步探索、制度创新、推进改革和深化改革四个历史时期，总共历经了五个阶段（如图1-1所示），可以得知混合所有制并非新生事物。匡贤明（2014）[27]认为，在20世纪90年代初国家针对国企改革就已经确定了混合所有制改革的思路，即当时提出的股份制改革。随着市场化进程的发展，国有企业作为国民经济的重要支柱面临越来越大的竞争压力，也成为全面深化改革的一大难题。为了提升国有企业价值创造能力；通过引入灵活的管理机制，提升资源配置效率和企业活力；为不同性质的资本创造公平有序的竞争平台，实现利益的均衡分配。十八届三中全会将混合所有制经济提升到"基本经济制度的重要实现形式"的高度，以此推动市场在资源配置中决定性作用的实现和政府职能的更好发挥。这一决定是中国特色社会主义经济理论的重大创新，也为国企改革指明了道路。谭江华（2016）[28]认为，应基于顶层设计，从国有经济的战略布局着手，重启有序的"国退民进"，实现"国民共舞"。

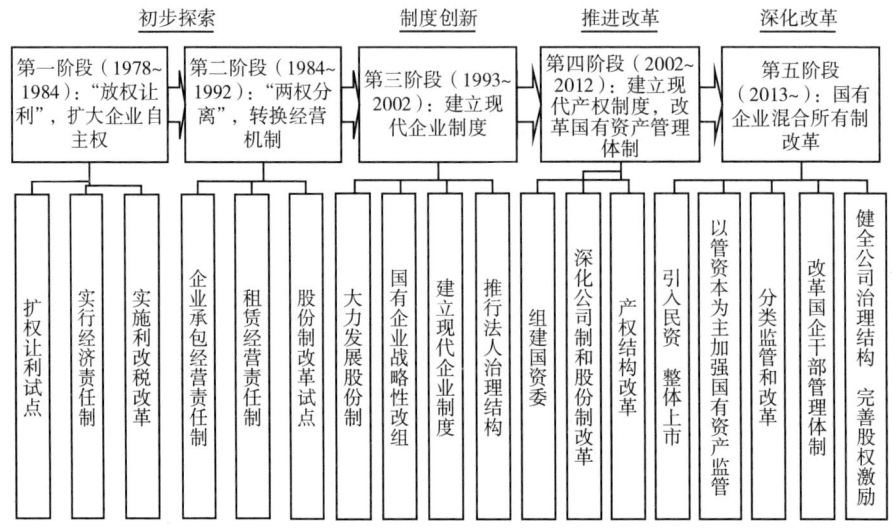

图 1-1 国有企业改革发展历程

1.3.2 公司治理能力的相关研究

（1）公司治理能力内涵的相关研究。

20世纪70年代后期提出的公司治理理论是为解决现代企业由于所有者与经营者相分离而产生的代理问题。目前学术界就公司治理的定义还未达成一致。Robert（1966）[29]认为公司治理发挥着对股东利益的防御作用。Barclay和Smith（1995）[30]提出公司治理是关于控制权和剩余索取权的一系列法律、文化和制度性的安排。

由于我国经济环境的特殊性，国内关于公司治理的研究晚于西方发达资本主义国家，其开始于20世纪90年代初。1994年第一部《公司法》的颁布引发了我国学术界关于公司治理的研究高潮。林毅夫和李周（1997）[32]提出公司治理是关于控制权的配置和行使，董事会、管理者和员工的监督和评价的一整套制度安排。而张维迎（2000）[33]则提出公司治理的两层含义，从广义上来说,公司治理是关于公司控制权和剩余索取权分配的法律、文化和制度性的安排,而从狭义上来看,公司治理应是公司内部的治理机制,其构成部分包括股东大会、董事会、监事会以及管理层。李维安(2009)[34]也从广义和狭义两个角度进行说明公司治理的定义,但其主要从利益主体间的关系进行说明。他认为广义的公司治理是一种协调公司与所有者、利益相关者(债权人等)之间的关系的机制,以维护公司各方面的利益。而狭义的公司治理指协调公司所有者与经营者间关系的制衡和监督机制。由此看来,国内外学者关于公司治理的定义还未达成一致。

关于公司治理能力的概念方面,李广存(2004)[35]认为大多数学者围绕公司治理的研究侧重于公司治理结构、治理机制、利益相关者等方面,缺乏对这些因素的内在统一性和矛盾性的研究。他提出,公司治理能力应当作为一个载体和主线,将各因素有机联系起来,并指出公司治理力是一个公司在科学、规范的法人治理结构基础上,由治理主体应用治理工具对治理客体进行治理而形成不断发展的一种生产力。其组成要素主要包括公司产权结构、公司法人结构、治理力主体与客体、治理力工具、治理关系等。在此基础上对影响公司治理力的内外部因素进行分析,提出构建公司治理力模型(见图1-2)。

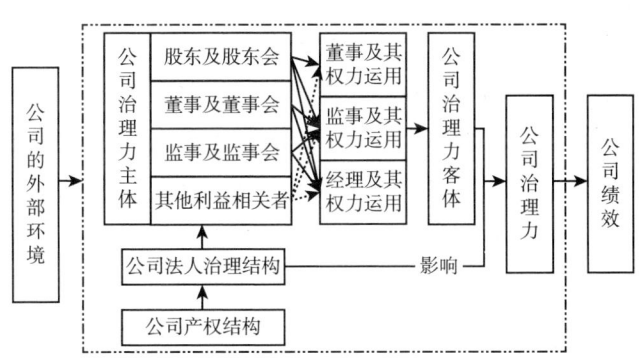

图 1-2 公司治理力模型

资料来源:李广存,陈妙.公司治理力结构问题探析[J].生产力研究,2005(08):186-187,190.

张东风和任爱英(2004)[36]认为,公司治理能力是公司治理主体(以股东为主的所有利益相关者)在一定条件下履行公司治理职责或义务的基本素质的外在表现，是公司竞争力的重要来源。朱开悉和王小朋（2006）[37]指出组织拥有的能力就是公司治理能力。李尊卫（2006）[38]认为企业能力包含公司治理能力。杜运潮和徐凤菊等（2016）[39]提出公司治理能力是公司治理体系中的一项软指标，是企业的核心竞争力的组成部分。

（2）公司治理能力评价的相关研究。

目前，国内外关于公司治理评价体系的文献较多，国外学者和研究机构对公司治理评价体系的研究较早。Jackson Martindell（1950）结合社会贡献、对股东的服务、公司财务政策等，提出的董事会业绩分析方法是公司治理评价研究的萌芽。Standard & Poor's（1998）构建一套公司治理评价体系，从国家和公司评分两个方面出发评价所有权结构、金融利益相关者的权利和相互关系、董事会结构等。Deminor（1999）推出的公司治理评价系统，包括股东权利与义务、接管防御的范围、信息披露透明度、董事会结构。戴米诺评价体系特别强调接管防御措施对公司治理的影响，如接管防御的范围，涉及指标包括董事会是否可以运用毒丸条款、金降落伞、期权条款等。亚洲里昂证券（2000）推出围绕着公司透明度、管理层约束、董事会的独立性与问责性、小股东保护、核心业务、债务控制、股东现金回报以及公司社会责任六大方面的公司治理评价系统。里昂证券亚洲的公司治理评价体系专门针对新兴市场，其评价要素包括对管理层的约束、公司透明度、董事会的独立性、董事会履责基础、违责追究、公平性、公司的社会意识等方面，侧重于对内部治理机制的考核。世界银行公司治理评估体系从国家层面出发，对公司治理的外部环境进行比较，面向证券发行商和相关投资企业，提供决策的参考依据。指标设计主要涉及了股东权利、利益相关者角色、披露及透明度和上市公司董事会职责、股东的平等对待四个方面。针对加拿大和美国的公司治理情况，穆迪公司构建了一套以董事会作为评价重点的指标体系。此体系由七个一级指标构建了体系的基本框架：董事会、利益冲突、所有权、主管薪酬和管理层发展及评价、股东权利、审计委员会和关键审计功能、治理信息透明度。李维安（2011）[40]发现穆迪公司根据加拿大和美国的一些公司治理情况，从董事会情况出发，构建一套指标体系。而全球有关公司治理评价系统的建立不断展开，比如ICLG、ISS、ICRA和泰国等都建立一系列的公司治理评价系统。

国内公司治理评价的理论和应用研究相对较晚。较权威的研究成果有南开治理指数（南开大学公司治理研究中心课题组，2003）和公司治理评价一般指标体系（严若森，2009）。裴武威（2001）[41]仅从公司内部角度进行构建公司治理评价指标体系，即股东权利、所有者结构、董事会结构和财务信息披露四个方面，而忽视了外部环境对公司治理产生的重大影响。南开大学公司治理研究中心（2003）[42]建立我国第一个公司治理评价体系，创建公司治理指数，其应用广泛。吴淑坤和李有根（2003）[43]从公司治理与管理匹配性评价、个性评价和环境评价三种视角构建上市公司治理评价体系。而叶银华和李存修等（2003）[44]构建的上市公司治理评价体系包括股权结构、董（监）事会组成、关联交易、大股东介入股市程度、管理形态五个维度。施东晖和司徒大年（2003）[45]从控股股东行为，关键人的聘选、激励和约束，董事会的结构与运作，信息披露透明度四个层面设计公司治理评价体系。严若森（2009）[46]以南开治理指数为基础，在评价体系中融入关于公司文化和社会责任的指标，完善治理评价体系。杨建仁和左和平等（2011）[47]则将公司独立性融入公司治理评价体系中去。另外一些学者融入了其他方面的指标，如白重恩等（2005）[48]围绕控制模式、市场机制即国有股"一股独大"的特点，设计公司治理指数（G指数），主要包括股东性质、股东持股比例情况、高管薪酬和上市情况等方面。张俊喜（2005）[49]结合中国上市公司治理三大方面的机制，编制反映其治理水平的综合评价体系。韩贵义（2010）[50]结合国有企业的特点，构建了一套适用于国有企业的公司治理评价体系，包括公司治理的内部因素和外部因素。秦斗豆（2014）[51]为探究混合所有制与治理绩效间的关系，构建了内外部-决定性要素分析模型。现将国内外公司治理评价系统汇总，如表1-3所示。

表1-3　　　　　　　　国内外公司治理评价系统汇总

公司治理评价机构或作者（年份）	评价内容
标准普尔（1998）	所有权结构、董事会结构和程序、金融利益相关者的权利和相互关系、财务透明度和信息披露
欧洲戴米诺（1999）	股东权利与义务、董事会结构、信息披露透明度、接管防御
亚洲里昂证券（2000）	公司透明度、董事会独立性与问责性、管理层约束、小股东保护、核心业务、股东现金回购、债务控制、社会责任

续表

公司治理评价机构或作者（年份）	评价内容
世界银行（2001）	股东权利、利益相关者角色、披露及透明度和上市公司董事会职责、股东的平等对待
穆迪公司（2002）	董事会、利益冲突、所有权、主管薪酬和管理层发展及评价、股东权利、审计委员会和关键审计功能、治理信息透明度
裴武威（2001）	股东权利、所有权结构及影响、董事会结构和运作、财务透明性和信息披露
吴淑琨（2002）	公司治理与管理匹配性、股权结构、治理结构、股东权利、财务及治理信息披露
叶银华等（2003）	股权结构、董（监）事会组成、关联交易、大股东介入股市程度、管理形态
施东晖等（2003）	控股股东行为、董事会结构与运作、关键人选聘激励与约束、信息披露透明度
南开大学公司治理研究中心（2003）	股东权益与控股股东行为、董事会与董事会治理、监事会与监事会治理、经理层治理、信息披露、利益相关者治理
严若森（2009）	股东权益机制、董事会治理、监事会治理、经理层治理、信息披露机制、利益相关者治理、公司治理文化、公司社会责任
杨建仁等（2011）	股权结构、董事会、监事会、经理层、股东、信息披露与公司独立性

资料来源：作者整理。

目前，现有关于公司治理能力评价的研究相对较少，如杜运潮等（2016）[39]依据中国上市公司治理指数和严若森（2009）的一般公司治理评价体系，构建国有控股上市公司治理能力评价体系。

（3）混合所有制企业公司治理能力的相关研究。

关于混合所有制企业公司治理的研究，国内外学者主要从股东大会、董事会、利益相关者等角度展开研究，尚未形成系统的体系。而针对混合所有制公司治理能力的研究更是屈指可数。

随着国企改革的逐步深化，国有企业混合所有制改革下的公司治理也带来了新的问题和挑战。从混合所有制企业公司治理特殊性角度，谢军和黄建华（2012）[52]指出政府角色、企业控制权、新旧公司治理结构并存等方面，应针对性地采取应对措施。张敏（2015）[53]提出公司治理的优化路径，包括强化大股东公司治理的良性作用、建立信息披露制度、独立的薪酬设计体系等。

以公司治理结构作为切入点,杨红英和童露(2015)[54]指出我国混合所有制企业公司治理尚不完善,在借鉴英美等国公司治理经验的基础上,提出应从股权结构、公司治理结构和公司治理机制等方面提高企业公司治理能力,并提出优化混合所有制企业公司治理的总体构想。杨红英和童露(2015)[55],还提出"股东—董事会—经理人"三者间的双重委托—代理关系,并从董事会治理模式、董事会构成以及董事会信息共享机制、权力制衡机制和决策机制等方面对国有企业混合所有制改革中的企业内部治理进行了探讨。

基于股权制衡的视角,郝云宏和汪茜(2015)[56]诠释了混合所有制企业中第二大股东的治理作用与治理机制,为化解当前国有控股企业中民营股东与国有股东的"控制权冲突"提供一定借鉴作用。臧跃茹和刘泉红等(2016)[57]认为发展混合所有制经济关键在于优化股权结构,着重解决国有企业股权比例过于集中、市场化运行机制不健全问题。从管理人员薪酬制度来看,程承坪和焦方辉(2015)[58]提出,深化国资控股的混合所有制企业和国有资本管理体制改革,实现管理人员去行政化、薪酬制度透明化。

从内外部机制来看,郑志刚(2015)[59]在混合所有制改革背景下对国企公司治理存在的问题进行总结,提出内部治理机制和外部制度环境、市场监管是提高混合所有制企业公司治理能力的重要途径。以利益相关者为视角,李正图(2005)[60]将混合所有制企业的利益相关者划分为三个层次,认为其制度选择和制度安排与一般企业的公司治理机制不同,指出混合所有制企业股东、债权人等所有利益相关者均应参与公司治理。此外,高明华(2015)[61]认为国企发展混合所有制必须立足于依法治企,而依法治企的根本在于公司治理,并从产权主体、董事会治理、信息披露等角度提出提高公司治理的对策建议。

1.3.3 资本管理的相关研究

(1) 资本管理理论的相关研究。

关于资本管理理论的研究,大部分学者从营运资本管理、经济资本管理、智力资本管理等方面展开研究。我国学者阎达五和杜胜利(1999)[62]从控股公司资本控制的视角研究了资本管理理论,指出现代企业制度的"管理科学"的核心和主线是资本管理的科学。文献梳理发现,关于资本管理理论的研究主要从资本结构、资本投资效率、资本收益等方面展开。

①关于资本结构的相关研究。在资本结构理论研究方面，Modigliani 和 Miller（1958）[63]最早提出的 MM 定理，理论发展阶段大致可分为 MM 定理、权衡理论、代理成本理论、信息不对称理论及控制权理论，然而对资本结构的界定尚未形成统一的结论，主要包括三种观点：其一，资本结构即股权资本和债务资间的比例关系，也是企业各种资本价值构成的表现情况；其二，沈艺峰等（1999）[64]认为资本结构是长期负债与权益资本的比例，短期负债不具备税盾效应和负债约束力，因此并不考虑短期负债；其三，张维迎和吴有昌（1995）[65]认为长期负债和短期负债具有同等效应，资本结构是所有负债与权益资本的比例关系。目前应用较为广泛的是资本结构的广义概念。

在资本结构与企业价值关联方面，不少学者进行了探讨。Berger 和 Patti（2002）[66]等学者研究发现资本结构与企业价值创造呈显著的正相关关系。Claessens 和 Djankov 等（2002）[67]以东亚国家 9 家上市公司为研究对象，指出企业经营绩效与股权控制程度呈负相关，合理的股权结构有助于提高企业价值。周革平（2006）[68]指出企业资本结构的选择是一个动态调整的过程，由于资本市场信息不对称、交易成本的存在等，资本结构会影响企业的市场价值。黄文青（2011）[69]学者指出资本结构与企业价值呈负相关，并通过实证研究加以验证。张海龙和李秉祥（2012）[70]以经理管理防御的视角研究资本结构与公司价值的关系，并构建价值决定动态模型，指出不同资本结构下企业价值和股东价值敏感度不同。阮素梅（2014）[71]研究分析股权结构与公司规模对企业价值创造能力的影响，并通过实证研究指出优化资本结构对提高企业价值创造能力和市场价值具有积极作用。

②关于资本投资效率的相关研究。国内外学者大多围绕资本投资效率与会计稳健性、股权结构的关系两个方面进行研究。在会计稳健性与资本投资效率的关系上，Biddle 和 Hilary（2006）[72]、孙刚（2010）[73]等学者研究会计稳健型与资本投资效率的关系。刘斌等（2011）[74]通过实证研究发现企业会计稳健性可以有效减缓契约各方间的信息不对称和代理问题，促使更多的实现高效率投资。Bushman 和 Piotroski（2011）[75]通过分析企业财务数据指出，稳健的会计政策可以提高会计信息的质量，影响企业资本投资效率。

此外，刘星和代彬等（2012）[76]从筹资方式来看，指出公司筹资方式不同将影响配置公司的剩余索取权和剩余控制权,对资本投资行为的有效性产生直接影响。潘前进(2015)[77]发现拥有较强管理能力的高管对减缓资本投资对内部现金流的高度敏感性起到十分重要的作用,为资本投资效率的研究提供了新的视角。

③关于资本收益的相关研究。最早源于亚当·斯密提出的收益概念,指出收益不以侵蚀资本为条件,是财富的增加,首次将其与资本保全相联系,这也是收益的经济概念(Heitor 和 Daniel,2006)[78]。在会计学中,将收益定义为收入与费用之间的差额,即投入与产出之差。在随后的研究中,许多学者继承和发展了这两种理念,认为资本收益就社会总体而言适用收益的经济概念,是控股公司凭借对生产资料的战友,参与社会收益分配而获得的劳动者为社会创造的剩余产品价值;就控股公司而言适用收益的会计概念,是控股公司作为资本所有者,以其投入企业的股权资本,从企业获得的投资收益。付青山(2009)[79]从广义上将企业的资本收益定义一定时期内企业创造的新增价值,即实现的总收入与总成本(包括必要劳动价值和生产资料成本)之间的差额,也就是企业利润;从狭义上将资本收益定义为所有人按出资比例从企业利润中分得的部分收益。李军和肖金成(2015)[80]研究混合所有制企业国有资本收益指出,资本收益的形式主要包括股息红利收益、股权转让收益及清算收益,并将资本收益的分配分为两个方面,分别是管理者需上缴的收益比例和经营投资性支出。

(2)资本管理与混合所有制的相关研究。

随着混合所有制改革的不断推进,企业资本管理成为有关混合所有制企业改革研究的热点问题,混合所有制实质是不同性质资本相互融合,因此如何进行有效的配置和管理资本成为混合所有制改革的关键所在。

王竹泉(2014)[81]认为混合所有制的实质是企业资本管理,即先将多种性质的资本相融合成为企业资本后,再重新分配企业控制权的管理过程。刘玉廷(2014)[14]则提出资本改革是混合所有制企业改革的关键,而资本改革的效果从资金管理效率的提升上反映出来[82]。权锡鉴(2014)[82]指出混合所有制既强调投资主体的多元化,也强调确立多元化投资主体的产权制度安排[82]。杜媛,孙莹等(2015)[82]也认为有效的资本管理是混合所有制企业改革顺利进行的关键,而资金管理效率能够有效地反映出资本管理对企业绩效的提升作用[82]。刘树艳(2015)[83]认为要想从根本上解决混合所有制企业主导动力缺乏、资本管理行政化、激励机制不完善和资本评估机制不健全等问题，必须降低竞争性企业的国有股比例，健全国有资本评估机制，完善管理者激励机制和公司治理结构，形成市场化的交易机制。张炳雷和王振伟（2016）[84]等学者通过分析国有资本管理现存的问题，从顶层设计、管理模式、公司化运营及监管路径等方面提出有关国有资本管理的对策建议。王淼（2016）[85]认为，通过国有资本运营管理公司持股和建立独立董事制度等公司治理措施能够改善国有企业资本配置效率。

（3）资本管理与公司治理能力的相关研究。

在资本管理与公司治理方面，蒋松云（2006）[86]对资本金管理与公司治理的内在关系进行研究探讨，认为资本金管理在公司治理改革中具有重要影响作用，是公司治理的核心，并从财务、风险管理、绩效管理等角度提出基于资本金管理的公司治理结构，促进公司治理机制的良好实现（见图1-3）。

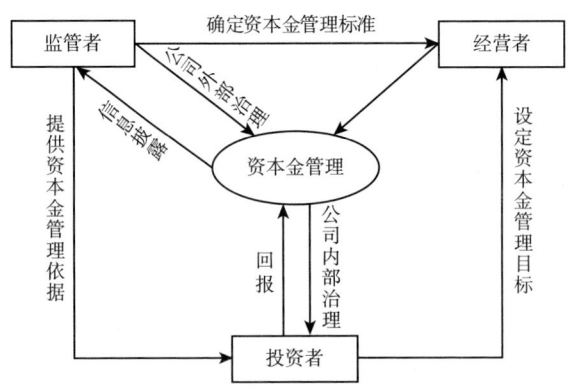

图1-3 资本金管理与公司治理结构的关系

廖继胜（2008）[87]以国有商业银行为例研究资本管理与公司治理之间的关系，并将资本管理分为监管资本管理、账面资本管理和经济资本管理，指出资本管理有助于提高公司治理。

在资本结构与公司治理方面，不少学者指出资本管理不仅是对资本量的管理，也是对资本结构的管理，而资本结构是企业公司治理的重要组成部分，同时影响公司治理的其他方面，因此，资本结构是公司治理的基础和依据，影响公司治理效率。许小年（1997）[88]指出公司治理机制是国企改革的核心，国有股比例高低与企业绩效呈负相关。在借鉴英美等国企业结构的基础上认为,应不断优化我国国有企业产权结构,构建具有中国特色的公司治理机制。张维迎(1997)[89]认为,资本结构作为公司治理结构的重要组成部分,其很大程度上影响公司治理结构的有效性。陈晓和江东(2000)[90]通过实证研究指出,不同的类型的资本结构在公司治理中发挥的效用不同,通过减持国有股比例,建立多元化股权结构能够改善公司治理结构,提高经营业绩与行业竞争力。吴丽贤(2007)[91]从股权资本和负债资本两方面研究资本结构与公司治理之间的关系,指出股权资本影响公司治理的结构安排,负债资本主要影响公司治理对经营者的约束和激励机制。阮素梅(2014)[71]认为公司治理与资本结构治理是企业管理的核心问题,良好的公司治理机制和合理的资本结构是提高公司运营效率和价值创造能力的关键环节。张兆国和陈华东等(2016)[92]认为,要想从根本上解决国有企业治理效率低的问题,只能够通过完善资本结构,发挥资本结构的治理作用的方式进行,比如积极引入非国有资本,积极发展战略投资者,推行优先股,对管理者和员工实施股权激励等措施。肖明和张静亚等(2016)[93]研究证明,公司治理薄弱对资本结构调整有负面影响,会导致代理成本增加,此时管理层会偏好较低负债,导致债权人监督对管理层自利行为的约束弱化。殷军和皮建才等(2016)[94]研究认为,行业内私企数目和生产负外部性对社会福利的损害程度等外部因素以及成本控制能力和产品差异化程度等内部因素对国有企业最优资本混合度产生负向影响。

在资本投资效率与公司治理方面,Bebchuk和Stock(2001)[95]指出股权分散条件下,公司股东可能监管缺位或不足导致企业管理者作出错误的投资决策,以致投资失效,严重影响企业资本投资效率。Eisdorfer和Giaccotto等(2006)[96]在前有学者研究的基础上,进一步对企业金字塔股权结构进行探索,认为当企业所有权比较集中时,大股东拥有较高的决策权,并倾向扩大企业规模从而造成过度投资,降低资本投资效率。

1.3.4 研究评述

综合上述国内外学者有关混合所有制、公司治理能力、资本管理与公司治理能力的关系的文献梳理,研究成果主要有如下三个方面:

（1）关于混合所有制的研究，学者主要从混合所有制的内涵、优越性、改革历程三个方面展开。对于"混合所有制"的解释包涵社会经济成分、生产资料结构、产权结构三个层面，自十八届三中全会之后，混合所有制的研究重点集中于国有企业改革方面，以产权性质和结构作为切入点，展开一系列研究。

（2）关于公司治理能力的研究，国内外学者主要从公司治理及其能力的内涵、公司治理评价、公司治理能力提升路径三个方面展开，其中，以公司治理评价为核心。国外关于公司治理评价体系的研究主要围绕所有权结构、股东大会运作、董事会结构与运作、财务透明性与信息披露等方面开展，其中，董事会结构与运作是学者关注的焦点。而国内公司治理评价以南开大学公司治理研究中心（2003）提出的中国上市公司治理指数为代表，其他学者在此基础上进行应用或创新，研究内容重点围绕股权结构、董事会、监事会、高管激励、信息披露和利益相关者等方面，实证研究多以上市公司为样本。

（3）关于资本管理与公司治理能力关系的研究，主要从资本管理理论、资本管理与混合所有制的关系、资本管理与公司治理的关系三个方面进行文献回顾。其中，关于资本管理理论方面，主要包括资本结构、资本投资效率、资本收益等方面。关于资本管理与混合所有制方面，主要由十八届三中全会提出"管资本为主"的国有资产监管方式展开。

同时，文献梳理发现国内外学者的研究尚存在以下方面的局限性：

第一，关于公司治理的研究大多集中在公司治理模式、公司治理评价体系、公司治理与绩效关系等研究，将公司治理与混合所有制结合研究也仅是近几年才兴起，而研究重点仅限于混合所有制企业公司治理现状、问题、对策及模式等方面。关于公司治理评价方面的研究，学者做出了非常多的贡献，但围绕混合所有制企业公司治理能力的相关研究较少。

第二，关于资本管理的研究，国内外学者重点从营运资本管理、经济资本管理、知识资本管理等方面展开资本管理的研究，实证选择样本大多为商业银行、保险公司、高新技术企业等。少量期刊文献提到从资本管理角度研究混合所有制，并且关于资本管理与公司治理的研究也仅限于资本结构这一方面。而围绕混合所有制企业公司治理能力对资本管理影响展开研究的成果较少。

因此，本书拟在混合所有制企业公司治理能力研究的基础上，研究其对资本管理的影响，包括公司治理能力对资本投资效率、资本收益和资本结构的影响。

1.4 研究内容与方法

1.4.1 研究内容

基于公司治理理论、资本管理理论、企业能力理论等理论，综合运用变异系数—加权法、面板数据分析法、多元回归分析法，沿着"理论框架—能力测度—效率影响—效益影响—中介效应"的研究思路，探讨混合所有制企业公司治理能力对资本管理的影响，具体研究内容如下：

（1）混合所有制企业、公司治理能力、资本管理的相关概念及相关基础理论研究。厘清混合所有制企业的概念、特征及分类；界定公司治理、公司治理能力、混合所有制企业公司治理能力的概念，并分析混合所有制企业公司治理能力的特点；清晰界定资本管理的概念，明确本书研究的资本管理框架；梳理资本管理的相关理论，为后续研究作支撑。

（2）混合所有制企业利益博弈分析。通过对混合所有制企业利益相关者的界定，对股东、债权人、管理者、员工和政府等各自的利益驱动进行详细的分析。在对混合所有制企业价值创造和制度效率分析的基础上，对利益相关者进行了博弈均衡分析，得出混合所有制改革中的一个重要问题就是解决"持股人"问题的结论。以此结论构建混合所有制企业利益相关者动态博弈模型并求解，得出国有企业进行混合所有制改革的必然性结论。

（3）构建混合所有制企业公司治理能力测度体系。依据利益相关者理论及企业能力理论，结合混合所有制企业公司治理能力的定义，探讨混合所有制企业公司治理能力的构成要素。围绕构成要素，基于科学性、系统性和操作性等原则，构建混合所有制企业公司治理能力测度指标体系。为有效测度混合所有制企业公司治理能力，构变异系数—加权法测度模型并选取实际样本进行测度，对样本按照行业、区域和上市板块进行分类，综合比较混合所有制企业公司治理能力大小。

（4）分析混合所有制企业公司治理能力对资本投资效率的影响。借鉴Richardson模型，构建非效率投资面板数据模型，以残差项反映资本投资效率。探讨公司治理能力、内外部治理能力对资本投资效率的当期影响和长效影响，并分析内部治理能力对资本投资效率的结构性影响，进一步按行业和资本混合度分组进行稳健性检验，依据研究结论提出提升资本投资效率的管理启示。

（5）分析混合所有制企业公司治理能力对资本收益的影响。选取"企业价值"和"企业效益"衡量混合所有制企业资本收益，同样从公司治理能力、内外部治理能力、内部治理能力结构三方面探讨当期影响、长效影响和结构性影响，并依据行业和资本混合度分组进行稳健性检验，根据实证结果提出提升资本收益的管理启示。

（6）探索混合所有制企业资本结构与公司治理能力对资本收益的综合影响。选取反映资本结构的三项指标，即资本混合度、资本集中度和资产负债率，首先探讨资本结构对公司治理能力的影响，结合第6章研究的结果，探索公司治理能力对资本结构影响资本收益存在中介效应，按行业和资本集中度分组进行稳健性检验，并根据研究结论提出优化资本结构的管理启示。

1.4.2 研究方法

为研究混合所有制企业公司治理能力对资本管理的影响，本书主要采用文献研究法、变异系数—加权法、面板数据分析法和多元回归分析法。

（1）文献研究法。

通过查找文献和书籍，搜集大量关于混合所有制企业公司能力的相关资料，分析、归纳和总结关于混合所有制企业、公司治理能力和资本管理的研究现状，界定混合所有制企业、公司治理能力以及资本管理的内涵，并通过文献梳理，提出混合所有制公司治理能力对资本管理影响的相关研究假设。

（2）博弈分析法。

依据博弈论的原理，结合混合所有制企业利益相关者分析和合作剩余分析，构建均衡博弈模型和动态博弈模型，探讨混合所有企业企业中的"持股人"问题，判断混合所有制企业是否为资本持有者创造价值。

(3) 变异系数—加权法。

本书构建多层次混合所有制企业公司治理能力测度指标体系，选取92家样本公司进行测度，鉴于评价指标取值差异大、数量众多，采用变异系数法确定测度指标权重，通过加权计算各级测度指标指数，最终得到混合所有制企业综合指数，依据指数大小进行排名。

(4) 面板数据分析法。

为有效衡量混合所有制企业资本投资效率，本书借鉴 Richardson 模型得到计量非效率投资的面板数据模型，获取92家企业9个变量5个年度观测值的面板数据。面板数据包括现金持有水平、股票年收益率、企业规模、资产负债率、企业上市年龄、企业成长能力（营业收入增长率和营业总收入增长率）和行业、年度虚拟变量。通过 F 检验和豪斯曼检验，本书选择固定效应变截距的面板数据模型为计量模型。

(5) 多元回归分析法。

构建混合所有制企业公司治理能力对资本投资效率、资本收益影响回归模型，采用 Eviews 6.0 进行多元回归分析，检验公司治理能力、内外部治理能力对资本投资效率、资本收益的当期影响和长效影响，同时检验内部治理能力对资本投资效率、资本收益的结构性影响。为分析混合所有制企业公司治理能力对资本结构影响资本收益的中介效应，构建资本结构对公司治理能力影响的规模模型和公司治理能力中介效应模型。同时，按照行业和资本混合度两种分组，分别构建回归模型进行稳健性检验。

本书研究技术路线如图 1-4 所示。

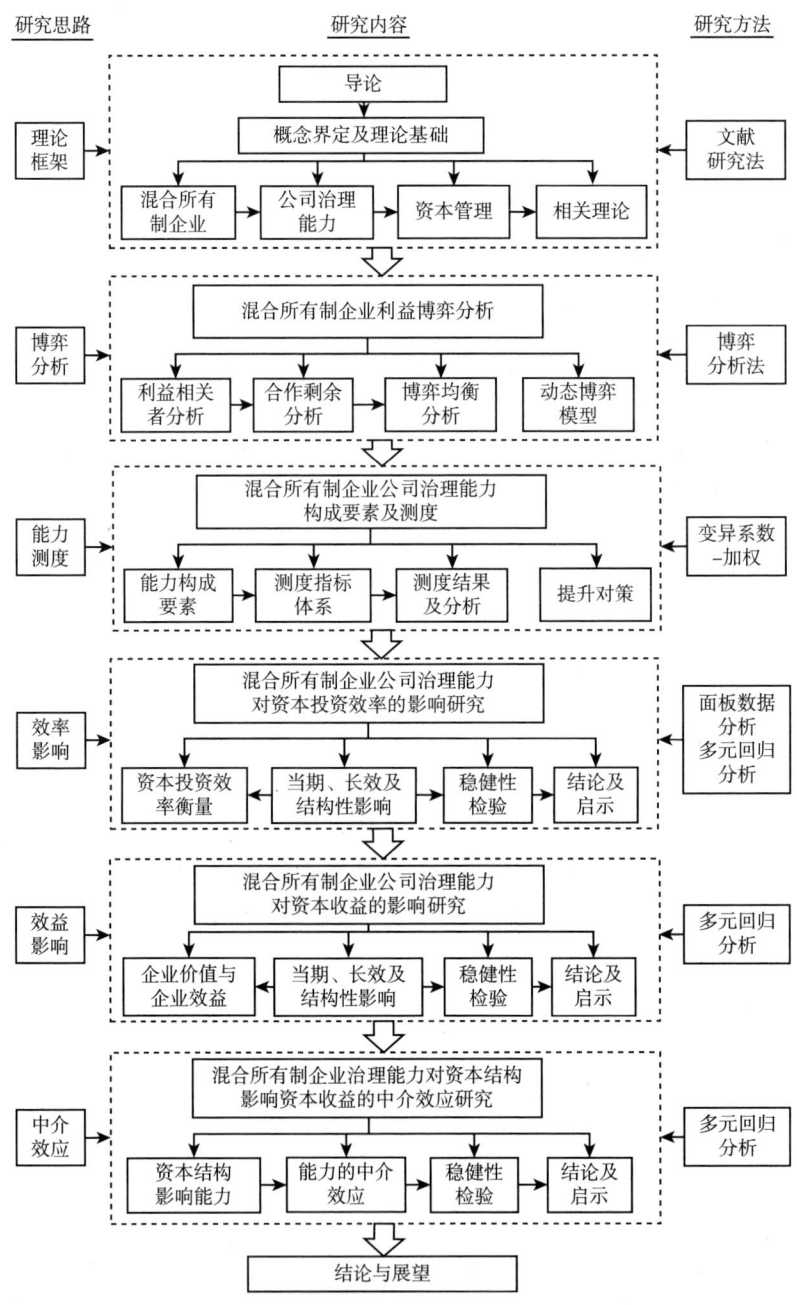

图1-4 本书技术路线

第 2 章

概念界定及理论基础

本书至少涉及混合所有制企业、公司治理能力、资本管理等三个核心概念以及在"混合所有制企业"这个特定语境中具体的概念,分别对三个核心概念进行界定,并梳理公司治理理论、资本管理理论和企业能力理论等相关理论。

2.1 混合所有制企业的内涵及形式

2.1.1 混合所有制企业的内涵

(1) 关于混合所有制企业的概念界定。

不少学者对混合所有制企业的概念提出自己的观点,并从微观层面、股东性质及权利、企业形成的来源等角度进行定义。

从混合所有制经济的微观层面,一些学者指出混合所有制企业实际上是混合所有制经济的市场主体表现形式。混合所有制企业是公有资本与非公有资本相互交叉持股、相互融合形成的具有多元化产权结构的企业组织(范恒山,2003)[97]。混合所有制经济从企业产权结构层面而言,即为混合所有制企业,具体地可以分为国有股份与非公有股份共同组成的企业、集体股份与非公有股份共同组成的企业和国有股份与集体股份共同组成的企业(黄速建,2014)[15]。

从股东的性质和权利的角度，张晓玫和朱琳琳（2016）[98]认为混合所有制企业应为前十大股东中既包含国有资本又包含非国有资本的上市公司。包刚（2016）[99]通过研究指出国有股东和非国有股东对企业的关键性决策都能同等发挥实质性影响的企业才称为真正意义上的混合所有制企业，一股独大的多产权混合形成的企业不被其界定为"混合所有制企业"。剧锦文（2016）[100]认为混合所有制企业指在企业的产权结构中容纳了国有和非国有产权主体，在企业的治理结构中吸纳了国有股东和非国有股东的企业。

从企业的形成来源的角度，张文魁（2015）[101]指出混合所有制企业的形成主要来自于经过所有权改造的国有企业，也存在通过并购市场的股权收购形成的混合所有制企业，以及民营企业主动吸收国有单位投资而形成的混合所有制企业。

在吸纳已有对混合所有制企业概念研究成果的基础上，为了本书的研究需要，本书侧重于治理与资本角度对混合所有制企业的概念作出界定。本书认为：

混合所有制企业是指由两个及以上具有不同性质的资本所有者投入资本进而相互交叉持股、相互融合，且资本投入者真实参与企业治理的新型股份制企业治理体。对以上概念解析如下：

混合所有制企业判定的前提条件：不同性质所有权主体数量的多元化（不强调比例），而且强调是具有不同资本性质的多个（至少两个）所有权主体。这里所称的"资本性质"是指资本的所有权归属性质，包括：国有资本、集体资本、私营资本、外资资本等。鉴于本书研究的背景，本书所称的"混合所有制企业"是由国有资本和非国有资本交叉持股、相互融合并能切实发挥治理能力的多产权性质混合而成的企业组织。

混合所有制企业判定的两大必备要素：投入资本和参与治理。不管是何种投入形式，只要真实投入了一定资本即可（不考察其投入资本的量和其在企业中的持股比例），且投入的资本通过持股的法律形式确定。需要说明的是，本书是从资本的视角考察所有权性质，强调资本的投入的经济价值，与基于资产、资源等其他视角的界定相区别；同时指明资本投入者（或其代表者）要真实参与企业的治理，真切行使治理权（不强调治理权利范围的大小），追求资本的投资效率和资本收益。要强调的是这两大要素要同时具备，缺一不可。

混合所有制企业本质是具有多元资本性质的股份制企业。这一界定就表明混合所有制企业是按照股份制企业的法人治理架构结成的治理体。即混合所有制企业必然是股份制企业，或表现为具有多元资本性质的股份有限公司，或表现为具有多元资本性质的有限责任公司，与非公司制法人组织、独资企业、单一资本性质的企业区别开。

（2）混合所有制企业的特征。

由以上概念可逻辑地推出如下混合所有制企业的特征：

一是投资主体的多样化。其投资主体构成不仅包括国有资本，而且包括非国有资本。混合所有制企业是将投入的资本通过持股这一法理形式确定下来，相互融合发展，放大资本的结合效应和耦合效应，而不是简单地把不同资本投资主体糅合在一起。

二是公司治理结构的股份制化。混合所有制企业是按股份制企业的机制实施治理，不同投资主体可凭借股份制企业的治理机制达成投资目标，并受股份制企业治理的规则的约束，以保持多个投资主体利益的平衡。且实行混合所有制企业股份制治理，有助于政企分开。在实行混合所有制改革以前，政府既是国有资产的所有者又是市场的监督者，在一定程度上既是规则的制订者也是规则的执行者。而实际混合所有制改革后，将政府的职能与企业的职能分开，政府行使市场监督职权，企业按《中华人民共和国公司法》规范化运行，经营管理国有资产，确保其保值增值。

三是投资主体治理的参与性。理论上只有资本投资者参与了企业的治理，才能研究其治理能力在混合所有制体制下的发挥。同时，这一提法具有较大的现实意义。混合所有制改革过程中，常常有非国有资本"投而不治""治而无果"的现象。只有投资者参与了治理，才能培育其治理能力，也才能真正释放多种机制的红利，才能实现机制和资源的互补，从而真正盘活资产，追求收益的最大化。

2.1.2 混合所有制企业的形式

根据国有资本与非国有资本混合的层级，可以分为相对简单的混合所有制企业和交叉持股的混合所有制企业（谢军，2009）[102]。相对简单的混合所有制企业包括三种类型：一是由国有资本与非国有资本首次融合形成的混合所有制企业；二是首次缔结的混合所有制企业作为投资主体，通过对外投资与国有资本或非国有资本再次融合形成的混合所有制企业。混合所有制企业Ⅲ依次类推，如图2-1所示。

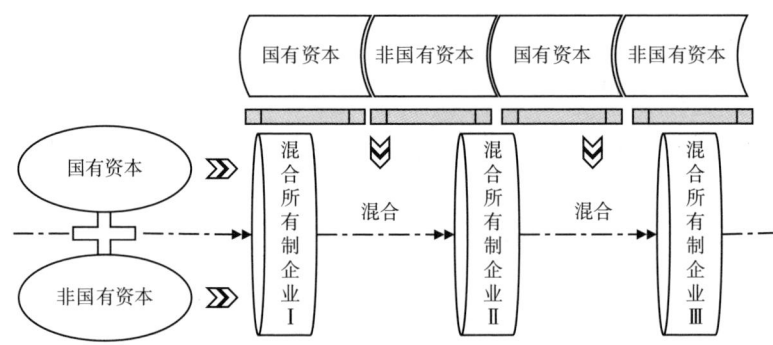

图2-1　相对简单的混合所有制企业示意图

交叉持股的混合所有制企业包括混合所有制企业Ⅳ、混合所有制企业Ⅴ。混合所有制企业Ⅳ是指混合所有制企业Ⅰ和Ⅱ作为投资主体，相互融合形成的混合所有制企业。混合所有制企业Ⅴ依次类推，如图2-2所示。

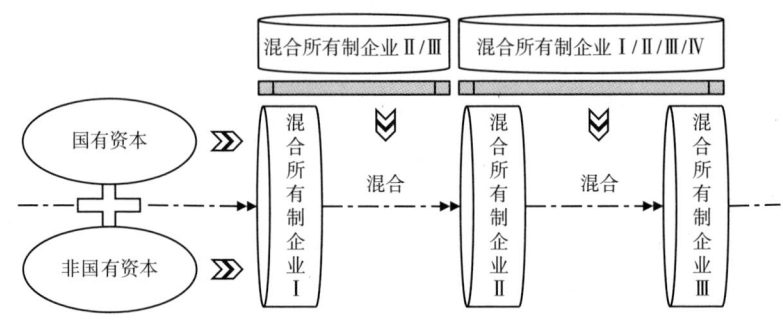

图2-2　交叉持股的混合型企业示意图

本书研究的混合所有制企业包括混合所有制企业Ⅰ、Ⅱ、Ⅲ、Ⅳ、Ⅴ，尤其以国有控股、参股的股份制企业作为主要研究对象。

2.2　混合所有制企业的公司治理能力

为准确辩明公司治理能力，需要分别阐明与之相关的"能力""公司能力""公司治理"等概念，并在此基础上阐明"混合所有制企业公司治理能力"的概念。

2.2.1　公司能力分析

《辞海》对"能力"解释为"掌握和运用知识技能所需的个性心理特征"。百度百科将能力解释为"完成一项目标或者任务所体现出来的素质"。从这些解释中不难看出，描述的对象是人（因为只有具有主观能力性的"人"才具有心理特征和素质）。在经济和管理学界，一些学者也对能力做出了定义。Grant（1991）[103]曾经就指出，能力是为完成一项任务或活动所需的一组资源组合形态。从以上解释中可以将能力抽象地理解为：行为主体为达到特定目标而具备和掌握的一组行动因素和条件。这种"因素"和"条件"为行动主体所具备，具有能动性，是达成目标的一组力量和能势组合。像资源、知识、技术、经验、体能这些都是这种"因素"和"条件"的构成体。

公司能力常称为"企业能力"，工商管理学界有不少学者对企业能力做出了解释。如，Richard（1972）[103]曾经就直言不讳地指出能力是企业拥有的经验、技术和知识；Fors（1996）[103]认为企业能力是企业拥有的特殊资产；Pensose（2007）认为企业能力是企业在经营中对其拥有的生产性资源进行组合和协调的能势，代表企业完成特定生产活动所具有的能势。

借鉴人类学与社会科学一些学者对能力的定义逻辑，参考工商管理领域部分学者对企业能力的解释，本书认为企业能力是，企业中具有主观能动性的人集中协同性运用其资源和自身的智力和体力以达成特定目标的群体性和个人综合素质表现。对此定义可以从以下几个方面理解：

（1）企业能力的发挥主体是企业中的人。这里的"人"是抽象意义的人，不是指具体的某个人或某一类人，是为了完成特定目标而开展具体活动和执行具体任务的具有主观能力性的一组行动组合体。这就表明，发挥企业能力的是具有生命特征的人，只是其能力的往往是以群体性和组织性发挥出来而已。这也就表明企业能力仍然具有主观能动性，符合马克思辩证唯物主义认识论。

（2）能力的本质是一组综合素质。这种综合素质表现为运用知识解决实际问题的素质、使用工具或发明工具的素质、整合资源的素质、改善生产条件的素质、营造良好生产氛围、控制风险的素质等。

（3）企业能力的表现形式包括群体素质和个人素质。所谓"群体素质"就是指经过组织起来的多个人集中表现出来的素质，这是企业能力的常见表现形式。为了企业的特定目的个人借助企业的资源和工具作为其特有素质也是企业能力的构成要素，这种能力表现形式较少，容易被忽略。个人的能力与企业能力的个人表现形式并不矛盾，只要作为行动主体的个人为了企业的目的而活动或者运用了企业所拥有的资源和条件就可判定为是企业能力的表现，但同时也是其个人所具备的素质。

（4）企业能力的类型包括企业中人的智力和体力。智力和体力本质上是人的能力属性，只是企业通过将具有智力和体力的人组织起来服务企业意志从而达成企业整体的预期目标，这一过程就表现为企业能力。

2.2.2 公司治理与公司治理能力

（1）公司治理的概念。

国内外有较多的学者研究公司治理，并从不同角度对公司治理给出过定义，总的来看，有广义和狭义之分。狭义上的公司治理是指有关公司股东会及董事会结构、功能、权力配置及相互关系的一系列制度安排。国内学者在做研究时，习惯性从狭义上定义，经常论及的是建立在制度安排上的各个机构相互制衡的公司治理结构。如吴敬琏（1994）[104]就曾指出，（狭义的）公司治理是由股东会、董事会和企业经理层组成的企业组织结构。

从广义上定义时往往从利益相关者关系格局从出发给出定义。广义上的公司治理一般认为公司利益相关者关系协调的一组制度机制安排。Shleifer 和 Vishny（1997）[105]认为公司治理是在所有权和经营权两权分离的情况下，企业资产所有者与资产经营管理者之间的利益和分配关系。我国学者李维安（2001）[106]还分别从广义和狭义角度界定过公司治理，还专门指出公司治理包括内部治理和外部治理。

鉴于本书要阐明公司治理能力对资本管理的影响，而资本管理效果不仅受内部管理与治理效果的影响还受诸如政府、投资者、债权人、供应商、客户等外部利益相关者影响，本书特从广义角度定义公司治理。本书认为广义的公司治理是指企业为实现资本效益最大化，对企业各利益相关者做出的权利与义务安排和利益平衡活动的总称。理解本定义，要抓住以下几个核心要点：

①公司治理的总目标是资本效益最大化和共同利益的达成。总目标不代表具体目标，在具体的治理活动中，其治理目的有其具体的内容。

②公司治理的活动的概要性表达为：利益相关者的权利与义务安排和利益平衡。需要说明的是，利益相关者的权利与义务安排并不是一次性安排好即可，而是根据企业经营活动过程的情况适时性进行安排和调整，这种安排不仅体现为制度还体现为具体的行动。

③公司治理是公司利益相关者的利益联结纽带。利益相关者包括但不限于股东、董事、企业经理人、企业职工等内部利益相关者和债权人、政府、供应商、客户、社会公众等外部利益相关者，不同的利益主体对企业的利益诉求不同，因此就需要通过公司治理的这个纽带来协调。

(2) 公司治理能力的概念。

国内外不乏对公司治理能力进行研究的学者，在学术上也绽放了很多关于治理能力的定义。如国内学者李广存（2004）[35]曾提出"治理力"的概念，认为公司治理力是一个公司在科学、规范的法人治理结构基础上，由治理主体应用治理工具对治理客体进行治理而形成不断发展的一种生产力。他还在此基础上构建了公司治理力的模型，阐述了治理力的组成要素主要包括公司产权结构、公司法人治理结构、治理力主客体、治理力工具、治理关系等。朱开悉和王小朋（2006）[37]认为公司治理是协调利益相关者权利与义务的工具，是公司核心能力的重要组成部分。李尊卫（2006）[38]将企业能力划分为三个层次，即企业治理能力、企业管理能力和企业作业能力。其中，企业治理能力，又称制度能力，是体现所有者对管理者的激励、约束与监督的能力。他还从股东行为、董事会行为、监事会行为和经理层行为四个方面来评价企业的治理能力。

郝晓春（2009）[107]指出公司治理能力是静态的法人治理结构实施动态的内部治理机制的程度，是企业的无形资产之一，也是公司治理体系的软性指标，难以被竞争对手模仿或借鉴，公司治理能力的提高有助于提升企业价值。杜运潮和徐凤菊等（2016）[39]公司治理能力是指通过科学治理而创造价值的能力，是公司治理体系的一项软指标，也是公司的无形资产，辐射作用强，难以被学习和模仿，也是企业公司治理与治理绩效之间的纽带，将良好的公司治理反映在治理绩效之上，最终保障公司治理目标的实现。

在总结前人对公司治理能力界定的基础上，本书从具象化的广义角定义公司治理能力，即：

公司治理能力是指企业的治理主体（包括股东会、董事会、监事会、经理层和员工等内部治理主体与政府、银行、供应商、客户和公众等外部治理主体）为实现公司共同利益，综合运用法律、制定、指令、文化及具体治理个体的特别权威和措施以平衡公司利益相关者的权利和义务的综合素质的表现。对以上概念辨析如下：

①公司治理能力本质是分配和平衡利益相关者的权利与义务的综合素质表现。这些素质的具体表现为：股东会议事规则、董事会运行效率、监事会专职程度、职业经理人专业化程度、经理层激励力与约束力、政策资源的获取能力、客户关系危机公关能力、投资者信息塑造力等。

②公司治理能力的主体包括内部治理主体和外部治理主体，如下图2-3所示。治理主体即是利益的诉求者也是治理的诉求者，也就是说治理是循着利益而生的（即为了利益的谋求和权衡而治理），也就保证了二者主体的一体性。

③治理能力发挥的作用是实现公司共同利益。这与前文对公司治理的目的遥相呼应。表明公司治理主体的能力正是为提升公司治理水平，进而实现企业共同利益而存在的，并随着治理需求的演化而提升。

④治理能力发挥的手段是运用法律、制定、指令、文化及具体治理个体的特别权威和措施。这些手段在治理活动中具体表现为治理结构搭建、股东票席数的设计、董事会成员入选规则、议事规则设计并执行、总经理的评选和考评、职业经理人激励与约束、投资者关系维护、客户关系维护等。

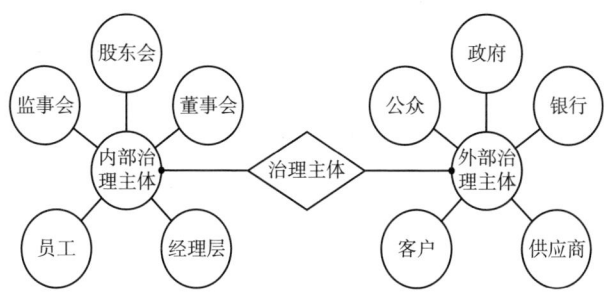

图 2-3 公司治理能力的主体

2.2.3 混合所有制企业公司治理能力的内涵

基于前文对混合所有制企业、公司治理能力概念的界定，本书认为：混合所有制企业公司治理能力是指国有资本与非国有资本交叉持股、相互融合的企业内外部治理主体为实现公司共同利益，综合运用法律、制定、指令、文化及具体治理个体的特别权威和措施以平衡公司利益相关者的权利和义务的综合素质的表现。

因混合所有制企业有其特殊性和复杂性，对公司治理能力有其特殊需求，提升混合所有制企业公司治理能力也正是当前混合所有制企业改革的当务之急。为此，必须明确混合所有制企业自身的特色，即：

（1）混合所有制企业股权来源及构成关系较复杂。

国有企业之间的交叉持股问题、引入民营资本可能导致的国有股权稀释和中小股东增多问题、引入外资后国有资产的安全问题等，将导致混合所有制公司的股权结构问题复杂化。由于股权结构是决定公司治理结构的基础，因此，混合所有制企业持股比例不同导致的各股东地位不平等，直接影响公司治理结构及其治理能力的发挥。

（2）政府在混合所有制企业发展过程中的角色定位及作用较特殊。

首先，政府履行监督职责，对混合所有制企业的经营管理进行监护。混合所有制企业以接受监督为条件来争取其政策支持；其次，政府对企业发挥社会效益有特殊的诉求；最后，政府还是混合所有制企业的股东之一，对混合所有制企业的资产有保值与增值诉求。这三方面交织在一起使政府在混合所有制企业发展过程中的扮演特殊的角色和作用。当然，随着"混改"的推进，后二者诉求会逐渐淡出。

(3) 对国有资本的保值增值有诉求。

由于"混改"是在原国有企业中通过混合所有制改革，对其股份构成性质进行改造，引入民营资本或外资等资本形式，从而增强国有资本的保值、增值能力。而混合所有制改造过程中，存在着国有资产被低效率使用、低价出售、甚至被侵占的风险。规避相关风险，并实现国有资产的保值增值，是一个不可回避的目标。

(4) 混合所有制企业"内部控制人"现象更为普遍。

国有企业通过混合所有制改革后，熟悉企业经营和生存环境的仍是原体制内的国有企业人员，作为其他资本投资者为新进者，对相关情况不熟悉，且冲击了原有主体的既得利益，容易滋生"内部控制人"现象，使企业机器运转失灵，甚至排挤新进投资者。一些影响企业生存发展的重要资源仍然掌握在原有企业的相关人员中，难以与新进股东进行分享，新进股东也难以使用原有的资源和优势。

(5) 混合所有制企业经营理念和企业文化更难统一。

由国有企业改革而成的混合所有制企业，受原有机制体制影响深重，新的发展和管理理念融入，甚至理念和思维习惯的冲突较大，影响企业的快速发展。

(6) 混合所有制企业公司治理目标不再仅限于经济价值。

改革后的混合所有制企业依然承担着某些特殊的社会功能，肩负着某些社会责任，新进者对此容易忽略，一味追求自我经济价值的达成。

鉴于以上特殊性，混合所有制企业的公司治理能力至少呈现出以下特点：

(1) 股权资本结构调整是当务之急。

要成为混合制企业，首先要有非国有资本注入，随之而来的意向投资者招募、资金募集、注资方式、注资额认定、持股比例、企业法人代表等等都要朝着利益平衡、风险可控的方向设计，股权资本结构重点强调不同性质的资本构成、权利分配等。

(2) 股东会治理的基础架构要及时搭建。

这其中要明确股东人数、股东会召集方式、票席数分配、股东会议事规则、股东会议事流程，等等，混合所有制企业多数由国有企业改革形成，较多企业仍以国有资本为主，如何保障非国有资本权利行使、保护中小股东权益等问题是股东会治理需要着重解决的问题。

（3）董事会与监事会治理要与之配套。

这涉及董事的产生与退出、董事的考核、董事会决策效果与及决策机制、非国有股董事占比、专业委员会设置等，以及监事人员专职程度、履职状况、董事监事人员比例、票席数比例、考评方式、议事规则、廉洁规定、奖惩机制等。

（4）重视利益相关者关系的稳定能力要予以足够。

混合所有制改革涉及企业底层基本制度的改革，由此导致的变化诸多，外部利益相关者由于信息不对称，会陷入观察、揣摩、道听途说等状态，对企业的稳定发展不利。因此，要及时披露信息，做到一定的信息公开，传递积极的信息，稳定利益相关者心理，维护持续和谐的利益相关者关系。

2.3 资本与资本管理

要阐明资本管理的内涵必须首先阐明资本的内涵。在理论中，与资本相近的概念有资源、资产、资金，为了准确理解资本的概念，分别进行阐述并阐明它们之间的关系。

2.3.1 资本的内涵与外延

（1）资本的内涵。

资本是代表具有经济价值的物质财富的社会关系。在马克思主义政治经济学中，将资本定义为基于剩余劳动力堆叠而成的社会权力，认为资本是能够带来剩余价值的价值。英国早期经济学家 Macleod（1872）[108]定义"资本"为："用于利益目的的经济量" 奥地利经济学家 Eugen（1964）[109]认为："资本是哪些可用来获取财货手段的产品。"当代美国著名经济学家、诺贝尔经济学奖获得者 Paul Samuelson（1982）[110]的定义是："一种生产出来的生产要素"；吴振信（2006）[108]在《资本管理》一书中从三个角度分析了资本：一是从企业的角度来看，资本是厂商的总财富，因而既包括有形资本，如投入于生产过程的及其、设备、原材料和厂房，又包括无形资本，如商标、商誉、非专有技术和专利权等；二是从会计学的角度解释，资本意味着股东的全部出资，包括提留和未分配利润；三是更广义上的能为企业带来收益的所有资源均称之为资本。

本书所指的资本是企业会计学理论下的资本，即资本是所有者投入企业中的用于企业生产经营并能产生效益的资金，它与企业经验活动密不可分，是企业创建、生存与发展的必要条件之一。就资本的运动方面，其运动表现形式基于三个阶段：购买、生产和销售，与其对应的三种职能形式分别为：货币资本、生产资本和商品资本，只有顺利地从一种阶段过渡到另一种阶段，从一种形式转变为另一种形式，资本才能生产并实现剩余价值。因此，资本是一种运动中的价值。

在混合所有制企业中，国有股股东和非国有股股东依据国有与非国有资本所形成的混合资本比例行使股权。但国有资本与非国有资本具有其资本性质所决定的基本属性与能力，决定了两类资本在混合所有制企业中将发挥"同中有异"的作用。在"同"上，国有、非国有资本主体依其股权结构处于同股、同权、同利、同责的地位。在"异"上，国有资本的稳固、雄厚、公共性等基本属性决定了其资本管理的稳健性与保守性，平稳的资本保值增值是其重要的目标之一；而非国有资本最基本的属性就是逐利性，资本收益与资本投资效率是其核心目标。这也就是我国混合所有制企业改革的重要目标之一——提高民企的实力和国企的活力。

（2）资本的外延。

①资源。资源是人类赖以生存和发展的物质基础，能在一定时间、地点等条件下产生一定的经济价值，一般是指天然资源。从广义角度，资源包含社会中人类可以用来创造社会财富的所有自然资源和社会资源，并随着人类认识的提高、改造自然能力的加强、经济社会的发展和科学技术水平的提高而不断拓展。

②资产。资产是指预期会给企业带来经济价值的各项资源的总称，包括各种财产、债权和其他权利，如固定资产、流动资产、无形资产、不动产等。从会计的角度，资产＝负债＋所有者权益，是能以货币计量的经济资源。因此，资产是资源在一定的市场条件下转化形成。

③资金。资金是流通中价值的一种货币表现,用于创造新价值,并增加社会剩余产品价值的媒介价值。就资金的运动方面,包括资金的筹集、使用、耗费、回收和分配的循环与周转,其起点是资金的来源,终点是运用资金形成的经营结果。对企业而言,资金是由企业支配的各种财产、物资,通过资金运用创造并实现价值增值。

(3) 资本的内涵与外延之间的转换关系。

企业资源是能够创造价值的一切要素的集合,在具备一定的市场条件时,资源能够转化为资金,为企业带来经济价值;按照经济运行规律进行投入产出管理,并建立以产权约束为基础的管理体制,优化配置企业资金,能够进一步将其转化为能够进行市场交易的企业资产;资产发展到一定阶段,通过产权化、证券化或票据化,能够转变为流通的企业资本;在资本进入良性循环时,又必将投向新一轮的资源开发,促进资金运营和资产运营,从而更大程度加快企业资本积累。"四资"之间的转化关系如图 2-4 所示。

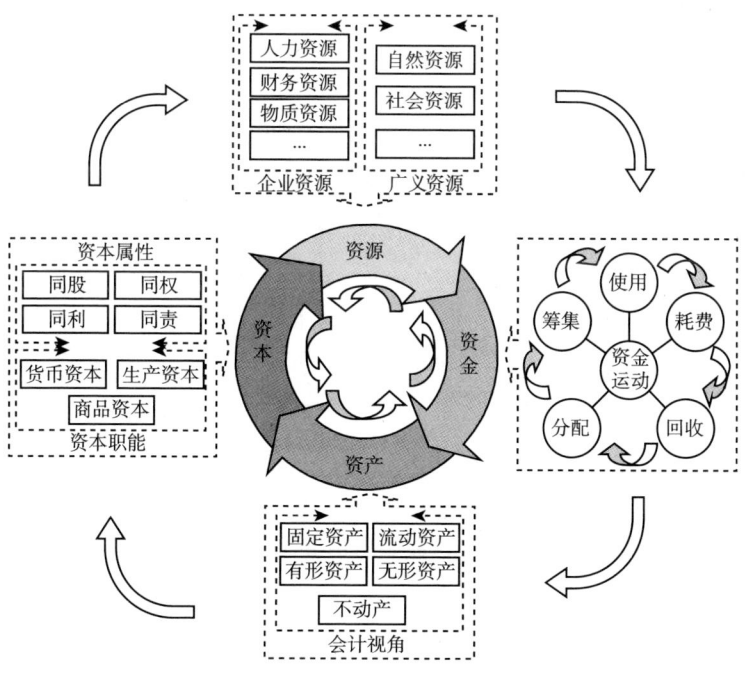

图 2-4 "四资"之间的转化关系

资本具有逐利的本性,通过不停地运动达到保值增值的目的,即"资本流动原理":一是资本在空间所有者之间流动中被使用,发挥其效用;二是随时间推移在使用中增值。资本流动具有方向性——会向有效益的所有方流动。

2.3.2 资本管理的内涵

资本管理的概念最初源于银行资本管理,1988年《巴塞尔资本协议》明确了资本分为核心资本和附属资本,这推动了资本管理迈向新高度。因此,国内外学者们对银行资本管理的研究络绎不绝,成果颇丰。但也正因如此,学者们认为资本管理是银行管理的"专有产物"。

本书对于资本管理的研究是基于我国学者阎达五和杜胜利(1999)《资本管理论》和吴振信(2006)《资本管理》的观点,展开的进一步研究。

阎达五和杜胜利(1999)[62]认为的资本管理是以资本保全与资本增值为目标,通过资本配置与流量控制对资本结构不断优化的职能和资本收益与经营业绩的评价,来达到对集权分权与代理成本等关系进行有效调节的工具。吴振信(2006)[108]认为企业是资本存在、增值和获取收益的载体,是资本转化、流动和扩张的平台。因此,在现代企业制度中,企业管理的核心问题是资本管理。资本管理是以资本为对象构成的管理体制,本质上是对资本的组织、运用和流程的管理,其目的是实现资本效益的最大化。吴振信(2006)[108]认为资本管理概貌可以总结如下:

(1)资本集聚与吸纳的方式取决于自身的发展需要,企业资本的集聚和吸纳主要有股权融资和债券融资两种方式。另外,兼并、收购、重组、联合、租赁、承包等也都是企业聚集资本的有效途径。

(2)资本的组织包括两个层次的问题:一是企业资本投资者的组成状况;二是资本的使用方向。为了实现收益的最大化,企业要根据生产经营的实际情况,不断剔除不善于或不适于运用的不良资本和无效资本,聚集和吸纳善于运用的优良资本和有效资本,以实现资本结构的优化和重组。资本优化和重组的最高形式是收购、兼并等资本运营手段。

(3)资本的生命力在于资本的流动,社会资源的优化配置过程实质上就是资本在不同区域、不同行业和不同企业之间的流动过程。为了追求利益最大化，资本总是不停地在利润的引导下从劣势行业流向优势行业，从夕阳行业流向朝阳行业，从亏损企业流向盈利企业，并在选优汰劣过程中，推动资源配置不断优化，企业结构不断升级。

（4）资本扩张包括内部扩张和外部扩张，内部扩张是指企业在现有资本结构下，通过整合内部资源，采取包括控制生产成本、提高生产效率、开发新产品、拓展新市场、调整组织结构、提升管理能力等一切手段，维持并发展企业竞争优势，获取超额利润，再将利润转化为资本，从而扩大企业的再生产规模的活动。外部扩张是指企业通过并购、重组、合资、合作等方式吸纳外部资本，扩大生产规模的资本运营方式。内部扩张是企业吸纳和有效利用资本的必然结果，是外部扩张的基础和前提。

（5）资本的分配是资本管理的重要内容之一，制定和实施科学、合理的资本分配方案是企业资本管理的重要一环。投资者进行资本投资的最终目的是追求资本的增值和回报，不注重回报投资者的资本管理活动，最终必然会被投资者所否定。

综上所述，本书认为资本管理是以资本增值和资本收益为目标，将现有财富转换成生产所需的资本，使各生产要素融合而成的有机体，通过对资本的管理来调节代理关系以创造长期价值。所以资本管理不仅包括对资本逐利性质和目的的管理，更是对资本所具备资本属性特征的管理。

2.3.3 混合所有制企业与资本管理

从 2014 年推进混合所有制分类改革起，党的十八大报告明确确立了以"管资本为主"的国有资产监管方式，国资委、发改委等部门也开始探索并逐渐转向以管资本为主线的国有资产管理模式，"管资本为主"已经成为混合所有制改革的方向。那么混合所有制企业与资本管理究竟有什么关系？本书认为至少包括以下三点：

（1）混合所有制改革对国有企业发展具有促进作用，提高其管理效率。根据功能定位的不同，可以将国有企业划分为两大类，即商业性国有企业和公益性国有企业。这种划分方法能够在一定程度上反映出国有企业的特殊性质，并有利于在最大的程度上提高经济发展中国有企业的地位。但是，对于国有企业而言，其立身之本是国有资本，国有企业的发展依赖国有资本的有效运营。如果国有企业被划分为商业性国有企业和公益性国有企业两大类，那么国有资本也应该被划分为商业性国有资本和公益性国有资本两大类。这两类国有资本的目标定位和发展要求随着其使用主体——国有企业的目标定位与发展要求不同而不同。正因为如此，对国有资本的分类投资与管理就显得尤为重要，如果能够在国有资本管理中更有针对性，那么就能反之因功能定位模糊等因素导致的国有资本管理混乱，特别是国有资本流失和损失问题，从而能够更加有利于提高不同类型国有企业的社会和经济效益，更好地促进两类国有企业的发展。

（2）对于国有企业股份制和混合所有制改革，资本管理是极大的助推力。当下，我国的国有企业中，越来越多的企业以股份制形式存在，而最为普遍的则是混合所有制企业。国有企业摒弃旧的所有制度，为了响应增加投资主体的种类，需实现股份制改革；而为了增加所有制结构的模式，也需促使企业向混合所有制形式发展。可以说，这两种变革方式能够有效提高国有资本的利用率，一方面惠及大众，另一方面增强企业的核心能力。国有企业一般有两种形式，即商业性质和公益性质，二者经营目标存在差异，因此在进行股份制改革或是混合所有制改革时采取的模式、方法一定是有区别的，体现在投资主体的选择、资本结构以及股权结构方面。综上所述，将国有企业划分为两类：商业性和公益性国有企业，在投资管理时分别结合不同性质企业的特征，采取差异化的战略决策，以期从投资主体、资本构成和股权结构等方面制定有差异的方案和体系，使得国有企业改革更有特殊性，对症下药。

（3）国有资本的有效运用能够提高国民经济整体运行效率，其中资本管理能够增强资本的利用率，是国有企业改革的重要手段之一。在市场经济中，除了国有企业，还存在其他非国有性质的企业，然而国有资本并不仅仅存在于国有起亚，亦存在于非国有制企业。因此，其他非国有制企业也需进行制度上的变革，逐渐趋于股份制和混合所有制。对于当前的经济环境而言，企业的性质和资本的性质存在多元化，但是根据经营目标进行划分，主要可以分为以追求利润最大化为主和追求社会效益最大化为主两种，这种划分无论在企业性质的划分还是资本性质的划分上都是成立的。对于国有资本和非国有资本而言，商业性和公益性两种种类丰富了资本的流通渠道，例如国有企业本身对于国有资本的运作就是游刃有余的，所以，将国有资本划分为公益性质和商业性质，能够促使国有企业有选择地吸纳不同性质的非国有资本,从而使两种性质的资本合理融合,为企业的不同战略决策提供资本保障;另一方面,将国有企业和非国有企业进行性质的划分,能够为国有资本的投资选择提供参考借鉴,依据投资目标的差异,国有资本能够迅速选择合适性质的企业,既可以为企业的持续发展保驾护航,亦可加速国有资本的投资效率。

多年来,少有学者将资本管理理论全面化、系统化,并与经典的公司治理理论相结合展开的研究。本书根据混合所有制改革思路,结合吴振信(2006)资本管理理论框架,将混合所有制企业公司治理能力对资本管理影响思路框架构建如图2-5所示。

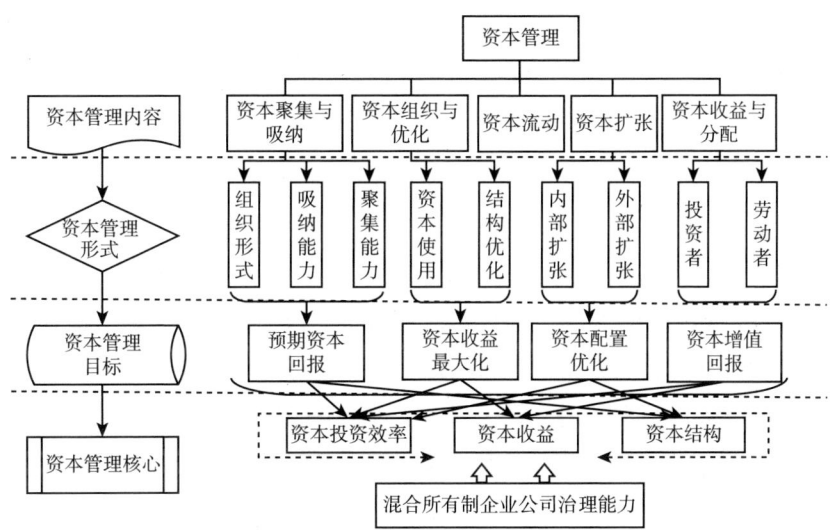

图2-5 混合所有制企业公司治理能力对资本管理的影响框架

资本管理内容包括资本聚集于吸纳、资本组织与优化、资本流动、资本扩张和资本收益与分配,通过资本管理形式对管理内容的细分和资本管理目标的分析,将资本管理内容对应到预期资本回报目标、资本收益最大化目标、资本配置优化目标和资本增值回报目标。

通过对资本管理目标的剖析与整合,本书认为资本管理的核心就是资本投资效率、资本收益与资本结构。首先,资本结构从资本来源与构成层面反映资本管理;其次,资本投资效率和资本收益分别从资本效率和效益层面反映资本管理；再次，混合所有制企业通过公司治理能力的提升，以"管资本"的方式提高资本管理投资效率，最大化资本收益，通过不断剔除不善于或不适于运用的不良资产和无效资本，集聚与吸纳善于运用的优良资本和有效资本，以实现资本结构的优化和重组；最后，资本管理的起点体现为资本结构，终点表现为资本收益，中间过程反映为资本投资效率，呈现不断循环的过程。由于现有的研究较多探讨资本结构对公司治理的研究，为反映混合所有制企业公司治理能力对资本管理的影响，本书在探讨公司治理能力对资本结构的影响时，需要先探讨公司治理能力对资本投资效率、资本投资收益的影响，进而才能分析公司治理能力对资本结构的间接作用。

2.4 资本管理与公司治理能力的关系

2.4.1 资本特性对公司治理能力的客观要求

根据前文对资本概念的相关界定，资本有三重特性，其一，垫支性；其二，运动性；其三，增值型。而公司治理力是治理主体应用治理工具对治理客体进行的治理能力，它是基于权力运用者及权力运用等治理客体进行治理形成的一种不断发展的综合能力。作为公司治理体系中的一个软性指标，公司治理能力是企业的无形资产，是在企业的长期生产经营过程中积累形成的。企业的价值与公司治理能力的强弱成正比关系。

基于资本视角的角度，从资本的特性出发研究公司治理能力的好坏，可以得出资本特性对公司治理能力的要求有如下几个方面：

（1）资本的垫支性对公司治理能力的客观要求。

企业生产经营者为了取得剩余价值，必须先垫付一定的货币资本用于购买各种生产要素，为剩余价值生产作准备。该特性要求企业有一定的现金流或者投资资金为后续的生产经营活动作准备，从公司治理能力的角度出发，就是要求公司的营运能力、盈利能力和偿债能力要强。

（2）资本的运动性对公司治理能力的客观要求。

企业资本之所以能够增值，能带来剩余价值，其关键原因是它处在无休止的运动中，不断地从流通领域进入到生产领域，再由生产领域进入到流通领域，这种不间断地运动是资本取得价值增值的必要前提和条件，一旦停止运动，资本就无法增值。从公司治理能力的角度出发，就是要求公司的生产经营活动能够顺利进行，在该活动中能够产生净利润，不出现经营风险，保证公司能够持久经营。

（3）资本的增值性对公司治理能力的客观要求。

企业资本运动的目的是为了价值增值，是为了实现利润的最大化。公司股东追求的就是企业价值的最大化，而企业的价值与公司治理能力的强弱成正比关系。因此，要提高资本的增值型，就要提高企业的价值，最终得以提高公司治理能力实现资本增值的目的。

2.4.2 公司治理能力的资本保值增值体现

公司治理能力是公司治理体系中的一个软性指标，是在长期的生产经营中积累形成的。公司治理能力越强，其实现的价值就越多，公司价值则越大。公司治理能力主要从股东会的治理能力、监事会的治理能力、董事会的治理能力、经理层的治理能力四个角度去度量。在混合所有制企业中，由于存在不同性质的资本所有者，各方对所投资的资本总是希望实现资本的保全和增值。在企业经营运行中，资本则可以直接的反映公司治理能力的好坏。

（1）公司治理能力的资本保值体现。

公司资本所有者追求的终极目的是追求企业价值最大化，而资本的垫支性赋予了资本是开展企业经营管理活动前提条件；资本的运动性赋予了资本是企业将货币资本转换为商品获取利润的途径和手段。这与公司治理能力息息相关，公司治理能力的高低决定了资本是否能在投资经营活动中取得一定的利润，实现资本的保值目的。

（2）公司治理能力的资本增值体现。

公司资本所有者在追求企业价值最大化的同时，其外在形式总是以剩余价值伴随出现的，剩余价值的产生是建立公司治理的框架之下对所投入企业的资本通过企业经营活动而得以增值的基础之上。由此，一个企业公司治理能力的好坏决定了企业所有者投入的资本是否能够增值。

2.5 相关理论基础

2.5.1 公司治理理论

(1) 委托—代理理论。

委托—代理理论是基于信息不对称而发展起来的，主要探究委托—代理关系，即契约关系中的理论问题，是契约理论的重要发展之一。委托—代理理论认为，委托—代理关系产生于所有者与经营者之间，主要由所有权与经营权的分离导致两大主体利益冲突而引起。为了克服两权分离产生的一系列委托—代理问题，公司治理结构经历了一系列的改革和发展，起初是以管理层为公司治理的中心，随后以股东大会为公司治理的中心，直至变为以董事会为公司治理中心。即便如此，以董事会为中心的公司治理结构仍然无法完全解决这种委托—代理问题。

现实生活中，虽然公司权益的份额中外部股东持股占大部分，但是却无法像经理人一样实际地控制企业，也就是说，在企业实际运营过程中，公司管理层即使只拥有少量股份或者不拥有公司的股份，但是却能够有效控制企业。对公司而言，股东希望拥有更多的报酬，使得自己股票价值最大化，而经理人却更关注私人利益，这便形成两者追求目标的不一致问题，特别是在信息不对称和经理人的实际控制力情形下，经理人就有可能为了自身目的去做出侵害股东价值的行为。由此可以看出，委托—代理理论能够很好地解释企业运营的现实问题，能够帮助解决公司治理结构的研究问题。在本书研究中，依托委托—代理理论分析混合所有制企业公司治理能力对资本投资效率、资本收益的影响。

(2) 利益相关者共治理论。

利益相关者共同治理理论的概念始于20世纪60年代的斯坦福研究院（Stanford Research Institute），一经提出便受到学术界的广泛关注，特别是其对股东价值最大化的企业财务管理目标提出了挑战。Dill（1975）认为，利益相关者共同治理理论将"利益相关者影响"的研究层次推向了"利益相关者参与"的研究层次，具有加大的理论价值。该理论提出企业的经济关系建立在博弈的基础上，是一种典型的合作博弈。在博弈中，由于契约的不完善，即使最大化股东价值，但依然无法最大化公司价值。Hill 和 John（1992）依托利益相关者共同治理理论，构建出利益相关者代理模型，模型的中心思想主要是建议企业在经营过程中推行合作战略，即企业与交易伙伴和职工建立长期的合作契约，如此便能够促进长期利益的最大化。Barclay 和 Smith（1995）通过对比分析美国与日本、德国公司的劳动生产率和竞争力，在研究中着重提出要加强企业人力资本投资，强调保障职工利益的重要性。

企业的利益相关者主要包括股东、债权人、供应商、客户、职工以及政府和社区。传统治理理论主要建立在股东为中心的单边治理，因而存在着所有权分配上的矛盾，而利益相关者共同治理理论更加强调这些利益相关者对企业所有权的共同分享，因而能够克服这种所有权分配问题，在较大程度上调动企业各方面的积极性。利益相关者共治理论为本书界定公司治理能力概念、分析公司治理能力构成要素提供理论支撑。

（3）"两权"分离理论。

根据经济学界的普遍表述，随着企业规模的扩大和对管理技能的要求提高，他们开始寻找能为其经营资本并进一步创造财富的专职管理者，并通过契约的形式，将原始财产所有权（包括占有、处置、经营、收益权等）中的经营权让渡给经营者，形成最初的委托—代理关系。随着业务的进一步发展和组织体系的复杂化，所有者离企业的距离越来越远，控制力日益减弱，必须通过经营者与企业保持单线联系；而另一方面，职业经理人市场日趋健全和成熟，这就共同加速了经营权和所有权的分离，并作为社会分工的一种形式大大提高了资本运营的效率。

现代公司的这种管理控制现象引起了人们的困惑、疑问以及随之而来的争论。其中最著名、最具分析深度和概括性因而最有影响者当属 Berle 和 Means 在 1932 年出版的《现代公司与私有财产》一书。在对 20 世纪 20 年代末之前的股票市场进行观察的基础上，Berle 和 Means 在该书提出了"两权分离"的著名概括。Berle 和 Means 提出，现代公司是一个由数量众多、持股份额较少的股东所有，而由不持公司股份的管理层经营管理，股东是委托者，管理层是代理人。"没有财富的所有和对财富没有所有的控制似乎是公司发展的一个合乎逻辑的结果"。Berle 和 Means 这种"股权分散"的理论在信息不对称的条件下逐步发展了委托—代理理论。在这个委托—代理关系中，由于分散股东的"个体理性而集体非理性"使其对谋求个人利益最大化的管理层监管不足，这必然会导致管理层侵占股东利益，损害公司经营效率。从那时起，如何保护股东的利益成为学者们研究的重点。

随后的经济学界普遍认为，大公司的所有权分散在众多的小股东手中，而公司的日常经营管理却是由董事会和经理层来控制的，所以导致了现代公司控制权和所有权的分离。在国内，"两权分离"理论，即"公司所有权与经营权相分离"的理论是学术界很流行的理论，它不但被人们看作所有制理论研究的创新成果，而且被当作指导国有企业改革的理论依据。目前，国内大多数经济学者都认同，现代企业制度的核心内容是所有权和经营权的分离即"两权分离"。两权分离，即所有权和经营权的分离，是公司制企业的一个重要特征。

企业规模的扩张及伴随的技术和管理过程的复杂化导致了所有权与管理权的分离。那些主要经由结合成长起来的企业，许多是靠内部资本发展起来的，这种筹资方式决定了企业只能是一种家族式的企业，由于企业发展的需要和家族业主本身能力的有限，决定高层管理者地位的已不再是他们所掌握的股份，而是管理的能力。所以，所有权和管理不得不分离。而在那些主要靠大量外部资本而扩张的企业中，对外部资本依赖性发展了金融资本主义，金融资本的性质决定了金融家的控制更多的是通过否决而作建议。况且，工业企业较之于当时的铁路企业对外部资本的依赖性较小，由于金融家的地位以企业对外部资本的依赖性为基础，经理人员便以其专业管理技能的优势，在大部分企业中取得了支配地位。金融家的地位便相对下降。综上所述，与企业资本扩张的两种筹资方式相应形成的家族式资本主义和金融资本主义的衰落，导致了由支薪经理人员在高阶层管理中占据支配地位的经理式企业的兴起，两权分离便形成了。

人们常说的企业所有权与控制权分离问题，指的是公开公司即其股票公开上市的公司。它的组织形式和商业活动受《公司法》制约。《公司法》专家克拉克（Clark）认为，公开公司这一组织形式有四项基本原则：第一，投资者资本的自由转移；第二，有限责任；第三，强烈的法人性；第四，经营控制权高度集中。公开公司由股东、董事会和管理人员组成。法律规定股东是公司的所有者，他们享受企业产生的红利；股东选举产生董事会，董事会是公司的最高决策机构。一方面，董事会是企业的法人，它任命最高管理人员，决定投资，并把经营权交由管理人员代理行使，因此它具有全部控制权力；另一方面，董事会股东的受托人，承担受托人的法律责任。除了极个别有关公司组织形式的决策外（如关闭、合并等），股东无权过问企业的商业活动。股东虽然可以起诉董事会，但是他们不可以以商业决策失误起诉。股东起诉的理由可以是董事会玩忽股东权益，未尽到受托人责任。实际上，企业控制在经理手中。一般投资者既没有精力和兴趣，也没有可能来关心企业的经营。董事会的选择实际上也是由经理操纵的。因此董事会对经理的监督作用十分有限。

混合所有制企业，由于国有资本和非国有资本并存，一方面，如若只安排一方资本所有者去管理经营企业，必然会引起另一方资本所有者的不满；另一方面，在经营管理层中人员数中，若两方人员势力相差悬殊，又必将引起帮派之争。为了提高公司治理的能力和管理的有效性，混合制所有企业必将走现代公司控制权和所有权相分离的道路。

2.5.2 资本管理理论

（1）投资效率理论。

较早对投资效率的探讨出现在19世纪30年代的凯恩斯《就业、利息和货币通论》中，在里面提出的核心概念之一就是资本边际效率，也叫内含报酬率，该效率是投资项目各期投资收益的现值等于初始投资成本的折现率。当资本边际效率大于实际报酬率时，项目投资可以被接受，反之则项目不可行。因此，在资本边际效率一定的情况下，可以根据实际报酬率来决定是否进行投资以及投资多少规模，即依据资本边际效率和实际报酬率的大小来制定投资决策，这具有重要的理论和现实意义。即便如此，其对决定投资的影响因素的论述仍不够具体，只涉及宏观视角下实际报酬率对制定投资决策的影响。

随着经济周期的波动，20世纪50年代迎来了全球的经济滞涨期，此时长期投资理论应运而生。在这个时期出现了诸多投资模型，其中具有代表性的学者是哈罗德和多马。他们的研究基础是凯恩斯有效需求理论，在此基础上扩展出更符合当时经济现实的投资理论模型。投资效率理论为本书研究资本投资效率提供理论支撑。

(2) 托宾 Q 理论。

托宾 Q 的概念由 Tobin 在 1969 年提出来，至今已有接近 50 年历史。其计算公式是股票市值/资产重置成本，当该比值大于 1 时，表示企业资产重置成本低于股票市价，也就意味着发行较少股票便能筹集用于购买投资品的资金，此时将增加投资支出；反之，投资支出会降低。如果托宾 Q 等于 1，企业的投资成本和资本成本则处于动态平衡的状态。托宾 Q 相对于凯恩斯与哈罗德投资理论而言更容易操作，其特别贡献在于将实体经济和虚拟经济有机的联系了起来，这一优势使得托宾 Q 得到了广泛运用，尤其是其揭示了资本市场中货币在投资中应用的可能性。在资本市场迅速发展的今天，货币政策的制定被纳入资本市场的研究中，托宾 Q 便更加受到学者关注，其常用于衡量企业的成长性。本书依据托宾 Q 理论，选取托宾 Q 值作为衡量资产及外部性层面的资本综合收益一项指标。

(3) 资本结构理论。

①早期资本结构理论。早期资本结构理论基于净收益观点、净营业收益观点及传统观点三个角度，对资本结构进行了定义。

净收益观点认为，在公司的资本结构中，债权资本的比例大小决定了公司价值的高低。据此，公司获取资本的来源和数量并不受限制，且债权资本成本率和股权资本成本率均是固定不变的，不会受财务杠杆的影响。基于此，在混合所有制企业中，国有资本和非国有资本之间的所占比例，对公司价值并没有直接的影响，对公司价值有影响的是这两者之和与公司债权资本的比例大小。

经营业收益观点认为，在公司的资本结构中，债权资本的多少、比例的高低与公司的价值没有关系。据此观点，公司债权资本成本率是固定的，资本结构与公司价值无关，公司的净营业收益是引起公司价值的真正因素。基于此，混合所有制企业的债权资本成本率相对固定，整个公司的资本结构和企业的价值并没有多大关系。

传统观点认为，虽然增加债权资本对提高公司价值有利，但债权资本规模必须适度。基于此，一定程度上对混合所有制企业的债权资本进行提高有利于公司价值的增加，但其规模需适度。

②MM 资本结构理论。莫迪格利亚尼和米勒（Modigliani and Miller, 1958）在《美国经济评论》上发表的《资本成本、公司财务与投资理论》一文，标

志着现代资本结构理论的产生,其对公司资本结构与市场价值的研究被公认为是现代公司融资理论的基石。该文提出:公司价值与资本结构和股息政策无关,主要取决于投资组合。他们认为:在没有税收和完美资本市场假设条件下,任何公司的市场价值与该公司的资本结构无关,公司市场价值仅取决于按预期收益率进行资本化所得到的预期收益水平,这个经典理论被称为"MM定理"。但是由于"MM定理"的假设与现实存在一定的差异,之后的学者为解释资本结构对公司价值能够产生影响,在放松一系列假设条件下提出了各种资本结构理论,这些理论研究随之打破了莫迪格利亚尼和米勒的完美资本市场假说,考虑到破产成本、税收、信息不对称等因素,先后提出了权衡理论、代理成本理论、啄序融资理论、控制权理论等,大量理论和实证研究成果从不同角度证实了最优资本结构的存在。

MM资本结构理论认为:在符合该理论的假设之下,公司的价值与其资本结构无关。公司的价值取决于其实际资产,而不是其各类债权和股权的市场价值。

③新的资本结构理论。第一,代理成本理论。它是经过研究代理成本与资本结构的关系而形成的。这种理论通过分析指出,公司债务的违约风险是财务杠杆系数的增函数;随着公司债权资本的增加,债权人的监督成本随之上升,债权人会要求更高的利率。这种代理成本最终要由股东承担,公司资本结构中债权比率过高会导致股东价值的减低。根据代理成本理论,债权资本适度的资本结构会增加股东的价值。在混合所有制企业中,可以通过吸收非国有资本投资以降低债权资本在资本结构中所占的较高比率,以降低企业的代理成本。第二,信号传递理论。公司可以通过调整资本结构来传递有关获利能力和风险方面的信息,以及公司如何看待股票市价的信息。按照资本结构的信号传递理论,公司价值被低估时会增加债权资本,反之亦然。在混合所有制企业中,一旦公司价值被低估时,在控制代理成本的前提下,可以通过资本市场广泛吸收非国有资本投资。第三,啄序理论。资本结构的啄序理论认为,在混合制所有企业中,公司倾向于首先采用内部筹资;如果需要外部筹资,公司将先选择债券筹资,在选择其他外部股权筹资,这种筹资顺序的选择也不会传递对公司股价产生比例影响的信息。按照啄序理论,不存在明显的目标资本结构,因为虽然留存收益和增发新股均属股权筹资,但前者最先选用,后者最后选用。获利能力强的公司之所以安排较低的债权比率,并不是由于以确立较低的目标债权

比率，而是由于不需要外部筹资，获利能力较差的公司选用债权筹资是由于没有足够的留存收益，而且在外部筹资选择中债权筹资为首选。

（4）资本控制理论。

资本控制是股权引起的，由控股公司实施的一种控制。它不仅包括控股公司为了实现整体、组合，持续财富最大化目标而统驭子公司财务和经营决策的措施，也包括所从事的管理活动和控制具体手段。

资本控制具有微观性和中观性，在微观层面，即企业的内部，它是法人财产权的一部分；而在中观层面，它针对的是被投资企业，属于出资人所有权的范畴，其主体是控股公司。资本控制对单个企业来说并不么重要，但它构成了控股公司。

控股公司资本控制的理论依据是委托—代理理论。控股公司与子公司，子公司与孙公司是一种多层代理关系。从所有者和管理者的目标来看，所有者——控股公司的目标是资本增值最大化，即企业价值最大化。在两权分立的条件下，控股公司的目标是通过委托子公司管理者来实现的。从这个意义上讲，作为控股公司代理人的子公司管理者，其目标应与控股公司的目标一致。但在委托—代理双方信息不对称、代理层次多、跨度大的情况下，子公司管理者为了子公司的利益和追求个人效用最大化，违背控股公司的目标，使出资人蒙受损失。控股公司为了避免这种损失，实现自己的目标，就必须对其资本组织和运营进行管理和控制，对子公司管理者进行激励和监督，对资本投资和配置做出决策。控股公司在避免代理损失和增加代理成本之间进行平衡，协调委托—代理关系，本身构成了控股公司资本管理和控制的重要内容。由于出资人和管理者的着眼点不同，形成了资本保全观和成本补偿观。出资人奉行的是资本保全观，利润被定义为净资产的增值，因此，谨慎性原则得到充分的运用；管理者奉行的是成本补偿观、利润被定义为收入和成本的比较，成本原则得到充分的体现，成本补偿观关注企业内部分配，关心自身的眼前利益。由此可见，成本补偿观所实现的目标往往偏离资本保全观要实现的目标，作为出资人的控股公司，其资本控制就是要矫正这种偏差。

资本控制的目标是控股公司资本控制的起点。按照国际会计准则委员会（IASC）的观点，资本有两种概念：一种是财务资本概念，另一种是实物资本概念。从意义上看，资本的天性和本质是在运动中增值。要增值就必须先保全,没有资本保全就无所谓资本增值。因此,资本保全是控股公司实施资本控制的核心目标。

在混合制所有企业中,因非国有资本的存在,对公司治理的要求更加严格,对资本的利用要求更加有效,这决定着混合所有制企业的公司治理能力更看重资本保全和增值运动。

2.5.3 企业能力理论

企业能力理论起源于18世纪70年代的劳动分工理论,由古典经济学家亚当·斯密在《国富论》中提出。斯密在书中介绍到,企业劳动生产率由内部分工所决定,由此对企业成长产生一定影响。19世纪50年代,Penrose在《企业成长论》中提出企业管理的过程依赖内部能力资源,由此形成了企业内在成长论,为企业能力理论的发展奠定了基础。随后,企业能力理论的发展路径分成了两支:一是资源基础论(Wernerfelt,1984)和知识基础论(Demsetz,1988);二是进化论(Nelson,Winter,1982)和动态能力(Teece,1994),这两种发展路径分别表示相对静态的观点和相对动态的观点。此外,在理论应用方面,企业能力理论主要发展出了核心能力论(Prahalad,Hamel,1990)。企业能力理论发展脉络如图2-6所示。

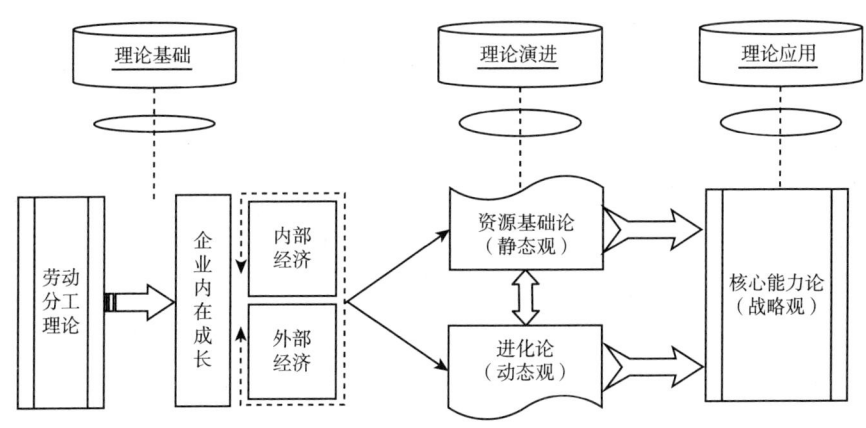

图2-6 企业能力理论发展脉络

企业理论经过近10年的发展，出现的分支之一就是企业能力理论，主要包括四大理论基础：一是资源观点理论；二是组织学习与组织知识理论；三是动态能力理论；四是企业核心能力理论。其中，资源观点理论主要强调企业成长与竞争优势受内部因素的影响，不仅拓宽了研究视野，丰富了研究方法，也弥补了理论上的不足，形成了一个新的理论分支，有效推进了理论与实践的发展（聂锐，2007）[113]。

企业能力理论所涉及的内容刚好契合公司治理的研究框架。对于企业来说，公司治理是一种制度，更是一种资源，职业经理人的稀缺性使得公司治理表现出稀缺性，不同企业的公司治理制度安排不尽相同，特别是控制权的配置因人而异，因此这一制度对不同企业而言具有难以模仿和替代的特点（谭忠游，2009）[114]。

从企业核心能力理论来看，企业不是由各种资源和业务有机结合在一起的，而是由各种能力组合而成，因此企业可以看成一个能力体系。在这个能力体系中，核心能力将企业内部的技能与知识相结合，互为补充和完善，能够提高业务的竞争力。依据企业能力理论，本书分析混合所有制企业公司治理能力构成要素。

本章小结

本章主要对混合所有制企业、公司治理能力、资本管理的相关概念及涉及的相关理论知识进行概述。首先，界定混合所有制企业概念，基于概念界定分析混合所有制企业的特征，梳理混合所有制企业的形式；其次，基于企业能力的分析和公司治理概念的梳理，清晰界定公司治理能力、混合所有制公司治理能力的概念，分析混合所有制企业公司治理能力的特点；再次，厘清资本的内涵与外延，界定资本管理的概念，搭建混合所有制企业公司治理能力对资本管理影响的思路框架；最后，梳理公司治理理论、资本管理理论和企业能力理论等相关理论，作为本书的理论依据。

第 3 章

混合所有制企业利益博弈分析

3.1 混合所有制企业利益相关者分析

3.1.1 混合所有制企业利益相关者的界定

M. Hellwig（2000）从政治经济学的角度研究了公司治理，他强调无论是股东还是利益相关者，都会努力去争取他们各自的利益最大化，他们的行为交织在一起，是的公司治理的操作过程显得复杂化了，在这种复杂的局面中，管理层往往居于有利位置。

股东会、董事会、监事会、经理层、员工、政府、银行、供应商、客户、公众等，为了各自利益而产生摩擦、冲突和达成均衡，实际上就是所谓的公司政治机制（约翰·庞德，2001），即各利益人的力量相互作用，这种相互作用确定权力分布和改变权利分布。O. Hart 和 J. Moore（1989）在分析企业制度时指出，不同的利益群体，不论是大股东和小股东，还是管理层，以及债权人等利益相关者，他们之间都会发生斗争，斗争结果决定了企业的权力配置和各自的利益分配。D. North（1990）虽然没有专门研究公司治理，但他就制度和博弈进行了深入研究。他认为，制度就是博弈规则，而且他把博弈规则分为两类：一类是正式规则，如法律、正式的合约等；另一类是非正式规则，人员习俗惯例等。把博弈规则理论应用于公司治理分析，可以认为公司治理是各种利益人相互摩擦、冲突而形成的相对稳定均衡的利益关系和权利结构。

从新制度经济学角度来分析公司治理机制，当然不能回避所有权，而所有权当然与控制权有关。根据 S. Grossman 和 O. Hart（1986）的研究，所有权可以被看成一个控制权系统。E. Fama（1980）也特别重视公司的控制权体系，他认为董事会本身就是一项实现控制权的工具，并特意指出，公司董事会本身也是做一个控制工具而内生形成的。而 J. Tirole（2001）更加详细地分析了公司的控制权配置，认为控制权配置在公司治理中具有决定性的作用。A. Dyck 和 L. Zingales（2004）还分析了控制权转移问题，认为控制权转移是公司治理的要害问题。

控制权争夺的基础是对多数股份的争夺，获得多数股份意味着根据公司法可以拥有最多份额的单一股东投票权，这样就最有可能获得董事长职位和获得更多的董事席位，并可以方便地取得总经理和财务总监等位置。当存在多个股东时，特别是存在众多小股东时，譬如在那些上市的民营企业，控制性股东滥用控制权伤害其他股东的事情就很容易发生。一些研究表明，在中国许多企业中，控制性股东滥用控制权侵占股东利益几乎成立一个顽症（李增泉等，2005；陈晓、王琨，2005）。孙兆斌（2006）的研究发现，中国民营企业的第一大股东出现掏空行为的概率颇高。唐清泉等（2005）和徐晓东、陈晓悦（2003）发现，第一大股东常常通过关联交易方式来实现利益侵占，第一大股东有时甚至直接占用多股东企业的资金。苏启林和朱文（2003）对中国上市公司中家族控制企业的公司治理进行了研究，发现在缺乏制约的情况下，家族利益与公司利益产生冲突，而受到损害的往往是公司小股东的利益。赵景文和于增彪（2005）提出，由于存在控制性股东侵占公司价值、损害小股东利益的情况，因此，公司的股权结构非常重要，合理股权结构有利于发挥其他股东对控制性股东的制衡作用，从而提高公司价值。

企业与政府之间的关系是国有企业公司治理当中的一个严峻问题，这些问题涉及公司控制权结构的问题；在中国民营企业中，控制权配置更加重要，因为控制权的来源除了与股权结构有关以外，还与一些非正式的习惯和制度有关，譬如与家族权利安排、朋友圈子的权威结构等有关。在多股东的民营公司当中，股权结构在公司治理中具有相当的重要性，因为良好的股权结构可以发挥其他股东对控制权股东的制衡作用。总之，控制权结构、股权结构以及国有企业与政府之间的关系，往往对中国企业的国有企业和民营企业治理具有决定性作用。

李正图（2005）应用利益相关者理论作基础，认为混合所有制企业的利益相关者包括厂房和土地所有者、货币资本所有者、人力资本所有者、市场资源所有者等，并认为混合所有制企业利益相关者可以分为三个层次：一是所有权层次的利益相关者；二是所有权与经营权分离层面的利益相关者，如董事、经理等；三是税收、资源、环境、就业等层面的利益相关者。他的结论是，混合所有制公司制企业的制度选择和制度安排与一般企业的公司治理机制不同，这些不同主要体现在所有者与公司交易两个方面。传统的公司治理强调股东至上，而混合所有制企业的经理、科技人员、技工等应该参加股东会和董事会，债权人、供应商、供销商等也是如此。

由于企业中非市场关系的不完全合同性、交易的不确定性及交易的持续性，使得企业中的非市场关系较为复杂、模糊，也无法对其参与者的行为进行严格的规范和控制，因此，也导致了企业中非市场关系参与者在行为上的彼此影响和相机行事，这实际上是一种博弈行为。也就是说，从交易特性看，非市场关系体现为一种企业内的博弈关系，称之为企业博弈。那么，非市场关系的参与者，或者说作为企业所有权主体的企业所有者应该是企业博弈的参与者。因此，企业博弈的参与者包括了企业的股东、债权人、管理者、员工及政府等，如图3-1所示。就各类企业所有者的特性、博弈行为及其对企业的价值体现，本书在下面展开进一步的分析：

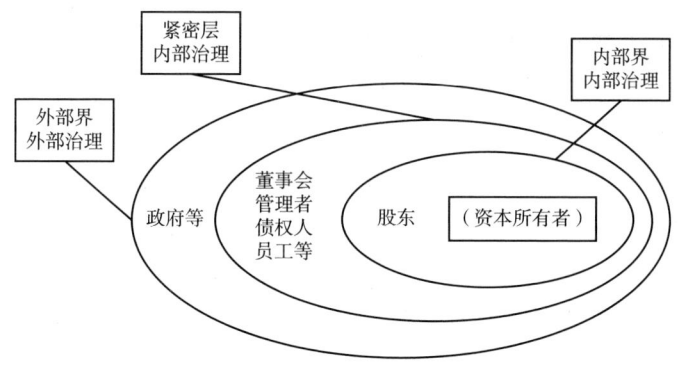

图3-1 利益相关者划分

股份制公司的国有股东代表国有资本，因此，其主要目标除了经济利润最大化，还包含一定的政治目标，而非公有制性的股东主要目标是股东财富最大化。由于其目标不同，在管理和治理方面也存在重大差异。如何协调公有产权和非公有产权的不同目标就变得非常重要。一方面，由于二者之间的差距，在合作之前，将影响民营资本参与混合所有制改革的积极性；另一方面，即使二者最终达成合作协议，在实际运行中也会因为二者之间的差异而引发各种问题。不同的财务管理目标会导致绩效考核的难度增加，在国有企业中除了一些大型国有企业，一般的中小国有企业在绩效考核方面并不规范，也不严格。相反，民营企业的绩效考核是很严格的，否则企业没法拿出让股东满意的经营业绩。

与股东相同，债权人也是企业物质资产的投入者，也应该享有企业所有权。但与股东不同的是，债权人是以利息的形式分享企业剩余。从企业分配次序看，利息分配是在股利之前，所以在企业博弈中，债权人承担的风险小于股东，因此从这个意义上可以说：股东是"乐观"的投资人，债权人是"悲观"的投资人。

让管理者持股是许多企业的共同做法。持股的管理者实际上具有了双重身份，即作为企业物质资本拥有者的股东和作为企业人力资本拥有者的管理者。本书所讨论的"管理者"是指其作为人力资本拥有者的一面，即"纯粹的"管理者。其作为企业物质资本拥有者的一面属于本书上面讨论的"股东"话题。

对具体企业而言，首先，市场上的所谓劳动力价格绝不是企业与员工之间的交易价格。其次，今天的员工也不是传统意义上的体力劳动者了，体力劳动已在很大程度上被机器、机器人所代替，员工的工作不再是生产线旁的机械劳动，而是利用脑力的知识创造，而脑力劳动是难以定价的，且无法对其实施有效的控制，只能激励。因此，员工与企业之间也是一种非市场的博弈关系。

这里所说的政府与企业的关系，不是指政府对企业的行政行为（原来的"政企不分"），而是指政府参与企业剩余分配的经济行为，其表现形式为政府的税收，政府参与企业利益分配的理由在于，政府本身也是企业要素的一个投入者，政府投入企业的是一种公共物品，即：制度环境及公共设施。从这个意义上讲，本书可以把政府看作为一个经济体，一个企业的经济利益相关者。

虽然在税收上政府有法定的准则，但在这些准则中有政府可以例外实施的规定，加之在准确认定纳税额上存在困难，企业有动机以合法、甚至非法的方式去避税、逃税，因此，从这个意义上讲，税收征缴具有不确定性。另外，政府的税收政策会影响企业的行为。根据对政府的企业所得税和个人所得税的权衡，在法律许可的范围内，企业会调整自己的分配政策，比如在工资、奖金、股票分红等的发放比重上进行调配。此外，企业也可以在某种程度上通过对投资方向和投资项目的选择来享受政府的税收优惠。因此本书说，政府与企业之间的经济关系是一种非市场关系，政府也是企业博弈的一个参与者。

利益相关者的目标是一致的，就是要求自己分得更多的企业剩余，所以在共同又矛盾的目标驱使下，他们之间存在着参与者均衡的博弈关系。

3.1.2 混合所有制企业利益相关者的利益分析

混合所有制尽管有不少积极作用，无论经国有资本、集体资本、非国有制资本、债权人和职工以及其他利益相关者，均存在双赢的可能。但混合所有制毕竟不是简单的"混合"，混合所有制经济会使企业的治理结构发生一系列质的变化，同时对企业风险制等方面都会造成显著影响。

混合所有制企业是种种关系的结合，可以把这些关系分为两大类，一类是市场关系，另一类是非市场关系。市场关系建立在价格基础上，合同较完全，是一种较为明确的即时性交易；非市场关系表现为不完全合同，其交易具有不确定性，且会持续一个相当长的时期，比如一个会计年度。

凡是与企业发生非市场关系的个人或团体（企业的股东、债权人、管理者、员工以及政府），即企业参与各方，他们共享企业剩余，都是企业的所有者。企业所有者中的股东、债权人为物质资本的拥有者，管理者、员工为人力资本拥有者，政府为公共资产拥有者。

而市场关系通过直接定价和企业发生一定的关系，这种市场关系也可能是长久的，比如与固定供应商的长期伙伴关系，但就其单笔交易而言，却是明确的、即时性的，它不享有企业剩余。

3.2 混合所有制企业利益相关者合作剩余分析

3.2.1 混合所有制企业价值创造

混合所有制企业的目的就是整合利益相关者的资源，使整合后的资源充分发挥其功能，创造出更多的价值。这也是价值创造的过程。企业价值创造过程就是企业将整合来的资源采用一定的技术手段转换为企业产品的过程，是企业经营活动最重要的组成部分；通过创造更多的企业剩余才能实现更多的社会责任，这也会因为反馈作用使企业实现更大的企业剩余价值；另外协同效应也是合作剩余的产生重要方面。

（1）企业价值创造过程分析。

企业的经营活动可以描述为以下三步：第一步，企业将来自各利益相关者的资源整合在一起，形成一个有一定规则的，能有效进行价值创造的价值创造体；第二步，企业各利益相关者在价值创造体内，共同合作，生产企业产品，一起努力创造尽可能多的价值增值；第三步，在价值创造完成后，将产品价值，包括价值增值，在各利益相关者之间进行公平分配。上述过程可以描述成图3-2。

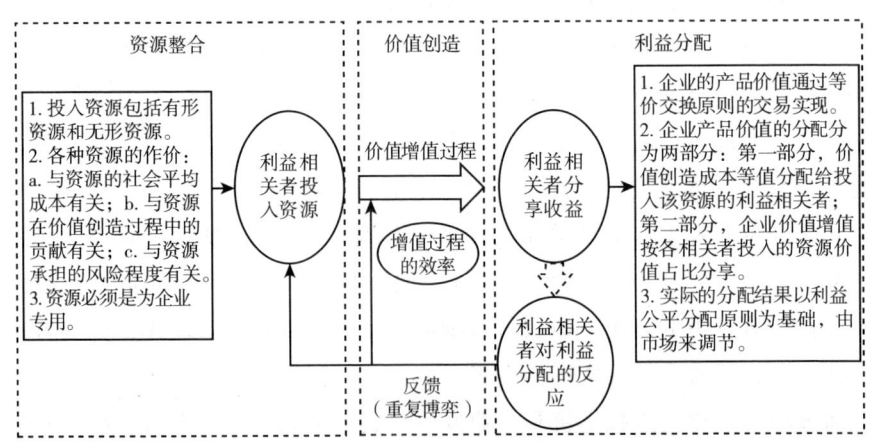

图3-2 企业价值创造过程

企业利益分配的结果会反馈影响企业的价值创造过程和资源整合过程，如果利益分配的结果令某个利益相关者满意，该相关者就会更愿意向企业投入资源，参与企业的资源整合过程；该相关者也会在价值创造过程中更努力，更愿意与其他的利益相关者合作。反之，如果利益分配的结果令某个相关者不满意，该相关者就可能不愿意再向企业投入资源，甚至要抽走其已经投入的资源；该相关者也会在价值创造过程中消极怠工，不与其他的利益相关者合作。由于企业的资源整合、价值创造、利益分配需要调动大部分参与者的积极性，利益分配的结果最好能使最大多数利益相关者满意。而要达到最大多数利益相关者满意，那就要求所有利益相关者都遵守分配的相关规则，特别是利益的公平分配原则。

（2）社会责任与价值实现。

不可否认，企业除了与企业内部成员一系列关系外（称之为价值创造体），企业还与价值创造体外的其他社会成员（简称其他社会成员）有着广泛的关系。

企业通过两种途径同其他社会成员建立一定的关系：一种是企业直接同他们建立关系，如企业直接向外国灾区捐款；一种是通过本企业所在的价值创造体而建立的关系，如企业通过政府向外国灾区捐款，企业通过广告商（企业的供应商之一）对一般公众发布广告。在两种途径中，随着社会经济的发展，企业通过价值创造体与其他社会成员发生关系变得更加普遍。而且，其他社会成员往往也是结成价值创造体的，这样，价值创造体同价值创造体之间关系会变得更经常和普遍。无论是企业直接同其他社会成员发生关系还是通过价值创造体同他们发生关系，对于企业来说，这种关系一方面没有价值创造体内部成员之间的关系那么密切，另一方面也不那么容易引起冲突。重要的是，企业尽管也有法律的约束和经济的约束，但主要的是按道德准则行事，履行道德责任。

从企业看，可以从多种途径来提高企业价值，如企业的净资产收益率提高、降低资产负债率等。然而可以看到，信息化时代背景下，企业竞争愈发激烈，企业必须要通过一条全新的价值创造路径，而社会责任便提供了其所需要的。经过研究认为企业社会责任投资可以从消费者认知度、政府政策倾斜、竞争能力提升、企业商誉增加和利益相关者关系的促进等方面综合提升企业价值。

(3) 合作剩余的产生。

企业价值创造体理论认为企业首先体现了人与人之间的利益关系，其次体现了人与人之间的社会关系。在利益关系上，正如企业按"同股同酬"原则对待不同的投资者一样，企业应该公平地在各个利益相关者之间分配企业的利益，从而形成了企业对各个利益相关者的社会责任。企业分配利益的原则应该是各个利益相关者对企业价值创造所做的贡献，包括投入的资源价格、参与价值创造的程度和承担风险的程度，这就是企业的利益公平分配原则。在社会关系上，就表现为不同的利益相关者在企业价值创造体中由于分工不一样而担当的角色也不一样。企业股东、管理者、员工、供应商、顾客等就是这种分工的体现。由于社会关系的本质是为了争夺利益，因而很好地处理好企业中的利益分配关系，也就为更好地处理基于企业的社会关系奠定了基础。

所谓组合协同效应，就是两个或两个以上的企业或经济形式组合后的总体效益大于各自独立时的效益，即 1+1>2 的效应。一个企业接受另一个组织投资后，其资金力量变得更加雄厚，其生产经营规模得到扩大，生产要素会进行重新组合，通过分工协作，会产生相得益彰的效果，主要体现在以下几个方面，其关系如图 3-3 所示。

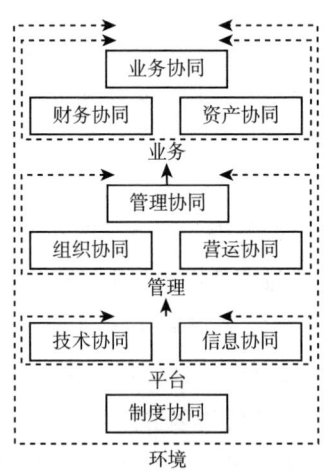

图 3-3　企业组合协同效应

① 制度协同效应

制度协同就是从制度设计层面促进两个或多个独立的部门之间进行高效的业务操作。制度协同表明制度所处的状态。所谓制度协同，是指经济行为主体对既定制度安排和制度结构的一种满足状态或满意状态。只有当制度处于协同状态时，行为主体对制度的需求才能得到充分、合理的满足，当行为主体的制度需求不能得到充分满足时，即意味着制度不协同。制度协同根源于人们的利益需求，而且会随着人类需求的拓展向更高层次发展。只有当社会中大多数人的利益取向决定放弃原来的制度并接受新的制度时，制度才会产生协同演进现象。制度为企业集团提供了集团内成员企业竞争与协同的经济秩序，它是一种既定的利益关系的规定，制度协同必然会引起相关利益的变化，在很多情况下会引起企业集团内部成员企业之间、部门之间和人员之间因相互协同而进行利益的重新调整。

② 营运协同效应

所谓营运协同效应主要是指混合所有制企业生产经营活动在效率方面带来的变化及效率的提高所产生的效益增加。由于不同经济成分之间的互补性及规模经济，并购后企业可提高其生产经营效率，如果 A 经济成分在研究和开发方面实力较强，但在管理和市场营销方面实力较弱，而 B 经济成分的企业恰恰相反，那么 A、B 两个企业的经济成分的混合就能够克服它们各自经营上的瓶颈，互为补充，从而提高合并企业的整体效率，带来企业价值的不断增长。

③ 管理协同效应

狭义的管理协同效应是指在协同方中管理水平较高的一方通过转移管理能力，提高另一方的管理水平，最终实现整体管理水平的提高。广义的管理协同效应不仅包括管理能力的转移，还包括协同方在战略、运作层次上实现的协同，例如在目标市场、生产过程以及销售渠道上的共享。因此从深层次来看，管理协同赋予了协同方在更大范围内进行资源的更优化配置的权利，通过资源的整合，协同方的竞争力水平将得到大幅度提升。一般而言，如果一个企业有一支高效率的管理队伍，这种高质量的管理通常只能通过集体协作才能发挥作用，那么当管理能力超出管理该企业的需要时，企业就不可能通过解聘形式释放能量。充分利用这种管理资源的最好途径就是并购那些缺乏管理人才且效率低下的企业，扩大企业规模，利用这支管理队伍提高整体效率水平而获得更多收益。

④财务协同效应

财务协同效应是指其他经济成分介入后给企业在财务方面带来的各种效益，它是由于税法、会计惯例以及证券交易等内在规定的作用而产生的一种效益。如果并购整合的两个企业在投资机会和内部现金流量方面存在着互补性，那么，这两个企业的整合就可以产生财务协同效应。

⑤组织协同效应

组织协同包括组织规模协同、组织结构的协同和人力的协同（包括领导能力协同、管理人员能力协同、工人技能协同等）。组织协同可以有效地协调组织，从而高效、低成本、高质量和富有创新力的完成组织目标。组织协同机制主要由三部分构成：战略导向、协同能力和资源配置。战略导向为企业发展确定了方向，市场需求则是顾客需求价值的体现，企业通过不断发现其战略导向和市场需求的差距，为组织协同机制的发挥提供一个动态的指向基础；通过组织协同能力的作用可以实现组织资源的协同，组织的协同能力的内容包含了协同机会识别、价值展望以及交流与沟通；资源整合与配置则不仅实现组织的有关价值增值活动，而且为相关的主体创造价值。

⑥资产协同效应

资产协同不仅仅是指资产共享协同，还包括由于共享而产生的更高层次的战略协同，通过资产协同，一些原来没有的东西可以被创造出来。它并不是简单的 $1+1=2$，而是 $1+1>2$，在生产上实现降低市场交易成本、生产专业化的协同作用。而战略协同又包括投资协同、营运协同等。

投资协同效应主要来源于对厂房、机器设备、安装维修、原材料以及研发成果等进行共享的机会；营运协同效应主要源自对人员和设备更充分的使用，对日常管理费用的分摊，学习发展周期的同步性以及大批量采购等方面。

⑦信息协同效应

信息协同效应，是指应用信息技术可以将个人或部门的信息进行汇总整合，以跨越组织边界，被更多的人所共享和利用。混合所有制企业内的信息协同，不仅是指企业集团内部的，而且还存在着其他经济成分的投资者之间信息共享、信息互补的效应，这里的信息涉及面较宽，如市场信息、产品开发信息、生产计划信息、库存信息、产品销售信息等。

⑧业务协同效应

企业面对庞大的外部信息和快速变化，必须从传统的注重内部资源的管理利用转向注重外部资源的管理利用，从企业内的业务集成转向企业间的业务协同。这里的业务主要是指企业的供应（包括物流及零部件的供应）和销售业务，集团内部企业可以共享原有各企业的业务通道，这样可降低各企业的生产成本。还可以通过业务协同来实行多元化混业经营。

⑨技术协同效应

技术协同主要是指从信息技术应用角度，保证两个信息系统能够进行安全、快捷的信息交流。一般来讲，企业内部每个成员各自的企业在技术上都有自己的特长，这些特长构成各自的核心竞争力。但是对于单个企业而言，其技术特长是局部的，其核心竞争力是有限的。组建企业集团后，就可以协同大家的技术特长，综合各自的核心竞争力，从而形成合力，增强企业集团的竞争能力。

3.2.2 混合所有制企业的制度效率分析

（1）产权制度效率分析。

如果从产权构成的变化来看企业制度的演变，显示的一条清晰的轨迹就是企业由单一产权构成向多元产权构成的变化。企业产权制度的这一变化趋势，实际上已经隐含了混合所有制比单一所有制具有更高的制度效率。

首先，混合所有制是现代公司制度的重要产权条件。公司制度的多元产权构成从资本社会化的角度符合了生产力的发展要求，公司制度的运行特征从市场化的角度适应了现代经济的发展要求。因此，公司制度是一种具有高效率的企业制度。从这一意义上说，确认公司制度具有高效率，实质上也就确认了混合所有制经济具有高效率。国有企业改革，从产权制度上说，就是要改变原来国有资本作为单一投资主体的状况，大力发展国有资本、集体资本和非公有资本等参股的混合所有制经济，为高效率的公司制度建立稳固的产权基础。

其次，混合所有制是规范的法人治理结构内生的产权要素。完善公司法人治理结构，从内生要素的角度看，就是在产权制度上由单一所有制向混合所有制转变。这样的法人治理结构，能够更好地构建权力与制衡之间的平衡关系，因而也能够使法人治理结构的运转具有更高的效率。

最后，混合所有制是增强企业和公众创业、创新动力的产权源泉。企业建立了混合所有制的产权结构，就存在着多个经济利益主体，这在客观上就有多个动力源泉，从而在产权制度上保证了具有比较充分的动力源。另外，发展混合所有制经济，也为激发公众的创业、创新动力提供了产权制度平台。要使存在于社会公众中的创业、创新动力都能够凝聚到企业中来，前提条件是在企业中要有多元的利益主体。无论从企业还是社会公众的角度看，要增强创业、创新动力，混合所有制经济都是这种动力的产权制度源泉。

（2）经营制度效率分析。

企业的经营制度与产权制度有着内在联系。从企业产权制度的演变来看经营制度的变化，大致可分为两种类型。一种是所有者与经营者合一的经营制度，另一种是所有者与经营者分离的经营制度。与单一产权制度相联系的是前一种经营制度，与混合产权制度相联系的是后一种经营制度。现代企业经营制度发展的实践和趋势证明，所有者与经营者相分离的经营制度体现了现代产权制度和现代经济发展的要求，因而具有更高的效率。

在混合所有制企业中，产权是由多个经济主体掌握的，财产权利也分属于不同的所有者。但是，由众多的、分散的经济主体来共同掌握企业的经营决策权和管理权，不仅不可能具有高效率，而且也不具有现实性。这就在客观上要求实行所有权与经营权分离的制度。所有者作为出资人，只是享有所有者的权益，经营者作为众多所有者的受托者，享有经营权。这一经营制度的实行，使所有者不再是经营者，经营者不是所有者。在现代企业的发展中，起关键作用的不是所有者，而是经营者。要更好地实现企业的发展，使企业能够高效率地运行，重要的不是选择所有者，而是选择经营者，或者说，所有者是不需要选择的，需要选择的是经营者。所有者与经营者的分离，从而所有权与经营权的分离，为在社会范围内选择最优秀的经营者提供了现实的可能性。所以，与所有者和经营者合一的经营制度相比较，两权分离的经营制度具有更高的效率。

（3）分配制度效率分析。

分配制度直接关系到各方面的利益关系，经济利益是决定经济活动动力，因而也是影响经济活动效率的重要因素之一。一种分配制度的确立，既以产权关系为依据，又是产权关系的实现。与单一所有制经济相联系的分配制度的特征是利润独享，与混合所有制相联系的分配制度的特征是利润分享。已有的实践证明，利润分享制度比利润独享制度具有更高的效率。

首先，利润分享制度以产权关系为依据来确立利润分配关系，能够规范地处理好各方面的经济利益关系。无论是国有企业还是非国有企业，都存在着一个如何处理好各经济主体之间利益关系的问题，规范的利益分配关系一定是以产权关系为依据的。在混合所有制经济中，按照现代企业制度的基本要求，企业是一个法人实体，也是一个分配主体，利润的分享首先是表现为企业主体的行为。企业作为一个法人，它的分配行为是以产权关系和法规、公司章程为依据的。这就使以企业为主体的利润分享制度具有明确的规范，从而能够处理好各经济主体的利益关系，为提高效率提供制度保证。

其次，利润分享制度中受益权和收益权的确定，明确界定了所有者与经营者对生产成果分别享有的权利。现代企业制度把企业财产权利明确地分为出资人的所有者权利和企业法人财产权利两部分。出资人享有所有者的权利，企业享有法人财产权利，企业法人是利益分配的主体。具体说，就是企业法人拥有收益权，出资人享有受益权。这两种权利的确定，企业法人和出资人之间各自的地位、作用、权利、责任都得到了进一步的明确。企业作为一个独立的法人实体和市场主体，当然一定是经营主体。作为经营主体，应该有相应的财产权利，最主要的是经营权和收益权，同时也必须承担经营的责任，即依法承担民事责任。这就大大强化了企业法人的功能、作用和责任。在公司企业中，包括国家在内的出资者，只是作为单纯的所有者存在，享有的只是所有者的权益，其中，最主要的是资产受益权。同时，只以出资额为限，对企业债务承担有限责任。因此，确定收益权和受益权的利润分享制度，不仅明确了企业中各经济主体之间的利润分配关系，而且把在利润分配中享有的权利与承担的责任统一起来。这种能够使权利与责任相统一的分配制度，是具有较高的制度效率的。

再次，以规范的产权关系为依据的利润分享制度，具有较低成本的优势。在存在着不同利益主体和利益关系的条件下，任何一种分配制度的确定和实施都是要花费成本的。这种成本的大小基本上是与分配的规范性成反比。分配的变动性越大，其花费的成本也就越大。承包制的利润分享制度之所以制度成本很大，就是因为利润分配的主观因素太大。利益分配的变动性大，意味着各经济主体可以通过改变分享比例而获得更多的利益。这会促使大家在这方面花费更多的投入，从而增加了并不能增加净产出的成本。相反，规范的、变动性小的利润分享制度，有效地减少了在这方面的成本消耗，从而使这一分配制度能够有较小的制度成本。

3.3 混合所有制企业利益相关者博弈均衡分析

按照通常的定义，合作博弈是博弈各方在进行信息交流或达成具有强制性约束力契约的博弈。与非合作博弈相比，合作博弈追求帕累托最优的宗旨，允许博弈各方通过谈判与沟通来树立合作意识，并建立相互间信任、克制和承诺的机制，其理论要点如下：①存有共同利益。这是合作博弈的前提条件，即合作博弈必须是一个"正和博弈"。②必要的信息交流。合作博弈强调通过信息交流、讨价还价的谈判形式，为各参与者消除信息不对称的障碍，以使各参与者能对合作结果有一个较为稳定的预期，对合作事项的未来趋势有一个比较清晰的轮廓。③自愿、平等和互利。在合作博弈中，各参与者是自愿和平等的，达成契约是一致同意的结果。互利，则体现在各参与者能从合作博弈中分享到合作收益。④强制性契约。经谈判后缔结的契约具有很强的约束力，参与者若有违背，将受到相应的惩罚。

3.3.1 两主体的混合所有制股权均衡博弈

从现实的企业看，在合作剩余的分配中，混合所有制参与者在获取合作剩余的共同利益下为谋求各自的私利开展经济博弈，但这个经济博弈过程的主线应是合作。换言之，合作剩余分配应是在资产专有性程度、要素所有者产权特性、要素市场竞争状况和技术条件变化等情形下的合作博弈。下面，具体说明为什么合作剩余分配应是一种合作博弈的局面。现假设某企业由混合所有制参与者两人组成，二者的合作剩余为 M。对于 M 的分配，双方各有两个策略："争夺"和"礼让"。如果其中一人争夺、另一人礼让，则争夺者获得 $2M/3$，礼让者获得 $M/3$；如果两人都保持礼让，则双方平分收益，分别获得 $M/2$；如果两人都采取争夺策略，则由于争夺而发生效用损失，各获得 $(M/3) - N$，其中 $0 < N < M/3$（如表 3-1 所示）。

表 3-1　　　　　　　混合所有制参与者支付造成矩阵

		混合所有制参与者甲	
		争夺	礼让
混合所有制参与者乙	争夺	(M/3)-N, (M/3)-N	2M/3, M/3
	礼让	M/3, 2M/3	M/2, M/2

由博弈论可知,这是一个典型的非合作博弈。(2M/3,M/3)和(M/3,2M/3)是纯粹策略下的两个纳什均衡点,在这两个均衡点中,一方占有另一方的利益。无论哪一方选择争夺策略都会得到有利于自己的结果并损害另一方的利益。双方一旦涉及这样的博弈过程,则任何一方都会不顾道德约束及未来合作需要而采取争夺策略。如果博弈一方不善于或不喜爱争夺,那么其总会寻找机会退出这一博弈,结果企业这个混合所有制参与者契约将难以久存。

3.3.2 多主体的混合所有制股权均衡博弈

混合所有制下,参与者的所得包括经营活动投入物质资源、人力资源和管理资源,设为 k_i;股权收益,用 π_i 表示。

股权均等下,每一员工持有的企业股份相等地,其股权收益也相同,因此,本书有:$\pi_0 = \pi_1 = \cdots = \pi_i = \cdots = \pi_n$。

设混合所有制的总股权收益为 π,则:

$$\pi = (x - k - m_b p_b)(1 - i_m) \tag{3-1}$$

$$\pi = \sum_{i=0}^{n} \pi_i = (n+1)\pi_i \tag{3-2}$$

$$\pi = \frac{1 - i_m}{n + 1}(x - k - m_b p_b) \tag{3-3}$$

于是,本书可以分别计算出资本所有者、债权人及政府的企业剩余分享 x_i、x_b、x_g:

$$x_i = \alpha_i \pi = \alpha_i (1 - i_m)(x - k - m_b p_b) \tag{3-4}$$

$$x_b = m_b p_b (1 - i_b) \tag{3-5}$$

$$x_g = (k + \pi) i_b + m_b p_b i_b + (x - k - m_b p_b) i_m \tag{3-6}$$

那么，混合所有制参与者的合作积极性 α_i 下的期望收益函数为：

$$U_i = \int u_i(x_i - m_i p) g(\theta) d\theta - c_i(\alpha_i) \tag{3-7}$$

其中，m_i 为第 i 个参与者投入企业的资本，p 为市场利率。

假定参与者都是风险中性者，这意味着员工效用函数的二阶导数恒为 0，即：$u''_i \equiv 0$，这又意味着 $u'_i = c$（常数）。不失一般性，本书设：$u'_i = 1$，那么可取：$u_{ei}(x_{ei} - m_{ei}p) = x_{ei} - m_{ei}p$

于是有：

$$\begin{aligned} U_{ei} &= \int (x_{ei} - m_{ei}p) g(\theta) d\theta - c_i(a) \\ &= \int \left[k_i(1 - i_p) + \frac{(1-i_m)(1-i_p)}{n+1}(x - k - m_b p_b) - m_{ei}p \right] \\ &\quad g(\theta)d\theta - c_i(a_i) \end{aligned} \tag{3-8}$$

引入期望算子 E，则：

$$U_{ei} = k_i(1 - i_p) + \frac{(1-i_m)(1-i_p)}{n+1}(E_x - k - m_b p_b) - m_{ei}p - c_i(a_i) \tag{3-9}$$

令 $\frac{\partial U_{ei}}{\partial a_i} = 0$，得到使 U_{ei} 最大化的一阶条件：

$$\frac{(1-i_m)(1-i_p)}{n+1} \frac{\partial E_x}{\partial a_i} = \frac{dc_i}{da_i} \tag{3-10}$$

设 a_i^0 为微分方程（3-8）的解，那么 a_i^0 即为股份均等的混合所有制下，i 员工从其自身效用最大化出发所选择的努力水平。

考虑到 i_m、i_p 为小于 1 的正数，并且有 $\frac{d^2 c_i}{da^2} > 0$、$\frac{\partial^2 x}{\partial a_i^2} \leq 0$，本书可得到如下结论：

只要 $n > 0$，就一定有 $a_i^0 < a_i^*$，①随着 n 的增大，a_i^0 越来越小；②随着 i_m、i_p 的增大，a_i^0 也越来越小；③当 $n = 0$ 及 $i = 0$，$i = 0$ 时，此时有：$a_i^0 = a_i^*$。

对上述结论，可作如下解释：

（1）结论①、②意味着：随着企业人数 n 的增大，员工的努力水平 a_i^0 越来越向左偏离于帕累托最优所要求的 a_i^*，即：效率损失（$\Delta a = a^* - a$）越来越大。这是因为，随着企业人数的增多，员工会越来越倾向于偷懒。直观地来看,那是因为当一个员工选择更努力时,他得到的好处只能是由此带来的边际利润的 $1/(n+1)$,另外的 $n/(n+1)$ 为他人占有。同样,别人选择更努力时也会给他自己带来利益。在这种情况下,如果员工的努力不可观测,员工当然有动机去选择偷懒,这即是经济学里所称的"搭便车"问题,其根本原因是存在员工努力的外部效应,并且,随着企业人数的增加,这种外部效应越来越强烈。

(2) 结论③意味着:随着政府企业所得税率 i_p、个人所得税率 i_m 的提高,员工的努力水平 a_i^0 也会越来越远地偏于最优的 a_i^*。道理同1,这是因为政府的所得税税收对员工来说也是一种外部效应,也存在"搭便车"问题,这同样会对员工的积极性构成影响。并且,随着政府所得税税率的提高,这种外部效应也越来越强烈,员工也会越来越倾向于偷懒。

(3) 结论④意味着:当 $n=0$、$i_m=0$ 及 $i_p=0$ 时,员工的努力水平能达到帕累托最优要求的 a_i^0。不过,此时的企业成为只有一个员工的个体经济,已经不是本书这里所讨论的混合所有制企业了。此外,这一结论的成立还依赖于0所得税税率,这显然不是实际中的情形。

总之,股份均等的混合所有制下,在员工的努力不可观测时,每个员工的努力程度都不可能达到帕累托最优所要求的努力水平 a_i^0。并且,随着企业人数的增多或政府所得税税率的提高,员工努力水平越来越远地偏离于帕累托最优,效率损失越来越大。这至少给了本书一个重要启示:在员工人数众多的大企业里,不适于推行混合所有制。

股份不均等是更为一般的情形,本书用 α_i 表示第 i 个员工所持有的企业股份份额,显然有: $0 \leq \alpha_i \leq 1, \sum_{i=0}^{1} \alpha_i = 1$

此时,i 员工享有股份收益为:
$$\pi = \alpha_i \pi = \alpha_i (1 - i_m)(x - k - m_b p_b) \tag{3-11}$$

于是,员工、债权人及政府的企业剩余分享 x_{ei}、x_b 及 x_g 为:
$$x_{ei} = (k_i + \pi_i)(1 - i_p) = k_i(1 - i_p) + \alpha_i(1 - i_m)(1 - i_p)(x - k - m_b p_b) \tag{3-12}$$

$$x_b = m_b p_b (1 - i_p) \tag{3-13}$$

$$\begin{aligned} x_g &= (k + \pi) i_p + m_b p_b i_p + (x - k - m_b p_b) i_m \\ &= x i_p + (x - k - m_b p_b) i_m (1 - i_p) \end{aligned} \tag{3-14}$$

仍设员工风险中性，那么员工 i 在努力水平 α_i 下的期望效用为：

$$U_{ei} = \int (x_{ei} - m_{ei}p)g(\theta)d\theta - c_i(\alpha_i)$$

$$= \int [k_i(1-i_p) + \alpha_i(1-i_m)(1-i_p)(x-k-m_bp_b) - m_{ei}p]$$

$$g(\theta)d\theta - c_i(\alpha_i) \qquad (3-15)$$

引入期望算子 E，则：

$$U_{ei} = k_i(1-i_p) + \alpha_i(1-i_m)(1-i_p)(Ex-k-m_bp_b) - m_{ei}p - c_i(\alpha_i)$$

$$(3-16)$$

令 $\dfrac{\partial U_{ei}}{\partial \alpha_i} = 0$，得到使 U_{ei} 最大化的一阶条件：

$$\alpha_i(1-i_m)(1-i_p)\dfrac{\partial Ex}{\partial \alpha_i} = \dfrac{dc_i}{d\alpha_i} \qquad (3-17)$$

设 α_i^1 为式（3-17）的解，则努力水平 α_i^1 为股份份额为 α_i 的员工 i 在最大化自己期望效用下的最优选择。显然，由式（3-17）看出，α_i 对 α_i^1 有重要的影响。当 α_i 提高时，要使式（3-17）成立，必须有 $\partial \alpha_i$ 的减少和 $d\alpha_i$ 增大，这意味着 α_i^1 会提高，即 α_i^1 从 α_i^* 的逼近。当 $\alpha = 1$ 时，α_i^1 到达 α_i^* 点，即：$\alpha_i^1 = \alpha_i^*$。

也就是说，随着员工占有的企业股份份额 α_i 的增加，员工的努力水平也会越来越高，越来越接近帕累托最优所要求的 α_i^*。但是本书应该看到，由于 $\sum \alpha_i = 1$，当增加某人的 α，必然带来另一些人的 α 的下降，从而导致后者选择的努力水平离帕累托最优要求越来越远。因此，整体来看，员工的努力水平不可能同时达到 α_0^*、α_1^*、…、α_n^*，"搭便车"问题依然存在。

极端地，如果某人的 α 为 1，更为可能的情况是，企业管理者全部持股（事实上的业主企业），本书用 i = 0 来代表管理者，这意味着：$\alpha_0 = 1$，此时，由式（3-17）得：$\dfrac{\partial Ex}{\partial \alpha_0} = \dfrac{dc_0}{da_0}$，由此解出：$\alpha_0^1 = \alpha_0^*$。但与此同时，$\alpha_{i(i\neq 0)} = 0$，$\dfrac{dc_i}{d\alpha_i} = 0(i\neq 0)$，于是：$\alpha_{i(i\neq 0)} = 0$。

总之，由上面的分析可看出，在混合所有制下，通过股权结构调整并不能解决"搭便车"问题。当然，能否缓解这一问题，得到某种帕累托改进？本书认为这是可能的，只要在股份的分配上倾斜于那些可以给企业带来更大边际利润的人，因为他们的努力更重要，对企业利润贡献更大。实际情况也是如此，持股多者往往是那些对企业举足轻重的人。因此，混合所有制改革中的一个重要问题就是解决"持股人"问题。

3.4 混合所有制企业利益相关者的动态博弈模型

3.4.1 模型构建与求解

企业混合所有权结构决定于企业参与者之间的博弈，是企业参与者之间博弈的一个均衡结果。对于企业混合所有制参与主体，在经过一定时间的经营活动和所有者博弈后，企业所有权往往体现为主导者与追随者之间的博弈，常常表现为个别所有权参与者占据领先地位，而其他参与者则采用"跟随"和"搭便车"行为。本书来分析这种情况下的"智猪博弈"问题。

首先，混合所有制所有权结构分为一大一小，大者拥有更大的合作剩余分配影响权，但也需要付出成本；其次，小者由于股权结构占据份额较小，合作剩余的分配总是只能得到少量收益，如果要主导合作剩余分配权也需要付出成本。本书假设国有资本持有者占据优势地位，非国有资本参与者居于次要地位。假设合作剩余产生为 10 个单位，如果主导合作剩余的分配权需要支付 2 个单位成本，支付矩阵如表 3-2 所示。

表 3-2　　　　　　　　　合作剩余分配支付矩阵

		非国有资本持与者	
		主导	搭便车
国有资本持与者	主导	4, 2	4, 4
	搭便车	6, 2	0, 0

如表 3-2 所示，如果两种经济成分均采取"搭便车"形式，那么，混合所有制企业由于参与主体都不能主动履行和积极参与企业管理，导致合作无法产生合作剩余，双方都没有分得合作剩余；如果国有资本持有者采取主导，领

导非国有资本进行经营，非国有资本选择"搭便车"，那么就会产生"合作剩余"10个单位，由于国有资本占据多数，所以分得合作剩余为6个单位，非国有资本分得合作剩余为4个单位，但由于主导企业经营管理需要多付出2个单位的成本，所以最后得到4个单位收益；如果非国有资本持有者主导，国有资本持有者选择"搭便车"，那么所产生的10个单位"合作剩余"中非国有资本持有者分得4个单位，国有资本持有者分得6个单位，但主导成本为2个单位，所以非国有资本最后所得为2个单位；如果双方都积极参与主导企业，那么产生"合作剩余"10个单位，但双方都要付出2个单位的成本，所以双方最后所得为4和2个单位。

如果这个博弈只进行1次，每一种所有制经济都选择搭便车的策略组合构成博弈的纳什均衡，此时，混合所有制企业都陷入"囚徒"困境的低效率均衡。不过，存在一些机制使这个低效率均衡得以避免。

本书考虑这样一种机制，两种所有制经济退出混合所有制企业的成本高，因而，博弈将无限次地重复下去。这时候，触发战略导致了帕累托最优的结果。

具体地讲，本书考虑这样的战略：在博弈的第一阶段，参与人选择努力行使所有者职责。第t阶段，如果前面所有t−1个阶段的结果过都是（行使所有者职责，行使所有者职责），则选择行使所有者职责，否则选择"搭便车"。

显然，一旦某一阶段的结果不是（行使职责，行使职责），则参与人i选择搭便车是最优反应；如果前面阶段博弈的所有结果都是（行使所有者职责，行使所有者职责），则参与人i有两选择："搭便车"或行使所有者职责。如果其选择"搭便车"，支付函数为：

$$p_1 = 6 + 3\delta + 3\delta^2 + 3\delta^3 + \cdots\cdots = 6 + \frac{3}{1-\delta} \tag{3-18}$$

其中，δ为贴现系数，并且δ在0和1之间。

如果其选择努力行使所有者的职责，支付函数为：

$$p_2 = 5 + 5\delta + 5\delta^2 + 5\delta^3 + \cdots\cdots = \frac{5}{1-\delta} \tag{3-19}$$

比较式（3−18）和式（3−19）容易发现，当$\delta \geq \frac{2}{3}$时，$p_2 \geq p_1$这意味着选择行使所有者职责是最优选择。从而本书证明了触发战略能够构成所有者之间无限重复博弈的纳什均衡。

3.4.2 动态博弈结论与启示

触发战略组合是两种所有制经济成分之间无限重复博弈的子博弈精练的纳什均衡。这要求触发战略必须在每一个子博弈中都构成纳什均衡。而一个无限重复博弈的子博弈就是它的本身。在触发战略纳什均衡中这些子博弈被分成两类：第一类是所有前面阶段的结果都是（行使所有者职责，行使所有者职责）的子博弈和第二类是前面至少有一个阶段的结果（行使所有者职责，行使所有者职责）的子博弈。如果参与者在整个博弈中采用了触发战略，则在第一类子博弈中同样也是触发战略，并能构成整个博弈的纳什均衡；参与人在第二类子博弈中总是选择搭便车，而（搭便车，搭便车）同样是整个博弈的纳什均衡。从而本书证明了触发战略是子博弈精练的纳什均衡。

本书考虑每一种经济成分都能自由退出混合所有制企业的情形。在这种情况下，每一个核算周期结束后，两种所有制经济都得考虑是否继续留在混合所有制企业里面。如果每一种所有制经济都努力行使所有者职责，从而能够获得规模经济、节约交易费用和专业化分工的好处，会继续留在混合所有制企业里面。当有从搭便车时，行使职责的一种所有制经济会受到损失，退出混合所有制企业得到的收益是 4 个单位，因此其会选择退出。一旦混合所有制企业解体，搭便车者永远只能获得 3 个单位的支付，将失去规模经济、节约交易费用和专业化分工的好处，如果贴现系数足够大，搭便车导致的其他参与者退出将使他受到损失。因此，其他所有制经济的退出威胁构成了对搭便车的可信威胁，因此，努力行使职责的策略组合是子博弈精练的纳什均衡。

综合起来，模型表明只要混合所有制的规模经济、节约交易费用和专业化分工的好处足够大，它将是一个比单一所有制具有更高效率的企业制度。

博弈结论分析：在混合所有制企业中，如果占据领导地位的资本所有者不积极组织经营，那么由于资本付出较多，很难接受不取得收益的情况，而众多的跟随着选择"搭便车"的损失较小，并且让小股东主导企业，并付出成本往往导致其退出；如果占据领导地位的资本所有者积极组织经营，那么对于众多小资本参与者来说，根据纳什均衡，必然选择"搭便车"，所以最后的主导成本由大股东支付。对于大多数国有企业，国有股占据主导地位，所以支付了企业主导经营的成本，而众多小股东参与者选择"搭便车"，分享国有企业"合作剩余"带来的好处，这也直接刺激了他们参与国有企业向混合所有制企业转换过程中投资的积极性。

本章小结

混合所有制企业利益相关者包括股东会、董事会、监事会、经理层、员工、政府、银行、供应商、客户、公众等等，其中尤为重要的是股东，随着不同性质股权的介入，股东性质不同对企业利益诉求不同，针对利益相关者利益按照市场关系和非市场关系进行分析；从企业价值创造过程、社会责任与价值实现、合作剩余的产生剖析混合所有制企业价值创造，并基于产权制度效率、经营制度效率和分配制度效率分析混合所有制企业的制度效率，进而说明混合所有制企业利益相关者合作剩余，即探索混合所有制企业存在的必要性；基于合作剩余分析，进一步分析双主体、多主体的混合所有制股权均衡博弈，谈论混合所有制企业通过股权结构调整实现帕累托最优；构建混合所有制企业利益相关者的动态博弈模型，企业参与者之间博弈的一个均衡结果，解释小资本投资者参与混合所有企业积极性的内在原因，为后续混合所有制公司治理能力评价提供支撑。

第 4 章

混合所有制企业公司治理能力的构成及测度

混合所有企业公司治理能力是各治理主体重要能力的表现，本书在第 2 章关于混合所有制企业公司治理能力概念界定的基础上，结合利益相关者共治理论和企业能力理论，分析基于内外部治理主体的公司治理能力构成要素，构建混合所有制企业公司治理能力测度指标体系，为有效测度混合所有制企业公司治理能力，构建基于变异系数—加权法的测度模型，针对样本的特征分析比较公司治理能力大小。

4.1 混合所有制企业公司治理能力的构成要素

如前文对公司治理能力的定义所指，公司治理能力是一整套"综合素质"的表现，就得从"综合素质"的构成要素对公司治理能力进行剖析。准确地说，这些"综合素质"是公司治理的主体所具备的，因此，本书从公司治理主体的视角解剖公司治理能力的构成要素。

从前文对公司治理能力的定义中可见：公司治理能力主体主要包括内部治理主体和外部治理主体。以下分别从内部治理主体和外部治理主体解析公司治理能力构成要素。

4.1.1 内部治理能力

内部治理主体主要包括股东会、董事会、监事会、经理层和员工，以下分别阐述这五个主要治理主体的能力构成。

（1）混合所有制企业股东会治理能力。

股东会，也称股东大会，是由公司资产所有者组成的集体，是公司最高意志的诉求主体，也是公司的最高决策机构，是公司实施治理的最大需求者，其治理能力水平自然构成公司治理能力的重要方面。股东会的以上功能定位决定了其治理能力主要表现在决策能力、资源与利益分配能力、重大风险管控能力、激励能力等方面。无论是资源与利益的分配还是重大风险的管控等本质上都体现在作决策上（可以通俗地说"股东会的存在就是为了作决策"），因此股东会的所有治理能力核心体现在决策能力上。

由于在混合所有制企业改革的进程中，主要要吸纳非国有股东，这就在一定程度上冲击了既得利益者，势必要打破原的利益分配格局，这也正是混合所有制改革进程中最大的障碍，甚至实现了混合所有制改组后，新进的非国有股东的意志仍然得不到表达，权益得不到保障，使在现实中大量存在着"名义上的混合"。为此，在当下的混合所有制企业中，其治理能力要特别注重"资源与利益分配"这一项治理能力。

上述股东会的治理能力在很大程度上受股东会议事规则、股东个人的能力、群体决策能力等影响，而混合所有制企业正是在以上具有决定意义的因素上有其现实特殊性，进而深刻影响其治理能力的发挥。正如前文对混合所有制企业的界定中所言，判定其是否是混合所有制企业，在很大程度主要看其股权的混合程度，在国有企业的混合制改革中又主要体现其非国有股东的参与程度。在实践中，因为各方面的因素导致客观上存在着非真正意义上的混合制，使得非国有股东难以真正参与资源和利益的分配，他们的意志难以表达，其权益也难以得到维护。因此，在此背景下，非国有股东和中小股东的持股比例、票席数、参会频率、治理权分配等都从根本上影响真正的混合度，进而影响非国有股东的参与热情。因此，后文在评价混合所有制企业的治理能力时也将重点从议事规则、非国有股东和中小股东权益保障等方面进行分析。

(2) 混合所有制企业董事会治理能力。

董事会是公司中的一级代理机构,承接股东会的意志,可以理解为股东会的"常务委员会",既是决策机构又是执行机构,在公司章程的框架内和股东会的授权下行使决策和执行股东会意志。由于股东是公司资产的所有者,在所有权和经营权两权分离的主流体制下以及股东众多和其意志分散的现实原因,股东会常常不会经常性议事和决策,而将公司在经营管理过程中的"大事小情"交由其常设议事机构即董事会代为行使。这一机制就表明董事会要行使决策权、领导权、执行权和监督权,注定在公司治理中扮演极其重要的角色,其治理能力的重要性不言而喻。董事会的上述功能定位和行使的权利决定了其治理能力既要具有股东会的部分特征又要具备执行层的部分特征。总起来说,董事会治理能力至少应包括:决策能力、风险平衡与管控能力、组织领导能力。这些能力最直观地表现为:董事会构成的合法合理性、议事规则的合法合理性、董事会运行效果与效率。

董事会在经营管理活动中作经常性决策,影响股东目标意志的达成。因此,在混合所有制企业中,新进的非国有股东和中小股东的能否合法自主选择代表其意志的成员进入董事会以及董事会中代表其意志的票席数和具体决策权力分配决定了其在公司中治理能力的表达。另一方面,在董事会议事规则中是否有偏袒性和有失公平性条款也影响公司治理能力的发挥(如是否有容纳非国有股东表达意志的机会,是否拥有否决权,是否可以行政问责权等)。

在现代法人治理架构下,为保证董事会决策的正确性、客观性和独立性,现在有一种做法是在董事会中设立一定比例的外部独立董事。独立董事的突出作用在于能够独立地作出判断,不受公司的经理层的影响,很好地为其信任委托人即公司的股东服务,这主要是因为他们和公司不存在任何经济或非经济的利益关联,因此能从公司股东的利益出发为公司制定战略,监督公司的经理层、决定公司内部管理机构的设置和制定公司的基本管理制度,更好地维护股东的所有者权益。

(3) 混合所有制企业监事会治理能力。

在现代公司制实践中,所有权与经营权分离,股东对公司事务不再事无巨细地管理,而是委托董事和企业经理层行使经营管理取权,作为代理人的董事和企业经理必然会被授权,同样也会存在代理委托风险,客观上就需要设立一种机关以保护股东的利益,防止董事、经理滥用职权,有效约束董事、经理行为。监事会就是依法设立的这样一监督检察种机关,专门行使监督检察职权。监事会的监事由股东大会选举产生,也有一定的比例由企业职工通过民主选举产生。根据我国《公司法》的要求,监事人数一般不低于3人,其中2/3是股东监事,1/3是雇员监事,而且要求董事、经理及财务负责人不得兼任监事。在日本和中国台湾等国家和地区也有只设监事不设监事会的做法,公司的监督检察职权由个体而不是由集体行使,但其功能性质不因此而受影响。前文在阐述股东会和董事会的职权时,谈到其行使一定的监察权,不同的是,股东会天然具有监督权(因为其是公司利益和意志的最高表达者,对其利益的达成与分配必然需要保留监察权),而频带会只是专门代表其行使监察权;而董事会的监督则以适当性监督为主,更多的是在经营管理活动中对经理层依规履行本职工作达成既定目标过程的监督检察,如经营计划的管理是否合理,经理层职业行为是否符合公司发展战略等。而监事会的监督工作则以违法性监督为主,其监督的对象主要是公司董事和经理层,对公司管理行为是否违反法律法规和企业规章制度进行专门监督。

从以上关于监事会形成的机制背景及其职能定位可以理解为监事会是专门为达成有效的公司治理而结成的治理主体,专门行使监察职权,其治理能力当然也体现为监督检察的能力,主要集中表现在监事会的独立性、监事的专业监察能力、监事会运行的议事规则。在企业治理实践中,有不少企业的监事会难保其独立性,过多受董事会意志的干涉,甚至在一些法人治理结构不完善的企业中,监事会往往形同虚设,不能有效运行,存在不设监事会或监事兼职比例过高的情况,这些都给公司的运行带来了较大的风险,公司治理能力自然也容易丧失。在实行混合所有制的初期,以上现象发生的频率和可能性极高。一些新进股东在股东会和董事会意志表达受挫后往往把入驻监事会作为退而求其次的治理诉求的表达途径。鉴于此,本书将重点从监事会的运行效率(独立性、议事规则等)和监事能力保障(专职程度、专业化程度、履职情况等)考察监事会治理能力的表现。

(4)混合所有制企业经理层治理能力。

企业经理层,也称管理层,是经营管理的具体执行层,承接董事会意志,执行董事会决议,通常采取总经理负责制或总裁负责制或首席执行官(CEO)

第4章 混合所有制企业公司治理能力的构成及测度

负责制。经理层是公司经营代理人的群体，以其专业化和职业化行使经营管理职权，是公司重要的管理主体，公司重大战略目标的达成、战略意图实现和企业绩效的实现都是通过这一层的活动实现的。同时，在所有权与经营权分离的现代法人治理结构中，企业经理层往往被授予了较大的职权，一些较大治理风险往往发生这个环节。总经理在任期内除了要达成董事会下达的战略目标，还要有效管控公司经营中的各种风险，对管理和治理目标。因此，企业经理层必然构成一个重要的治理主体，是反映一个公司的治理能力绕不开的角色。

在实行总经理任期制的混合所有制企业中，由于股权的多元化，公司的总经理出现"轮值"的现象。各方面的股东为了其意志的实现，通常都会竞相提名代表其意志和受其信任的总经理。部分企业未能有效做到所有权与经营权有效分离，经常性出现董事甚至股东或公司实际控制人长期兼任公司总经理的现象，这在一定程度上不利于公司治理机制的培育和企业的持续发展。因此，在混合所有制企业中以公司总经理为主要代表的经理人团队产生方式是公司治理的重要方面，产生经理层人选过程中的规则和要求构成治理治理能力的重要因素，后文在测度这方面的能力时将重点分析。

由于混合所有制企业的利益关联体较多，利益关联者关系错综复杂，不时有相关利益方通过各种手段将其"内部人"打入经理人队伍，影响企业经理人职业化和专业化履职。国有企业的混合所有制改革后，经理层队伍的职业化、专业化对公司治理目标的达成至关重要。在所有权和经营管理权分离的合同机制下，一定要提升经理人队伍的职业化和专业化程度。因此，在混合所有制中建立健全完善的总经理任期制，打造过硬的职业经理人队伍是确保公司治理有序、有效运行的重要保障。自然，公司的职业经理人培育能力和企业经理的职业化履职也就成为一项重要的公司治理能力。

另一方面，由于职业经理人队伍并不是公司资产的所有者，但同时又被授予了较大的职权，成为公司部分资产和资源事实上的分配者，因此，对职业经理人队伍的激励和约束就构成了公司治理的重要方面。在激励机制设计的实践中，最常见的激励形式有薪酬激励（包括工资、年薪、奖励、福利等）股权激励（包括股权分红、股票期权、限制性股票、管理层收购、员工持股计划等）；常见约束手段有目标责任制、绩效考核、工作述职、负面清单制、分权制、财务审计等，对职业经理人队伍在运用激励和约束的能力构成了公司治理能力的重要表现。

当然，职业经理人在其职权范围内进行经营管理活动，必然需要作决策，与股东、董事会一样，其经营管理决策的能力也是公司治理能力一个表现。不同的是，这一层的决策能力在董事会的观察中往往体现为执行力，更多地体现执行董事会决议和决策的能力。在混合所有制企业中，由于意志诉求的多元，经理层的决策能力和执行能力更为复杂，更多体现为利益与资源平衡能力，后文在考察经理层这方面的能力测度指标时将重点研究。

（5）混合所有制企业员工治理能力。

员工（或称"企业职工"）是公司人员构成的主力军，是意志较为集中的最大群体，他们往往不是公司治理的最大诉求者，但却是施展公司治理能力的重要主体，很多治理措施要通过其才得以发挥。公司主要治理主体的治理诉求较少来自于员工，但治理过程和治理结果却会对员工构成较大影响，进而反过来会影响治理目标的达成。因此，员工利益的实现是公司实施治理时必须考量的因素，员工的存在也可以为企业的实施治理给予一定程度的修正。在推动国有企业混合所有制改造的过程中，不可避免地会发生企业的并购重组、资源的重新配置、产权的重新整合、不同体制人员的融合、企业规模的扩大或缩小等，也势必对企业职工构成影响。

企业职工代表大会是企业职工民主行使主人翁权利和表达诉求的机构，是我国企业实行民主管理的生动实践。工人委员会（简称"工会"）是员工诉求表达另一合法途径，它是员工自愿结合的工人阶级的群众性组织。《中华人民共和工会法》明确：会员人数达到25人以上的组织应当建立工会。工会的职能是组织职工参与本单位的民主决策、民主管理和民主监督。

与公司主要治理主体的治理诉求不同的是，来自企业职工的治理诉求大多发生在劳动关系、职工报酬、工作时间、生产生活条件、职工福利等。正如前所述，这些治理客体往往不是主要治理主体的最大诉求，但它是保证企业永续经营，营造和谐企业文化关系的必备素材，在公司发展中必须充分重视，尤其是在混合所有制改革进程中，影响职工切身利益的改革不可避免地发生，改革过程中必须予以高度关切，并妥善处理。

另一方面，员工持股也是企业职工参与公司治理的重要方式，在混合所有制改革的过程较好地运用这一方式对提升公司治理大有益处。在《国务院关于国有企业发展混合所有制经济的意见》中就明确了要探索实行混合所有制企业员工持股，坚持激励和约束相结合的原则，通过试点稳妥推进员工持股。

综上所述，员工要通过职工代表大会、工会和员工持股等机制发挥其在自身权益保障和福利获得方面的治理能力。

4.1.2 外部治理能力

企业的外部的利益关联体较多，严格意义上，凡是对企业共同利益达成的关联方对企业的治理达成都有影响，但本书从辩明公司治理能力与资本管理关系的角度出发，重点阐述政府、银行、供应商、客户、公众等五个外部治理主体的治理能力结构。

需要指出的是，上述外部治理主体有其自身的意志和利益诉求，它们对于某一个公司的治理主要是为了其自身意志和利益的实现而施予的，这期间必然涉及公司与这些外部治理主体之前的利益关系和社会关系。因此，以某一个企业为对象研究其治理能力，主要考察其与这些外部治理主体的关系治理能力上。下文对外部治理主体治理能力的研究主要从这个角度阐述。

（1）混合所有制企业政府关系治理能力。

这里所称的"政府"是指广义的政府，是指代表社会公共权力的国家立法机关、行政机关和司法机关的总和。政府是社会公民共同利益的代表者和捍卫者，是社会公共秩序的维护者和建设者，是国家社会事务管理的主体，是国家和地方治理的主要践行者。它的存在是为了谋取社会公共利益的"最大公约数"，而具体的企业则是众多利益主体中的一个，其利益的达成对公共整体利益的达成有互相促进互相制约的作用。因此，从一个企业的角度，促进两者关系的融合对提升公司治理能力和利益的达成到头重要。由此，企业在政府关系的治理能力上就体现为两个方面：一是政府资源使用，包括通过合法合规的途径和措施获取政策扶持的能力和接受政府监督约束两个层面；二是公共利益贡献，包括创造资产利润、纳税、提供就业机会、提升 GDP 和 GNP，等等。

（2）混合所有制企业银行关系治理能力。

银行主要为企业的经营活动提供资金支持，并谋求投资回报。因此，从企业的角度观察，银行往往扮演的是债权人角色。作为债权人，谋求的是投资回报率和债务安全。在运行混合所有制的初期,不排除有银行对此机制成效有所质疑,也或许产权结构和法理结构发生变化后银行对企业的决策导向持观望态度等各种原因可能会影响银行对企业的发放债务。因此,其间公司治理主体要特别关注银行关系的治理,注重银行关系治理能力的提升,通过混合制机制红利的释放提振银行等投资者的信心,同时要加强必要信息的公开,强化契约管理。同时,要做好存量贷款的风险管理,严守信用,认真履行贷款偿还义务,合债权人的权益得到切实保护。综合来看,在混合所有制改革进程中银行关系的治理能力重点表现在债权人权益维护上。

(3)混合所有制企业供应商关系治理能力。

供应商是重要的利益关联体之一。在企业日常经营活动中,与供应商频繁地发生经济往来,作为重要的交易双方,双方关系治理能力的提升和改善无疑会促进互惠共赢局面的形成。在试行混合所有制初期,预计供应商将特别关注:持续性采购需求与采购能力、议价能力、现金流量、应收账款管理、坏账风险、经营信用、结算方式等。因此,供应商关系治理能力重点表现在供应商关系维护上。

(4)混合所有制企业客户关系治理能力。

客户是指企业产品或服务的购买者,是公司经济价值达成的重要利益关联方。对客户关系管理(CRM)的研究是工商学界一直关注的领域,也产生了许多有益的实践。一般认为,客户关系管理是对供应链中各项活动的集成和协调,使产品或服务的提供方与购买方(或消费方)在销售、营销和服务上实现交互,从而向客户提供创新式的个性化的客户交互和服务的过程,其本质是吸引新客户、保留老客户和客户质量提升。与客户关系管理不同,客户关系治理突出强调客户关系危机治理。毋庸置疑,混合所有制改革涉及企业底层结构的变质,产权关系发生变化,利益格局重新分配,加上一些外部条件,极有可能对客户提供产品和服务有所变化,即使产品和服务本身没有变化,在服务交互、账务结算、关系维护等方面或有变化。因此,混合所有制企业的客户关系治理能力重点表现在客户关系维护上。

(5)混合所有制企业公众关系治理能力。

社会公众是指社会公民围绕共同的利益、目的和文化认同而自发结成的群体。在称谓具体的"社会公众"时通常存在以下几个规制:①特定的地

第4章 混合所有制企业公司治理能力的构成及测度

域性；②边界模糊的文化辐射范围；③具有共同利益诉求的公民群体；④非独立的个人和非具体的社会组织（以利益主旨趋同化而表达主体却离散化为主要标志）。本书在研究混合所有制企业与社会公众的关系时，需从以上规制限定，且在具体的语境中有不同的外延限定，不能从广义的社会公众概念分析；再者，本书所指的社会公众利益是指不以政府名义表达的利益诉求（尽管政府可以代表社会公众的利益），强调的是通过公民自发表达的自主性群体性利益（如具体的就业需求、基础设施的便利化提供、环境保护、慈善捐助等）。

企业必然存在一个相对固定的物理位置，根据企业的规模、业务属性和业务范围形成不同的辐射范围，在其辐射范围的社会公众事实上也与企业结成了一定的利益共同体，互相影响互相促进。从实践中观察，社会公众对企业的利益输送通常表现为资源供给、生产要素投入、文化规制等；企业对社会公众的利益输送如前文示例。混合所有制改革后，企业与社会公众的关系通常不会及时敏感地呈现出来，而是在后续的经营活动中不断显现。从二者的关系治理上，重点体现在具体环境的公共安全治理、具体社会的公众权益维护、具体社会的公共秩序治理、社区事务治理等，在这些方面的治理能力也构成了混合所有制企业与社会公众关系的核心治理能力。因此，混合所有制企业的公众关系治理能力重点公众关系维护上。

综合上述分析结果，本书提出混合所有制企业公司治理能力构成要素，如图4-1所示。

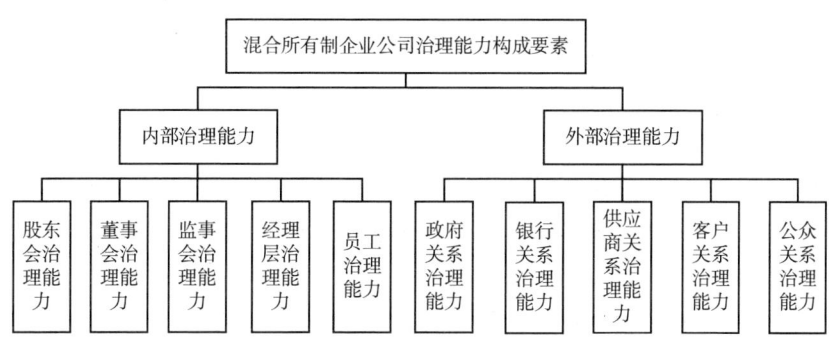

图4-1　混合所有制企业能力构成要素

4.2 混合所有制企业公司治理能力的测度指标体系

4.2.1 测度指标体系构建原则与依据

（1）测度指标体系构建原则。

为保证混合所有制企业公司治理能力测度指标体系的科学性、实用性和准确性，在构建测度指标体系时，应遵循以下五点原则：

①科学性原则。混合所有制企业公司治理能力测度指标体系涵盖面广，能够全面并综合地反映其构成要素。指标的选取要全面、客观，根据混合所有制企业公司治理能力的特点，以及有关公司治理的准则、法律法规的规范要求选择评价指标，每一个指标的选取都要有依据，准确定义的指标的概念，以确定各指标的权重或系数的权重，严格按照选择和计算数据的科学理论。

②系统性原则。混合所有制企业公司治理能力是一个复杂的系统，有若干子系统构成，在对其进行评价时，应从不同层次上采用不同的指标，指标体系的设计要综合考虑公司治理能力的每个方面，避免单因素导致的片面性。

③操作性原则。指标数据必须能够公开可得，数据搜集可以通过公司的年报、证监会和公司的网站等公开资料实现。考虑的信息或数据的来源，尽可能地做到方便和可比性，可以理解和接受，避免因为设置深奥的专业术语各项具体指标影响的数据和信息工作。

④定性定量相结合原则。混合所有制企业公司治理能力指标应尽可能量化，但对于一些难以量化，对研究目标其意义又比较重大的指标，也可以用定性指标来描述。定性与定量评价相结合可避免单纯依靠某方法所带来的缺陷，提高评价的科学性和客观。

⑤持续性原则。指标设计必须有利于对混合所有制企业公司治理能力进行长期跟踪调查，连续发布，以真实地记录混合所有制企业公司质量能力的变化趋势。

(2) 测度指标体系构建依据。

在本书 1.3.2 中对国内外现有公司治理评价体系进行梳理,南开大学治理研究中心(2003)推出的中国上市公司治理指数和严若森(2009)提出的公司治理评价的一般治理体系均有设计利益相关者的评价指标,但是两大体系均将员工、债权人、政府、客户等归纳到利益相关者一项指标上。基于混合所有制企业公司治理能力构成要素分析,借鉴现有学者关于公司治理能力评价的相关研究以及国家社科基金项目"基于资本管理视角的混合所有制企业公司治理能力评价及提升路径研究"和国家发展和改革委员会重大改革项目"国有企业发展混合所有制经济研究"的部分研究成果,并结合混合所有制企业公司治理能力的特点,构建混合所有制企业公司治理能力测度指标体系。

4.2.2 测度指标体系构建

混合所有制企业公司治理能力评价体系包括内部治理能力和外部治理能力 2 项一级指标,10 项三级指标和 50 项四级指标,其中,内部治理能力包括股东会、董事会、监事会、经理层和员工 5 项三级指标,外部治理能力包括政府、银行、供应商、客户和公众 5 项三级指标,如表 4-1 所示。

表 4-1 混合所有制企业公司治理能力测度指标体系

一级指标	二级指标	三级指标	四级指标
内部治理能力	股东会治理能力	股东会合法合规与合理性	股东会的合法合规性
			非国有股东参与比例
		中小股东权益保障	中小股东保护制度
			临时提案制度
		非国有股东权益保障	管理权行使
			监督权行使
			表决权行使
			知情权行使
			收益分配权行使
			剩余财产分配权行使

续表

一级指标	二级指标	三级指标	四级指标
内部治理能力	董事会治理能力	董事评价效果	董事的产生与退出
			董事的考核
		董事会运作效率	董事会的构成规模
			董事会决策效果
		董事会结构合理性	董事会的决策机制
			董事会人员结构
			非国有股董事人数
			专业委员会的设置
		独立董事制度有效性	独立董事制度实施效果
			独立董事权力行使的状况
			独立董事的激励与约束
	监事会治理能力	监事能力保障	外部监事比例
			监事会人员专职程度
			外部监事履职状况
		监事会运行效率	与董事会、管理层交叉任职的情况
			监事会行使监督有效性
			监事会监管记录的完备性
	经理层治理能力	经理层构成合理性	管理人员的选聘方式
			职业经理人比率
		决策与执行效果	决策有效性
			决策风险损失
		激励与约束效果	薪酬回报倍数
			激励方式
			约束与追责
			内部人控制
			考核评价机制
	员工治理能力	员工利益保障	社保提取率
			员工权益保护

续表

一级指标	二级指标	三级指标	四级指标
外部治理能力	政府关系治理能力	政府扶持与监管效果	政府扶持
			政府的监管与约束
		政府关系维护	资产纳税率
			就业贡献率
	银行关系治理能力	银行关系维护	债权人权益保护
			银行借款率
	供应商关系治理能力	供应商关系维护	前五大供应商采购成本占比
			前五大供应商采购成本变化率
	客户关系治理能力	客户关系维护	前五大客户销售额占比
			前五大客户销售额变化率
	公众关系治理能力	公众关系维护	社会公众权益保护
			社会公益捐献比率

4.2.3 测度指标解释

（1）股东会治理能力。

股东会治理能力采用股东大会合法合规与合理性、中小股东权益保护和非国有股东权益行使三个指标进行测度。

①股东大会合法合规与合理性。第一，股东大会的合法合规性：股东大会的开展是否符合相关的法律法规，其合法合规则赋值为1，无则为0。混合所有制企业股东大会的相关规定越合法合规，股东大会合法合规与合理性越好。第二，非国有股东参与比例：股东大会中非国有股东参与人数占股东总参与人数的比例。混合所有制企业非国有股东参与比例越大，股东大会合法合规与合理性越好。

②中小股东权益保护。第一，中小股东保护制度：考核公司制度中是否包含中小股东权益保护制度，以及公司对该制度的执行情况。中小股东保护制度健全，该指标赋值为1，无则为0。混合所有制企业中小股东保护制度越健全，中小股东权益保护越好。第二，临时提案制度：考核企业制度中是否包含中小

股东临时提案制度，保护中小股东的发言权，以临时议案的数量进行衡量。混合所有制企业临时提案制度越完善，中小股东权益保护越好。

③非国有股东权益行使。第一，管理权行使：非国有股东在管理层权力的行使情况，通常前十大股东具有管理层聘任决策权，以前十大股东中非国有股权比例反映非国有股东管理权行使。混合所有制企业非国有股东行使管理权，非国有股东权益得到保障。第二，监督权行使：非国有股东在监事会权力的行使情况，非国有股东在外部董事聘任、企业司业务等事项行使监督权，则监督权行使赋值为1，无则为0。混合所有制企业非国有股东行使监督权，非国有股东权益得到保障。第三，表决权行使：非国有股东在重大事项表决权力的行使情况，非国有股东在股东会及董事会上行使表决权，则表决权行使赋值为1，无则为0。混合所有制企业非国有股东在重大事项中行使表决权，非国有股东权益得到保障。第四，知情权行使：非国有股代表对企业重要事项和具体事项的知情权，非国有股东参与股东会及董事会，则知情权行使赋值为1，无则为0。混合所有制企业非国有股东行使知情权，非国有股东权益得到保障。第五，收益分配权行使：非国有资本的经营收益分配情况，按照非国有股持股比例分配收益，则收益分配权赋值为1，无则为0。混合所有制企业非国有股东收益分配权得到实施，非国有股东权益得到保障。第六，剩余财产分配权行使：非国有资本对剩余财产分配的要求权，在企业破产清算时，非国有股东在债务清偿之后按照所持股份行使对剩余财产分配的要求全，则剩余财产分配权赋值为1，无则为0。混合所有制企业非国有股东剩余财产分配权得到实施，非国有股东权益得到保障。

（2）董事会治理能力。

董事会治理能力采用董事评价效果、董事会运作效率、董事会结构合理性和独立董事制度有效性四个指标进行测度。

①董事评价效果。第一，董事产生与退出：衡量企业制度中有无董事选用与退出制度，公司制度中有董事选用与退出制度，该指标赋值为1，无则为0。混合所有制企业董事产生与退出制度越完善，董事评估效果越好。第二，董事的考核：衡量企业制度中有无董事考核制度，公司制度中有董事考核制度，该指标赋值为1，无则为0。混合所有制企业董事考核制度越完善，董事评估效果越好。

②董事会运作效率。第一,董事会的构成规模:考核董事会人数是否与企业所处的行业性质、外部条件等因素相符合,以董事会总人数衡量董事会规模。混合所有制企业董事会规模越合理,董事会运作效率越高。第二,董事会决策效果:考核董事会战略决策的实际效果,以 EVA(Economic Value Added)率(EVA 与调整后资本的比值)来衡量董事会决策效果。混合所有制企业董事会决策效果越好,董事会运作效率越高。

③董事会结构合理性。第一,董事会的决策机制:考核董事会决策程序、方法的合理性和完整性,董事会决策程序规范、决策方法科学,该指标赋值为1,否则为0。混合所有制企业董事会决策机制越完善,董事会运作效率越高。第二,董事会人员结构:通过董事会人员数量和构成比例来反映董事会人员结构的配置状况,以董事会总人数与独立董事人数之比衡量董事会人员结构。混合所有制企业董事会人员结构的配置越优化,董事会组织结构越合理。第三,非国有股董事人数:衡量企业非国有股东派出的董事人数。混合所有制企业非国有股董事人数越多,董事会组织结构越合理。第四,专业委员会设置:依据《公司法》和公司章程,专业委员会一般包括审计委员会、战略投资委员、提名委员会以及薪酬与考核委员,企业设置上述四个委员会,则该指标赋值为1,否为0。混合所有制企业专业委员会设置越健全,董事会组织结构越合理。

④独立董事制度有效性。第一,独立董事制度实施效果:通过独立董事在本年度董事会议案中提出异议的数量衡量独立董事制度实施效果。混合所有制企业独立董事制度实施效果越好,独立董事制度有效性越好。第二,独立董事权力行使状况:独立董事是否对企业内部实施监督,是否代表中小股东行使表决权,是否合理地评价董事会的绩效。通过独立董事亲自出席会议次数与应出席会议次数比值,衡量独立董事权利行使状况。混合所有制企业独立董事权力行使的状况越好,独立董事制度有效性越好。第三,独立董事激励与约束:考核企业独立董事激励与约束机制是否健全,公司章程中独立董事激励与约束制度,该指标赋值为1,无为0。混合所有制企业独立董事激励与约束机制越健全,独立董事制度有效性越好。

(3)监事会治理能力。

监事会治理能力采用监事会运行保障和监事会运行效率两个指标进行测度。

①监事能力保障。第一，外部监事比例：衡量外部监事人数占监事会总人数比例。混合所有制企业外部监事比例越高，监事能力越能得到保障。第二，监事人员专职程度：考核监事会成员的兼职与敬业程度，以监事会成员平均担任职务数量衡量监事会人员专职程度。混合所有制企业监事人员专职程度越高，监事能力越能得到保障。第三，外部监事履职状况：考核外部监事在企业工作时间的长短，以外部监事担任职务的均值衡量外部监事。外部监事担任职务的均值越大，其在混合所有制企业履职的时间越少，监事能力越不能得到保障。

②监事会运行效率。第一，与董事会、管理层交叉任职情况：衡量监事会与董事会、管理层是否存在交叉任职情况，以董事会、管理层成员中监事会成员比例衡量该指标。该指标数值越大，监事会运行效率越低。第二，监事会行使监督有效性：衡量监事会对董事、高管人员履职监督效果，监事会发现公司存在风险，该指标赋值为1，否则为0。混合所有制企业监事会行使监督越有效，监事会运行效率越高。第三，监事会监管记录的完备性：考核监事会监督记录及专项检查结果的完整性，监事会记录内容完整，该指标赋值为1，否则为0。混合所有制企业监事会监管记录越完备，监事会运行效率越高。

（4）经理层治理能力。

经理层治理能力采用经理层构成合理性、决策与执行效果以及激励与约束效果三个指标进行测度。

①经理层构成合理性。第一，经理层的选聘方式：考核经理层来源的公开性与竞争性，经理层为公开竞争聘任，该指标赋值为1，否则为0。公平公开的选聘方式是混合所有制企业经理层工作高效的重要表现之一，这种途径形成的经理层更合理。第二，职业经理人比例：衡量职业经理人数占高管数量的比例。混合所有制企业职业经理人比例越高，经理层构成越合理。

②决策与执行效果。第一，决策有效性：考核决策实施后产生的客观效果，取决于决策本身的客观质量和执行决策的人对决策的认可程度。相比前一年度，报告年度净利润增长，该指标赋值为1，否则为0。混合所有制企业决策有效性越高，决策与执行效果越好。第二，决策风险损失：衡量经理层是否存在重大经营决策失误，有重大决策失误，该指标赋值为1，无则为0。混合所有制企业经理层发生重大决策失误，决策与执行效果不佳。

③激励与约束效果。第一，薪酬回报倍数：通过净利润与高管薪酬的比值衡量该指标。混合所有制企业薪酬回报倍数越高，激励与约束效果越好。第二，激励方式：职业经理人激励方式包括长期奖励、特别福利和在职消费等，该指标考核薪酬以外的奖励占总收入的比重。混合所有制企业职业经理人薪酬以外的奖励占比越高，激励方式越合理。第三，约束与追责：通过企业章程中职业经理人的约束与追责机制，衡量职业经理人的约束与追责。风险事件披露事项中，有责任追究行为，该指标赋值为1，无则为0。混合所有制企业职业经理人约束与追责制度越完善，激励与约束效果越好。第四，内部人控制：国有资产流失、会计信息失真是混合所有制企业中内部人控制的主要表现形式，通过担任董事的职业经理人的数量来考核企业内部人控制的程度。混合所有制企业内部人控制越严重，激励与约束效果越差。第五，考核评价机制：衡量经理人员的考核评价指标是否健全、完善和合理。企业拥有健全的职业经理人考核评价制度，该指标赋值为1，无则为0。混合所有制企业职业经理人考核评价机制越健全，激励与约束效果越好。

（5）员工治理能力。

员工治理能力采用员工权益保障指标进行测度。员工权益保障包括社保提取率和员工权益保护。第一，社保提取率：企业每个月为员工缴纳的各项社会保障金与应付职工应酬的比例。第二，员工权益保护：考核员工权益保护条款的执行情况。混合所有制企业社会责任报告书中明确规定保护企业员工权益，该指标赋值为1，无则为0。

（6）政府关系治理能力。

政府关系治理能力采用政府扶持与监督效果和政府关系维护两个指标进行测度。①政府扶持与监督效果。第一，政府扶持：以政府对企业的投入资金多少以及政府是否出台扶持政策，衡量企业是否受到政策的支持。混合所有制企业受到政府投入与扶持，该指标赋值为1，否则为0。第二，政府的监管与约束：通过政府是否出台对企业监管的政策，衡量企业经营是否受到监管。混合所有制企业受政府监管和约束，该指标赋值为1，否则为0（报告年度无则适当追溯以前年度）。②政府关系维护。第一，资产纳税率：衡量实际缴纳税费与资产总额之比，反映混合所有制企业每百元资产所创造的税收。混合所有制企业资产纳税率越高，政府关系维护越好。第二，就业贡献率：以支付给职工的各项现金支出/平均净资产衡量。

(7) 银行关系治理能力。

银行关系治理能力采用银行关系维护指标进行测度银行关系维护包括债权人权益保护和银行借款率。第一，债权人权益保护：考核企业债权人权益保护制度的完善性。我国《公司法》规定了三种保护企业债权人权益的方式，分别为公司重大事项公开性原则之遵守、公司资本维持原则之贯彻以及公司清算规则之适用。混合所有制企业社会责任报告书中明确规定保护债权人权益，该指标赋值为1，无则为0。第二，银行借款率：考核银行参与企业治理积极性，以（长期借款＋短期借款）/总资产衡量。

(8) 供应商关系治理能力。

供应商关系治理能力采用供应商关系维护指标进行测度。供应商关系维护包括前五大供应商采购成本占比和前五大供应商采购成本变化率。第一，前五大供应商采购成本占比：考核供应商议价能力，以前五大供应商采购成本/总采购成本衡量。第二，前五大供应商采购成本变化率：考核供应商稳定性，以（前五大供应商期末采购成本－前五大供应商期初采购成本）/总采购成本×100%衡量。

(9) 客户关系治理能力。

客户关系治理能力采用客户关系维护指标进行测度。客户关系维护包括前五大客户销售额占比和前五大客户销售额变化率。第一，前五大客户销售额占比：考核客户议价能力，以前五大客户销售额与总销售额比例衡量。第二，前五大客户销售额变化率：考核客户稳定性，以（前五大供应商期末销售额－前五大供应商期初销售额）/总销售额×100%衡量。

(10) 公众关系治理能力。

公众关系治理能力采用公众关系维护指标进行测度。公众关系维护包括社会公众权益保护和社会公益捐献比率。第一，社会公众权益保护：考核社会公众的权益保护条款是否很好地执行。混合所有制企业社会责任报告书中明确规定保护社会公众权益，该指标赋值为1，无则为0。第二，社会公益捐献比率：反映企业为维护社会公众关系进行的投资情况，以社会捐赠额与利润比例衡量。

4.3 混合所有制企业公司治理能力的测度

4.3.1 样本选择与数据来源

(1) 样本选择。

本书选取 WIND 数据库国企改革 100 指数成分股为原始样本，样本企业均为上市公司，具有国企改革背景，符合前文对混合所有制企业概念的界定。同时依据以下原则对原始样本进行筛选：

①国企改革 100 指数成分股逐年变动，本章测度的混合所企业公司治理能力结果，为后续研究公司治理能力对资本投资效率和资本收益基础数据，截止论文完成时间，大部分企业 2016 年年报尚未公布，且为探讨混合所有制企业公司治理能力对资本投资效率和资本收益影响的时间性，选取 2014 年国企改革 100 指数成分股为样本；

②金融类企业采取的报告制度与其他类企业有所差别，且供应商、客户信息无法获取，难以衡量，剔除 4 家金融类企业；

③部分成分股在 2015 年进行更名，研究公司治理能力对资本投资效率和资本收益，为排除主营业务完全发生改变带来的影响，对 2 家更名企业予以剔除；

④剔除数据缺失的 2 家企业。

国企改革成分股在 2014 年没有 ST 和 ST* 企业，尽管后续年度部分企业被 ST，但不影响公司治理能力测度，结合上述原则，本书最终选取 92 家企业作为样本，样本股票代码及名称如附录 1 所示。

按照 2012 年证监会行业《上市公司指引分类》中规定的方法对样本进行分类，制造业 52 家，批发和零售业 11 家，信息传输、软件和信息技术服务业 7 家，交通运输、仓储和邮政业 5 家，房地产业 4 家，文化、体育和娱乐业 4 家，电力、热力、燃气及水生产和供应业 3 家，建筑业 3 家，采矿业 1 家，住宿和餐饮业 1 家，租赁和商务服务业 1 家。92 家样本公司中制造业上市公司数量最多，占样本的 56.52%，排名第二的是批发和零售业，所占比例为 11.96%，其他行业上市公司在总体中的比重均低于 10%。因此，样本企业以制造业上市公司为主，如图 4-2 所示。

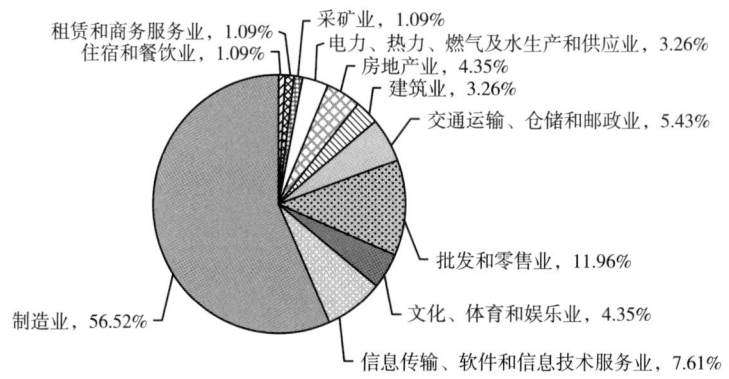

图 4-2 样本企业行业构成

根据国家统计局 2006 年对各区域的划分方法①对样本进行划分，从不同区域样本企业数量、比例来看，经济发达的东部地区上市公司数量最多，达 67 家，占比 72.92%。东北地区上市公司数量最少，占比仅为 1.09%。经济发展中等的中部地区上市公司数量为 8 家，占样本比例为 8.70%。经济欠发达的西部地区上市公司数量为 16 家，占比 17.39%。因此，样本企业以经济发达地区上市公司为主，如图 4-3 所示。

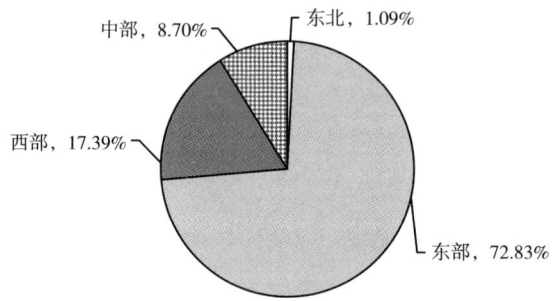

图 4-3 样本企业区域构成

---

① 2006 年，国家统计局将中国 31 个省（市或自治区）进了分组，东部地区包括北京市、天津市、河北省、上海市、江苏省、浙江省、福建省、山东省、广东省和海南省；中部地区包括山西省、安徽省、江西省、河南省、湖北省、湖南省；西部地区包括内蒙古自治区、广西壮族自治区、重庆市、四川省、贵州省、云南省、西藏自治区、陕西省、甘肃省、青海省、宁夏回族自治区、新疆维吾尔自治区；东北地区包括辽宁省、吉林省、黑龙江省。

中国股市板块主要分为主板、中小板、创业板和新三板等，从样本公司上市板块构成来看，主板上市公司最多，达81家，占比88.04%。中小板上市公司为10家，占比10.87%。创业板上市公司最少，仅占样本企业1.09%。因此，样本企业以主板上市公司为主，如图4-4所示。

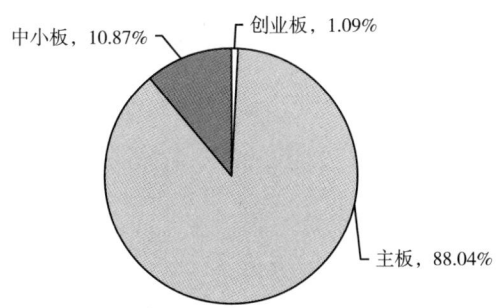

图4-4　样本企业上市板块构成

（2）数据来源。

本书实证分析样本来源于WIND数据库2014年国企改革100指数成分股，指标体系中各指标均采用截止到2014年12月31日的数据。数据来源：①WIND数据库和CSMAR数据库；②公司年报、审计报告、公司章程、内部控制报告等相关报告；③上交所和证交所公告；④新浪财经、网易财经、巨潮资讯、东方财富网等财经网站。

4.3.2　测度模型

（1）赋权方法选择。

在评价方法的选取上首先是要选择一种合理的权重评价方法，其次是选择一种简便实用的综合评价方法。权重的评价方法有好多种，按照权数的变现形式可以分为绝对数权数和比重权数法；按照确定权数的方法可以分为主观赋权法和客观赋权法。主观赋权法主要有德尔菲法和层次分析法等。客观赋权法一从指标的统计性质来考虑，它是由客观数据决定。客观定权法包括主成分分析法、均方差、熵权法和变异系数法等。评价方法的选取方面，目前国内应用较多的就是应用灰理论中的灰色聚类法、模糊评价法以及后来经组合使用的层次分析法—模糊综合评价法,这些方法都有自己的特点和不足,在这些评价方法中不是计算比较烦琐就是指标权重的随意性过大,在动态的跟踪事物之间的关联程度时,目前有相关系数法和相似系数法以及灰色评价法。常用的评价方法有如下几种:

①德尔菲法。德尔菲法的过程是首先请专家对每个风险预警指标进行打分,然后再对打分结果进行统计处理。在处理数据时,一般用算术平均值代表评委的集中意见,其计算公式为:

$$a_j = \sum_{i=1}^{n} (a_{ij})/n \quad (j = 1,2,\cdots,m) \tag{4-1}$$

式中:m 为预警指标总数;

a_j 为第 j 个指标权数的打分值;

a_{ij} 为第 i 个专家对第 j 个风险预警指标的打分值。

最后得到全体专家集体的意见,就风险预警来说,分数越高,风险越大。这种方法相较于直接预警法来说,依据数学方法降低了风险预警的系统误差,提高了预警的准确性。但是主观成分依然较浓。

②层次分析法。层次分析法(The Analytic Hierarchy Process,简称 AHP)是美国著名运筹学家 T. L. Saaty 教授于 20 世纪 70 年代提出来的一种定性与定量相结合的决策方法,在社会、政治、经济、军事、管理等等各个领域中得到了极为广泛的应用,也吸引了众多的学者对该决策方法作深入的理论研究,是近年来极为活跃的决策理论研究领域。

运用层次分析法,大体上可按下面四个步骤进行:

第一,分析系统中各因素间的关系,建立系统的递阶层次结构;

第二,对同一层次各元素关于上一层次中某一准则的重要性进行两两比较,构造两两比较的判断矩阵;

第三,由判断矩阵计算被比较元素对于该准则的相对权重,并进行判断矩阵的一致性检验;

第四,计算各层次对于系统的总排序权重,并进行排序。最后,得到各方案对于总目标的总排序。

层次分析法是目前使用较多的一种方法。该方法对各指标之间的重要程度分析更具逻辑性,再加上数学处理,可信度较大,因此被广泛采用。

③人工神经网络法。人工神经网络（Artificial Neural Network）源于 McCulloch 和 Pitts 在 1943 年建立的神经网络和数学模型，这一理论在 20 世纪 80 年代中后期得到迅速发展。迄今为止，人工神经网络及其理论的应用研究，还将随着相关技术的发展而不断地深入。人工神经网络通过模拟生物神经系统结构，模仿大脑处理和记忆信息的机理，从而形成由大量处理单元组成的信息处理系统。该系统具有非线性、非局限性、非常定性、非凸性这四个特性，能够描述认知、支持决策及控制智能。神经网络不同于数学模型，它模拟人类大脑的神经机制，凭借过去的经验和相关人员的知识去学习，得到符合逻辑的输出结果。当前，神经网络主要被用来处理模糊的、异常的数据。

人工神经网络模型多采用 BP 网络及其变形应用于实际问题中，故而 BP 网络是人工神经网络中最精华的部分。神经网络在处理含糊、不完整信息方面具有极大优势，其自学习能力也加快了知识的记忆和提取，同时通过学习还能够提取事例中的一般原则来分析处理问题。其缺点就是在应用中的推广能力差，学习过程也较慢。

④模糊综合评价法。模糊综合评价法的诞生，得益于模糊数学的问世。模糊综合评价就是利用模糊数学的一些概念，应用模糊关系合成的原理，将一些边界不清，不易定量的因素定量化，从多个因素对事物进行综合性评价的一种方法。

⑤灰色评价方法。灰色评价方法基于一种既有定性，又有定量的灰色概念，它的目标是对评价对象进行全貌的观察和评价。它首先处理分散的信息，使之成为一个描述灰色程度的权向量，然后再对该权向量进行单值化处理，即可得到评价对象的综合评价值，它的缺点在于样本矩和权重的确定难免受到主观因素的影响。

⑥变异系数法。变异系数法（Coefficient of Variation Method）是直接利用各项指标所包含的信息，通过计算得到指标的权重，是一种客观赋权的方法。此方法的基本做法是：在评价指标体系中，指标取值差异越大的指标，也就是越难以实现的指标，这样的指标更能反映被评价单位的差距。由于评价指标体系中的各项指标的量纲不同，不宜直接比较其差别程度。为了消除各项评价指标的量纲不同的影响，需要用各项指标的变异系数来衡量各项指标取值的差异程度。

对这六种方法进行了分析比较，如表 4-2 所示。

表4-2　　　　　　　常用评价方法的适用范围及优缺点比较

方法	适用范围	优点	缺点
德尔菲法（Delphi）	广泛地应用于主观决策领域中	简单好用，能充分发挥各位专家的作用，能把各位专家意见的分歧表达出来，有效减少个人主观性带来的不利影响，取各家之长	主观性较强，很难完全排除人为因素带来的偏差，评价结果缺乏说服力
层次分析法（AHP）	适用于指标容易分层且以定性指标为主的预警对象	对各指标之间的重要程度分析更具逻辑性，再加上数学处理，可信度较大，因此被广泛采用	未能完全消除主观因素的影响，有一定的局限性
BP神经网络（ANN）	主要用来处理模糊的、非线性的、含有噪声的数据	不需构建任何数学模型，只依靠过去的经验和专家的知识来学习，通过网络学习达到其输出与期望输出相符的结果	学习过程收敛速度慢，推广能力较差
模糊评价方法	用于处理有些不易量化和模糊的主观性指标，在系统方案评价与决策支持中应用较为广泛	能模拟人的综合判断推理能力，能在定性分析与定量分析之间建立联系，并可将人为因素的影响减少到最小程度	当评判因素较多时，仅凭经验来确定指标的权重集会缺乏说服力，从而影响评估结果的可靠性
灰色评价方法	用于处理因评判者的能力与偏好不同，导致评价信息带有一定不完性（灰度）而产生的影响	善于处理贫信息系统，它能在短资料、少信息的条件下建模、预测和决策	权重及其样本矩阵的确定仍难免受到人为因素的影响
变异系数法	主要用于指标取值差异较大的客观评价领域中	评价指标对于评价目标而言比较模糊时，适用各个构成要素内部指标权数的确定	对指标的具体经济意义重视不够，也会存在一定的误差

变异系数法是直接利用各项指标所包含的信息，通过计算得到指标的权重，是一种客观赋权的方法。此方法的基本做法是：在测度指标体系中，指标取值差异越大的指标，也就是越难以实现的指标，这样的指标更能反映被评价单位的差距。由于测度指标体系中的各项指标的量纲不同，不宜直接比较其差别程度。为了消除各项测度指标量纲不同的影响，需要用各项指标的变异系数来衡量各项指标取值的差异程度。

主观赋权法的优点是专家可以根据实际问题，合理确定各指标权系数之间的排序，应该说有客观的基础，主要缺点是主观随意性大；客观赋权法不需要征求专家的意见，切断了权重系数主观性的来源，使系数具有绝对的客观性，但一个不可避免的缺陷是确定的权数有时与指标的实际重要程度相悖。

一方面,由于主观赋权法本身带有一些主观性,在经验不足的情况下不能得到准确的权重值,由此会对后续测度造成较大的影响;另一方面,混合所有制企业公司治理能力测度指标体系中各项指标取值差异较大、数量众多,且样本数量众多,因此,本书采用变异系数法确定各测度指标的权重。

(2) 测度模型构建。

常用的测度方法包括专家打分综合法、数据包络分析法、模糊综合评价法、人工神经网络法等。在选择测度方法时应适合综合测度对象和测度任务的要求,依据现有资料的状况,做出科学的选择。其中,加权法是最常使用的测度方法,其关键在于确定测度指标体系并设定各最底层指标的权重。鉴于混合所有制企业公司治理能力测度指标数量较多,为获得92家样本企业公司治理能力测度结果,本书依据变异系数法确定各项指标的权重,采用变异系数—加权法计算公司治理能力指数,依据指数大小进行排名和比较。因此,本书构建的测度模型如下:

本书依据四级指标个数确定四级指标的变异系数和权重,并根据三级指标权重和取值,加权计算三级指数,如公式(4-2)(4-3)和(4-4)所示:

$$V_{hkji} = \frac{\sigma_{hkji}}{\overline{x_{hkji}}} \quad (h = 1,2,\cdots,q; k = 1,2,\cdots,p; j = 1,2,\cdots,m; i = 1,2,\cdots,n) \tag{4-2}$$

$$W_{hkji} = \frac{V_{hkji}}{\sum_{i=1}^{n} V_{hkji}} \quad (h = 1,2,\cdots,q; k = 1,2,\cdots,p; j = 1,2,\cdots,m; i = 1,2,\cdots,n) \tag{4-3}$$

$$Z_{hkj} = \sum_{i=1}^{n} W_{hkji} \times x_{hkji} \quad (h = 1,2,\cdots,q; k = 1,2,\cdots,p; i = 1,2,\cdots,n; j = 1,2,\cdots,m) \tag{4-4}$$

其中,V_{hkji}为第h项一级指标下第k项二级指标下第j项三级指标所对应的第i项四级指标的变异系数,也称为标准差系数;W_{hkji}为相应的第i项四级指标的权重;σ_{hkji}为相应的第i项四级指标的标准差;$\overline{x_{hkji}}$为相应的第i项四级指标的平均数;x_{hkji}为相应的第i项四级指标取值;Z_{hkj}为第h项一级指标下第k项二级指标对应的第j项三级指标指数。

依据公式计算得出三级指标权重 W_{hkj}、二级指标权重 W_{hk} 和一级指标权重 W_k，分别加权计算二级指数 Z_{hk} 和一级指数 Z_k，如公式（4-5）（4-6）所示；最后，根据一级指标权重和一级指数，加权计算公司治理能力指数 Z，反映公司治理能力大小，如公式（4-7）所示。

$$Z_{hk} = \sum_{j=1}^{m} W_{hkj} \times Z_{hkj} \quad (h=1,2,\cdots,q;\ k=1,2,\cdots,p;\ j=1,2,\cdots,m)$$

（4-5）

$$Z_h = \sum_{k=1}^{p} W_{hk} \times Z_{hk} \quad (h=1,2,\cdots,q;\ k=1,2,\cdots,p) \quad (4-6)$$

$$Z = \sum_{h=1}^{q} W_h \times Z_h \quad (h=1,2,\cdots,q) \quad (4-7)$$

4.3.3 测度结果

（1）测度指标权重。

搜集和整理92家样本企业50项四级指标的数据，依据变异系数法计算要求，利用样本企业四级指标标准差和平均值，依次计算四级、三级、二级和一级指标的变异系数和权重，各项指标变异系数如附表2所示，各项指标权重如表4-3所示。

从表4-3混合所有制企业公司治理能力各级测度指标权重来看，一级指标中内部治理能力的权重为69.60%，外部治理能力的权重为30.40%，两者存在明显的差异，说明内部治理能力比外部治理能力更能影响混合所有制企业公司治理能力大小。

从二级指标来看，内部治理能力包含的五项二级指标中，董事会治理能力、经理层治理能力和股东会治理能力的权重均超过20%，依次为27.09%、25.13%和23.07%，监事会治理能力次之，权重为17.58%，员工治理能力权重最小，为7.13%。外部治理能力包含的五项二级指标中，政府关系治理能力的权重最大，为32.06%，其次是银行关系治理能力，权重为20.47%，两者的权重均超过20%，其他能力权重依次为公众关系治理能力（18.32%）、客户关系治理能力（16.67%）和供应商关系治理能力（12.48%）。结合一级指标的权重可以看出，所有 10 个二级指标中，董事会治理能力在混合所有制企业公司治理能力测度中影响最大，其次为经理层治理能力、股东会治理能力和监事会治理能力。

在三级指标方面，综合考虑一级指标与二级指标权重的影响，董事会组织结构合理性、董事会运作效率、激励与约束效果、决策与执行、非国有股东权益保障、中小股东权益保护和监事会运行保障等指标权重较大，反映出各企业间的差异较大，对混合所有制企业公司治理能力测度结果的影响较大。

表 4-3　　　　混合所有制企业公司治理能力测度指标权重

一级指标	权重	二级指标	权重	三级指标	权重	四级指标	权重
内部治理能力	69.60%	股东会治理能力	23.07%	股东会合法合规与合理性	15.86%	股东会的合法合规性	35.17%
						非国有股东参与比例	64.83%
				中小股东权益保障	34.39%	中小股东保护制度	41.96%
						临时提案制度	58.04%
				非国有股东权益保障	49.75%	管理权行使	42.49%
						监督权行使	17.32%
						表决权行使	9.66%
						知情权行使	11.21%
						收益分配权行使	9.66%
						剩余财产分配权行使	9.66%
		董事会治理能力	27.09%	董事评价效果	19.95%	董事的产生与退出	23.83%
						董事的考核	76.17%
				董事会运作效率	26.92%	董事会的构成规模	35.08%
						董事会决策效果	64.92%
				董事会结构合理性	35.00%	董事会的决策机制	6.68%
						董事会人员结构	36.47%
						非国有股董事人数	38.58%
						专业委员会的设置	18.27%
				独立董事制度有效性	18.13%	独立董事制度实施效果	42.60%
						独立董事权力行使状况	24.93%
						独立董事激励与约束	32.48%

续表

一级指标	权重	二级指标	权重	三级指标	权重	四级指标	权重
内部治理能力	69.60%	监事会治理能力	17.58%	监事能力保障	61.54%	外部监事比例	42.84%
						监事人员专职程度	37.88%
						外部监事履职状况	19.28%
				监事会运行效率	38.46%	与董事会、管理层交叉任职情况	27.74%
						监事会行使监督有效性	41.08%
						监事会监管记录的完备性	31.17%
		经理层治理能力	25.13%	经理层构成合理性	19.14%	管理人员的选聘方式	76.67%
						职业经理人比率	23.33%
				决策与执行效果	34.08%	决策有效性	32.34%
						决策风险损失	67.66%
				激励与约束效果	46.78%	薪酬回报倍数	24.43%
						激励方式	20.14%
						约束与追责	17.94%
						内部人控制	32.11%
						考核评价机制	5.38%
		员工治理能力	7.13%	员工利益保障	100%	社保提取率	41.09%
						员工权益保护	58.91%
外部治理能力	30.40%	政府关系治理能力	32.06%	政府扶持与监管效果	47.95%	政府扶持	65.17%
						政府的监管与约束	34.83%
				政府关系维护	52.05%	资产纳税率	37.73%
						就业贡献率	62.27%
		银行关系治理能力	20.47%	银行关系维护	100%	债权人权益保护	36.42%
						银行借款率	63.58%
		供应商关系治理能力	12.48%	供应商关系维护	100%	前五大供应商采购成本占比	18.41%
						前五大供应商采购成本变化率	81.59%
		客户关系治理能力	16.67%	客户关系维护	100%	前五大客户销售额占比	24.79%
						前五大客户销售额变化率	75.21%
		公众关系治理能力	18.32%	公众关系维护	100%	社会公众权益保护	56.45%
						社会公益捐献比率	43.55%

(2) 综合指数结果。

对原始数据进行标准化处理后,计算出综合指数均分布在(0,1)之间,以综合指数反映样本企业公司治理能力大小,排名结果如下表4-4所示。从表4-4中可以看出,48家样本企业综合指数大于平均值,1家企业数值等于平均值,43家企业数值小于平均值,可以0.419为混合所有制企业公司治理能力好坏评判标准。

表4-4　　　　　　混合所有制企业综合指数排名表[①]

排名	股票代码	Z	排名	股票代码	Z	排名	股票代码	Z
1	600418	0.549	19	600056	0.476	37	601607	0.440
2	600526	0.537	20	000006	0.475	38	600026	0.434
3	600037	0.533	21	600153	0.474	39	600073	0.433
4	000768	0.529	22	002369	0.471	40	600332	0.432
5	600688	0.528	23	601989	0.469	41	002100	0.430
6	600050	0.515	24	002678	0.467	42	000800	0.429
7	000960	0.512	25	600893	0.465	43	600754	0.428
8	000927	0.510	26	600850	0.462	44	600587	0.427
9	000028	0.504	27	600649	0.458	45	600776	0.426
10	601669	0.503	28	600839	0.457	46	000528	0.424
11	000581	0.496	29	600483	0.456	47	600741	0.423
12	600761	0.493	30	000596	0.455	48	002152	0.421
13	000729	0.489	31	601992	0.454	49	000786	0.419
14	000425	0.484	32	600372	0.452	50	601888	0.417
15	600820	0.482	33	601718	0.449	51	600675	0.416
16	002051	0.481	34	000719	0.444	52	600270	0.414
17	600835	0.480	35	002368	0.443	53	600559	0.412
18	002281	0.479	36	600704	0.442	54	600329	0.410

---

① 为尽量区分样本企业公司治理能力大小,对样本企业公司治理能力指数进行排名,测度指标指数数值均保留三位小数,前文权重和后续三章研究内容中数值均保留两位小数。

续表

排名	股票代码	Z	排名	股票代码	Z	排名	股票代码	Z
55	000801	0.409	68	000973	0.377	81	600018	0.330
56	600406	0.408	69	600826	0.371	82	601928	0.329
57	600395	0.407	70	600519	0.365	83	600482	0.324
58	002268	0.406	71	600894	0.364	84	600637	0.323
59	000778	0.405	72	600009	0.362	85	000733	0.321
60	000851	0.404	73	000860	0.359	86	600859	0.315
61	600429	0.402	74	002419	0.353	87	600085	0.313
62	000837	0.395	75	600511	0.352	88	600008	0.311
63	601238	0.391	76	600825	0.349	89	002461	0.300
64	600787	0.389	77	601158	0.348	90	600872	0.299
65	600729	0.383	78	300114	0.346	91	601801	0.295
66	600597	0.380	79	601717	0.343	92	600827	0.293
67	600639	0.379	80	600879	0.341	平均值		0.419

样本企业综合指数最高值为 0.549 （600418）、最小值为 0.293 （600827）、标准差为 0.064，综合指数全距为 0.256，10 家企业综合指数高于 0.500，说明样本企业综合指数分布较集中，最大值与最小值差距较小。依据图 4-5 可以发现混合所有制企业综合指数在平均水平附近波动的企业并不多，公司治理能力指数特别大或特别小的企业占总体比例较小。

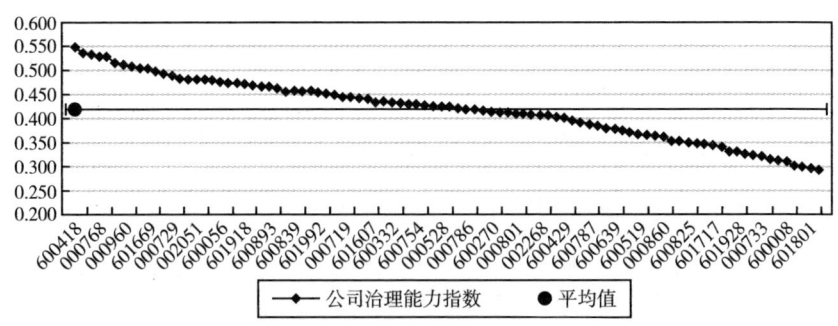

图 4-5　混合所有指企业综合指数分布

(3) 核心能力指数结果。

①内部治理能力指数。以内部治理能力指数反映混合所有制企业公司治理能力大小,样本企业内部治理能力指数平均值为0.468,最大值为0.627 (600418)、最小值为0.325 (601801)、标准差为0.067,全距为0.302。3家企业内部治理能力指数高于0.600,13家企业的内部治理能力指数高于0.550,15家企业的内部治理能力指数低于0.400。从图4-6可以发现混合所有制企业内部治理能力指数在平均水平波动的数量较多,较多企业显著好于或差于其他多数企业。

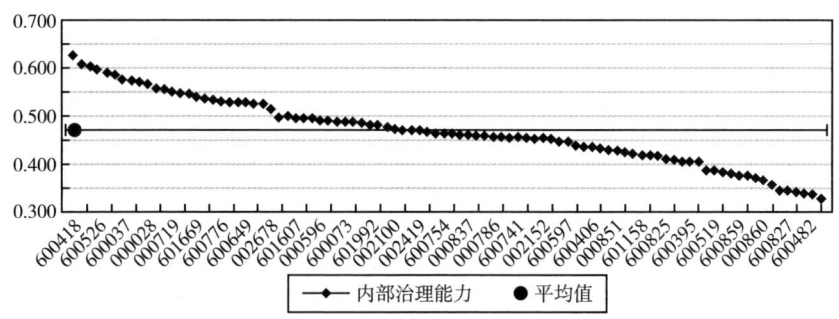

图4-6 混合所有制企业内部治理能力指数分布

内部治理能力对公司治理能力影响更大,基于前文对各项二级指标权重的分析,本书分别以股东会指数、董事会指数、监事会指数和经理层指数反映股东会治理能力、董事会治理能力、监事会治理能力和经理层治理能力大小,将股东会指数、董事会指数、监事会指数和经理层指数确定为核心二级指数,并进行比较分析。

样本企业股东会指数平均值为0.564,48家样本企业股东会指数高于平均水平最大值、最小值分别为0.880 (000006)、0.271 (600787),标准差为0.152;董事会指数平均值为0.486,49家样本企业董事会治理能力指数高于平均水平,最大值、最小值分别为0.701 (600037) 0.298 (000973),标准差为0.07;监事会指数平均值为0.294,34家样本企业监事会指数高于平均水平,最大值、最小值分别为0.614 (600418)、0.157 (600329),标准差为0.107;经理层指数平均值为0.491,46家样本企业经理层指数高于平均水平,最大值、最小值分别为0.732 (600688)、0.156 (600406),标准差为0.159。

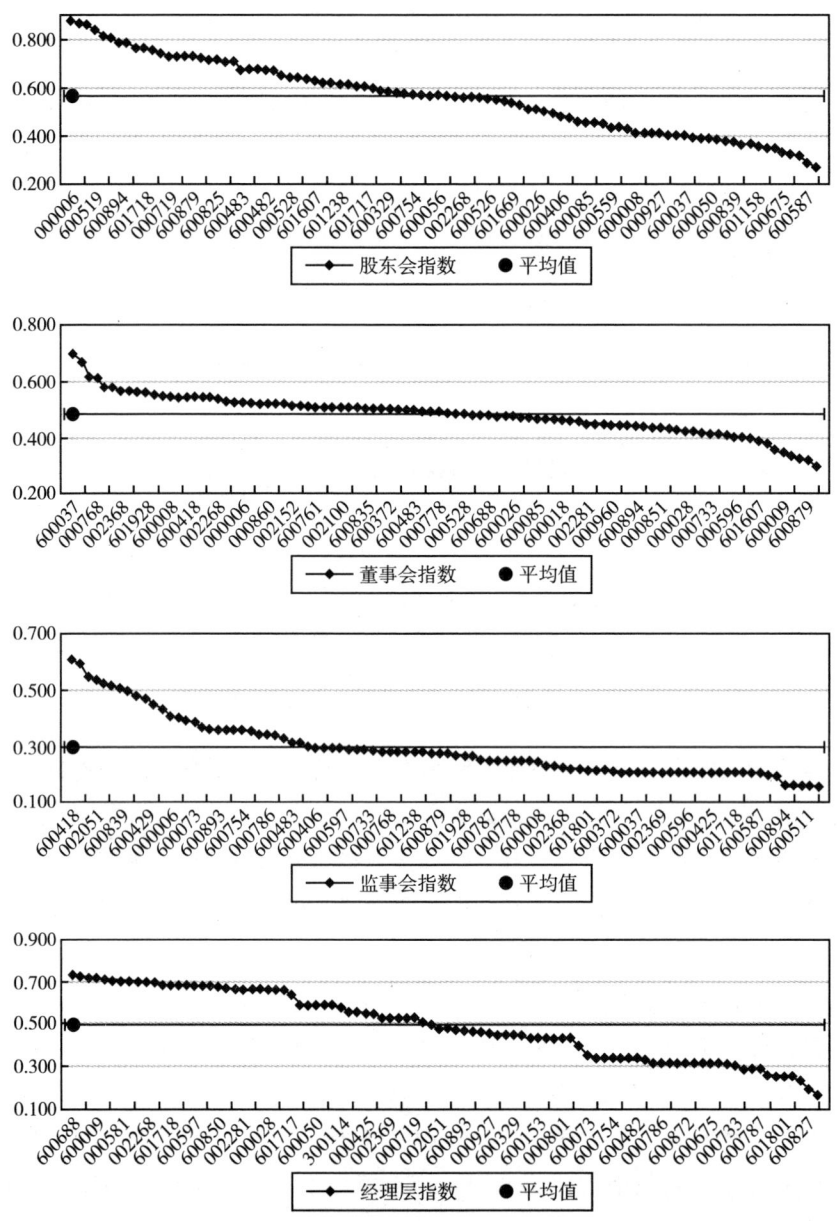

图 4-7 混合所有制企业核心二级指数分布

依据图4-7可见，核心二级指数分布差距较大，具体表现为：股东会指数全距较大，平均值附近波动的企业较少，企业股东会指数之间差距较大，股东会指数特别大或特别小的企业数量较多；董事会指数分布非常平缓，大多数企业董事会指数在平均值附近波动，差距非常小，极少数企业董事会指数特别大或特别小；监事会指数分布介于前两者之间，企业监事会指数之间差距不大，但超过平均值的企业不到总体的50%，部分企业监事会指数特别大或特别小；经理层指数分布不平缓，较少企业经理层指数在平均值附近波动，且多数企业经理层指数特别大或特别小。

②外部治理能力。样本企业外部治理能力指数平均值为0.307，最大值为0.505（002369）、最小值为0.088（002419）、标准差为0.092，外部治理能力指数全距为0.417，仅1家企业外部治理能力指数高于0.500，1家企业外部治理能力指数低于0.100。这说明样本企业外部治理能力指数总体不高，且极值差异较大。其从图4-8可以发现样本企业外部治理能力指数在平均水平附近波动的数量较多，极少数企业显著好于或差于其他大多数企业。

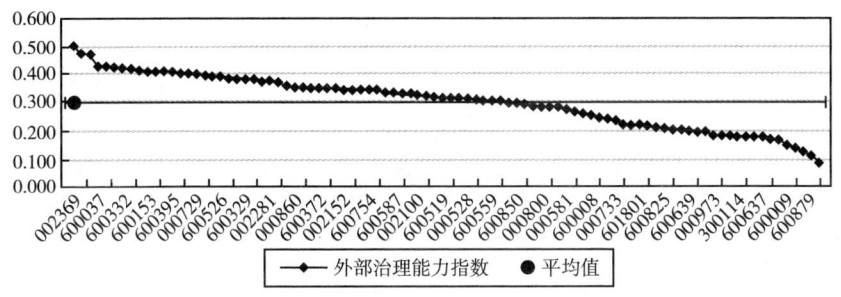

图4-8 混合所有制企业外部治理能力指数分布

4.3.4 结果讨论

（1）行业比较。

通过表4-5可以看出，样本企业11个行业中，仅有5个行业综合指数平均值高于总体平均水平，分别为房地产业、建筑业、信息传输、软件和信息技术服务业、制造业以及住宿和餐饮业，超过一半行业综合指数平均值低于总体平均水平。其中,建筑业综合指数平均值最高(0.489),显著高于其他各行业;5 个行业综合指数平均值低于 0.400,文化、体育和娱乐业综合指数平均值最低(0.354);占样本总体比例达 56.56% 的制造业综合指数平均值为 0.427,略高于总体平均水平,标准差(0.064)与总体标准差一致;综合指数最大值(0.549)对应的企业属于制造业,综合指数最小值(0.293)对应的企业属于批发和零售业;其他行业综合指数内部差异较小。

表 4-5　　　　　按行业分组的样本企业综合指数描述性统计

	企业数	均值	中位数	最大值	最小值	标准差	全距
制造业	52	0.427	0.427	0.549	0.299	0.064	0.25
批发和零售业	11	0.394	0.383	0.503	0.293	0.066	0.21
信息传输、软件和信息技术服务业	7	0.441	0.442	0.533	0.323	0.072	0.21
交通运输、仓储和邮政业	5	0.386	0.389	0.433	0.33	0.041	0.103
房地产业	4	0.432	0.436	0.456	0.379	0.043	0.078
文化、体育和娱乐业	4	0.354	0.339	0.444	0.295	0.064	0.149
电力、热力、燃气及水生产和供应业	3	0.372	0.348	0.456	0.311	0.075	0.145
建筑业	3	0.489	0.482	0.503	0.481	0.012	0.021
采矿业	1	0.407	0.407	0.407	0.407	—	0
住宿和餐饮业	1	0.428	0.428	0.428	0.428	—	0
租赁和商务服务业	1	0.417	0.417	0.417	0.417	—	0
总体	92	0.419	0.423	0.549	0.293	0.064	0.256

在比较不同行业样本企业综合指数的基础上,进一步比较不同行业内部治理能力指数和外部治理能力指数的大小,寻找影响综合指数的核心指标。限于篇,按行业分组的混合所有制企业内外治理能力指数描述性统计如附表 3、附表 4 所示。结合附表 3、附表 4 和图 4-9 可见,4 个行业内部治理能力指数平均值高于行业平均水平,建筑业内部治理能力指数平均值最高(0.546),显著高于其他行业,导致其综合指数平均值高于其他行业;电力、热力、燃气及

水生产和供应业内部治理能力指数平均值最低（0.401）；7个行业外部治理能力指数平均值高于行业平均水平，采矿业（样本数量为1）外部治理能力指数平均值最高（0.410），显著高于其他行业，建筑业外部治理能力指数平均值（0.358）仅次于采矿业，而文化、体育和娱乐业外部治理能力平均值最低（0.215），与最高值相差近一倍。

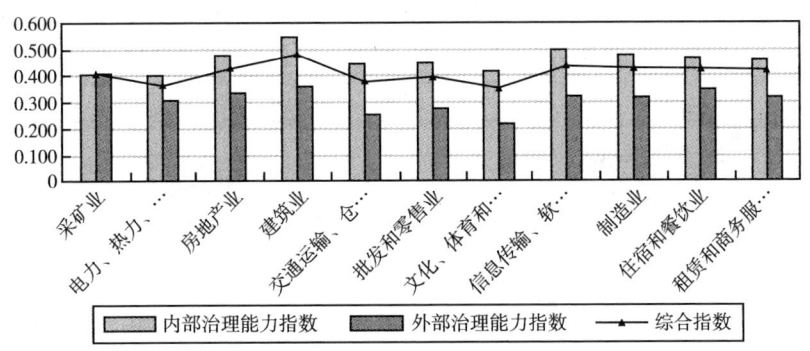

图4-9 按行业分组的混合所有制企业综合指数与内外部治理能力指数均值比较

因此，建筑业在内部治理能力指数和外部治理能力指数均处于行业领先位置，表现出较强的公司治理能力，文化、体育和娱乐业由于外部治理能力指数平均值与其他行业相差较大，且内部治理能力指数平均值排名均较靠后，表现出较差的公司治理能力。

按行业分组的混合所有制企业二级指数均值统计如附表5所示，结合附表5和图4-10可见，不同行业外部治理能力下二级指数差异显著大于内部治理能力下二级指数差异。其中，内部治理能力方面，股东会指数、经理层指数和员工指数波动更明显。建筑业股东会指数平均值最大（0.681），显著高于其他行业，电力、热力、燃气及水生产和供应业股东会指数平均值最小（0.449），制造业股东会指数平均值（0.575）略高于总体平均水平（0.564）；建筑业经理层指数平均值最大（0.621），显著高于其他行业，采矿业经理层指数平均值最小（0.320），制造业经理层指数平均值（0.509）略高于总体平均水平（0.491）；住宿和餐饮业员工指数平均值最大（0.670），文化、体育和娱乐业员工指数平均值最小（0.014），制造业员工指数平均值（0.453），略高于总体平均水平（0.434）。

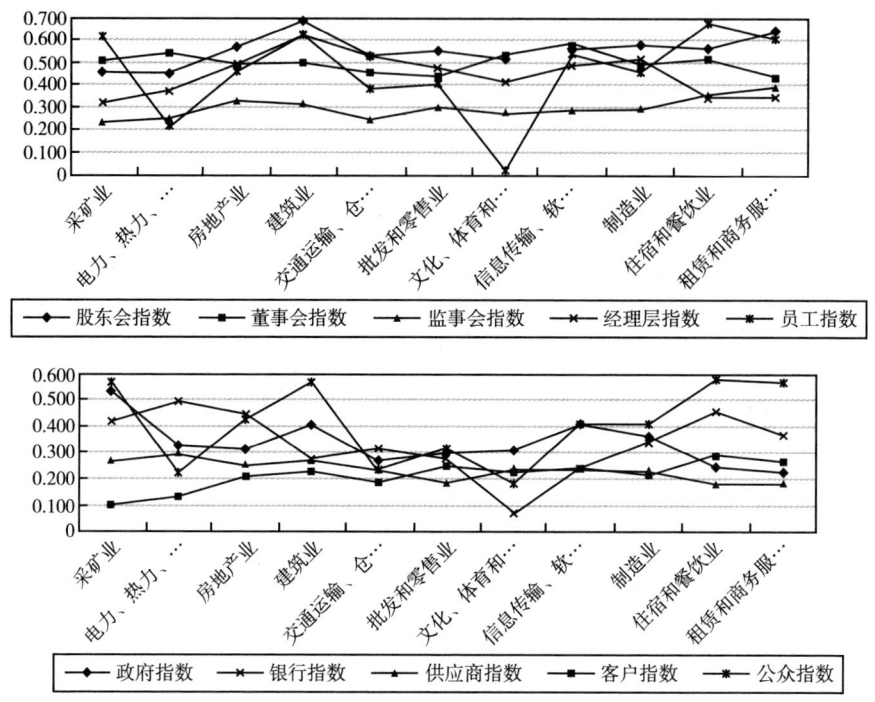

图 4-10 按行业分组的混合所有制企业二级指数均值比较

外部治理能力方面,政府指数、银行指数和公众指数波动更明显。采矿业政府指数平均值最大(0.528),显著高于其他行业,住宿和餐饮业政府指数平均值最小(0.245),制造业政府指数平均值(0.349)略高于总体平均水平(0.338);电力、热力、燃气及水生产和供应业银行指数平均值最大(0.497),文化、体育和娱乐业银行指数平均值最小(0.076),制造业银行指数平均值(0.330)略高于总体平均水平(0.315);建筑业、采矿业等四个行业公众指数平均值最大(0.564),文化、体育和娱乐业员工指数平均值最小(0.183),制造业员工指数平均值(0.403),略高于总体平均水平(0.379)。

(2)区域比较。

依据表4-6,样本中东部地区混合所有制企业数量最多,达到总体的72.83%,其综合指数平均值略高于总体平均水平,综合指数中位数(0.426)仅高于西部,低于中部和东北,标准差(0.064)与总体标准差一致,全距(0.244)低于中部,综合指数最小值对应的企业在东部地区,说明东部地区

第 4 章 混合所有制企业公司治理能力的构成及测度

混合所有制企业公司治理能力整体状况一般，内部差异较大。西部地区混合所有制企业综合指数平均值（0.412）在所有区域中处于最低水平，标准差（0.057）和全距（0.207）均为各区域最低值，说明该地区混合所有制企业公司治理能力普遍较差，内部差异小。中部地区混合所有制企业综合指数平均值（0.425）高于东部和西部，中位数（0.450）、标准差（0.089）和全距（0.255）均为各区域最高值，综合指数最大值对应的企业在中部地区，说明该地区混合所有制企业公司治理能力普遍较好，且内部分化程度高。样本中东北地区仅一家混合所有制企业，其综合指数略高于总体平均水平。

表 4-6　按区域分组的样本企业公司治理能力指数描述性统计

区域＼变量	企业数	均值	中位数	最大值	最小值	标准差	全距
东部	67	0.420	0.426	0.536	0.293	0.064	0.244
西部	16	0.412	0.407	0.529	0.321	0.057	0.207
中部	8	0.425	0.450	0.549	0.295	0.089	0.255
东北	1	0.428	0.428	0.428	0.428	—	0.000
总体	92	0.419	0.423	0.549	0.293	0.064	0.256

按区域分组的混合所有制企业内外治理能力指数描述性统计如附表 6、附表 7 所示，结合附表 6、附表 7 和图 4-11 可见，中部地区混合所有制企业内部治理能力指数平均值（0.494）最高，西部地区混合所有制企业内部治理能力指数平均值（0.451）最低，东部地区混合所有制企业内部治理能力平均值（0.468）与总体平均水平一致；西部地区混合所有制企业外部治理能力指数平均值（0.325）最高，中部地区混合所有制企业外部治理能力指数平均值（0.266）最低，东部地区混合所有制企业外部治理能力指数平均值（0.308）略高于总体平均水平（0.307）。

按行业分组的混合所有制企业二级指数均值统计如附表 8 所示，结合附表 8 和图 4-12 可见，依不同区域混合所有制企业二级指数差异主要体现在股东会指数、经理层指数、员工指数和银行指数四个方面，样本中东北地区混合所有制企业仅 1 家，此四个指数与其他地区存在较大的差别。内部治理能力方面，中部地区混合所有制企业股东会指数平均值最大（0.666），显著高于其他区域，东部地区混合所有制企业平均值（0.564）与总体平均水平一致；西

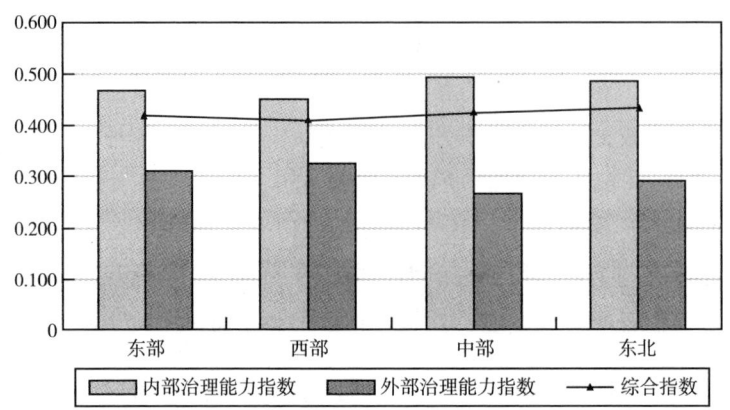

图 4-11　按区域分组的混合所有制企业综合指数及内外部能力指数均值比较

部地区经理层指数平均值最小（0.457），显著低于其他区域，东部地区混合所有制企业经理层指数平均值（0.487）略低于总体平均水平；东部和西部地区混合所有制企业员工指数分别为 0.440 和 0.441，略高于总体平均水平。外部治理能力方面，中部地区混合所有制企业银行指数平均值最小（0.079），显著低于总体平均水平，东部和西部地区混合所有制企业银行指数平均值分别为 0.336 和 0.356，均高于行业总体水平（0.315）。

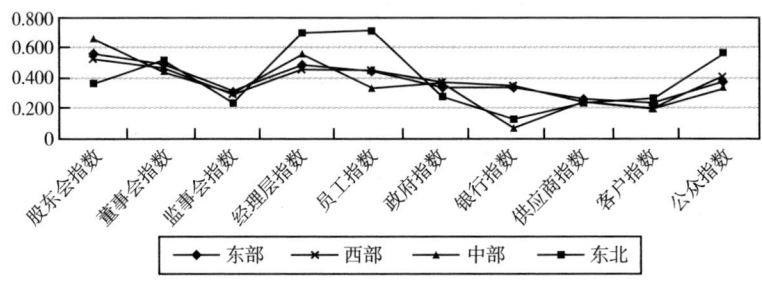

图 4-12　按区域分组的混合所有制企业二级指数均值比较

（3）上市板块比较。

据表 4-7 和图 4-13 可见，样本中主板混合所有制企业数量最多，达到总体的 88.04%，其综合指数平均值与总体平均水平一致，综合指数中位数（0.423）低于中小板；标准差（0.065）略高于总体标准差（0.064），综合指数最大值、最小值对应的企业均为主板上市,说明主板混合所有制企业公司治理能力存在较大差异。中小板混合所有制企业综合指数平均值(0.424)高于主板和创业板,标准差(0.059)和全距(0.182)均低于主板,说明中小板混合所有制企业公司治理能力较好,内部差异小。创业板仅有一家混合所有制企业,其综合指数(0.346)远低于总体平均水平。

表4-7 按上市板块分组的样本企业公司治理能力指数描述性统计

		企业数	均值	中位数	最大值	最小值	标准差	全距
总指数	主板	81	0.419	0.423	0.549	0.293	0.065	0.256
	中小板	10	0.425	0.436	0.481	0.300	0.059	0.182
	创业板	1	0.346	0.346	0.346	0.346	—	0.000
	总体	92	0.419	0.423	0.549	0.293	0.064	0.256
内部治理能力指数	主板	81	0.467	0.462	0.627	0.325	0.072	0.301
	中小板	10	0.474	0.471	0.573	0.339	0.061	0.234
	创业板	1	0.416	0.416	0.416	0.416	—	0.000
	总体	92	0.468	0.463	0.627	0.325	0.071	0.301
外部治理能力指数	主板	81	0.308	0.318	0.477	0.118	0.088	0.358
	中小板	10	0.313	0.340	0.505	0.088	0.120	0.417
	创业板	1	0.184	0.184	0.184	0.184	—	0.000
	总体	92	0.307	0.320	0.505	0.088	0.092	0.417

依据表4-7和图4-13可见,中小板混合所有制企业内部治理能力指数平均值(0.474)最高,创业板混合所有制企业内部治理能力指数平均值(0.416)最低,主板混合所有制企业内部治理能力平均值(0.467)略低于总体平均水平(0.468);中小板混合所有制企业外部治理能力指数平均值(0.325)最高,创业板混合所有制企业外部治理能力指数平均值(0.184)最低,主板混合所有制企业外部治理能力指数平均值(0.308)略高于总体平均水平(0.307)。

按行业分组的混合所有制企业二级指数均值统计如附表9所示,创业板(样本数量为1)与主板和中小板在二级指数平均值上存在较大的差异,主板与中小板在二级指数平均值上差异较小,导致两者在内部治理能力指数平均值上相差较小。

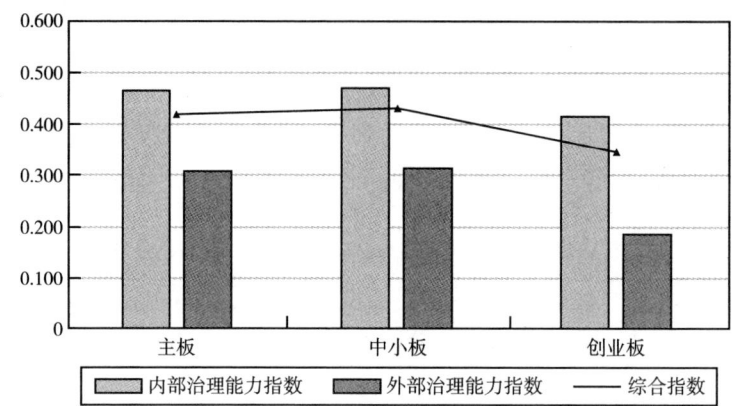

图4-13 按上市板块分组的样本企业综合指数及内外部治理能力指数均值比较

4.4 混合所有制企业公司治理能力提升对策

4.4.1 优化混合所有企业股权结构

(1) 实现多元化股权结构。

混合所有制企业应适当降低国有资本的股权比例是为了引入更多有信用、有实力的非公有资本投资者，进而完善公司治理结构。要使公司治理机制有效运行，制度设计是关键。在这些制度中，首要的是企业所有权安排，即剩余控制权和剩余索取权的配置，公司的股权结构等是其中的重要内容。股权结构在国有资本与非公有资本中的合理分配，改变国有股权"一股独大"的现状混合所有制企业发展趋势。在混合所有制企业中，国有资本和非公有资本在股权比例上的分配应根据企业在国民经济中所处的地位而定，根据企业性质和类别制定合理的股权结构。适度降低控股股东比例，培育多元持股主体，实施股权多元化。这说明随着股东数增加，股权集中对公司绩效的负面影响将降低。同时，内部人控制与股权集中状况高度相关，股权越集中，内部人控制越严重。建立控股股东失信惩戒制度，加强信息披露，鼓励小股东参与公司治理。混合所有制企业必将引入大量的民营资本，相对于国有资本，民营资本存在着分散化的特征，如何保障大量的、分散的民资小股东权益便成为混合所有制企业当中一个重要的命题。国资委、证监会、发改委等政府部门在陆续颁布的法律规章中对国有控股股东的行为做出了一定的规定和限制，但是其约束力还有一定的局限性，尤其是法律效力仍显得不足。应当将规范控股股东行为上升到法律的高度，通过法律建立严格的失信惩戒制度，以促使控股股东诚实信用，依法对公司行使相关权利。

在禁止非公有资本控股的领域可以允许非公有资本以参股形式进入，竞争性领域的企业股权结构则可以由市场决定，从而达到建立规范的现代企业制度和公司治理目标。混合所有制企业的股权结构方面，国有资本在大多数竞争性领域没有必要绝对控股，可以考虑相对控股或参股。因此，非公有资本进入国有资本的方式可以有两种，一种是相对控股进入竞争性国有企业，一种是参股进入公益性和功能性国有企业。在竞争性国有企业中引入非公有资本，能够充分发挥非公有资本的优势，提高混合所有制企业的管理效率和市场反应能力，提升企业的竞争力。非公有资本参股进入功能性和公益性国有企业，可以依托国有企业在垄断行业或资源性行业的优势，借助民营企业市场化管理和运作机制的优势，实现国企和民企的互利共赢，最终实现经济社会的协调发展。

（2）发挥股权制衡作用。

股权结构在国有资本与非公有资本中的合理分配，改变国有股权"一股独大"的现状混合所有制企业发展趋势。在混合所有制企业中，国有资本和非公有资本在股权比例上的分配应根据企业在国民经济中所处的地位而定，根据企业性质和类别制定合理的股权结构。适度降低控股股东比例，培育多元持股主体，实施股权多元化。这说明随着股东数增加，股权集中对公司绩效的负面影响将降低。同时，内部人控制与股权集中状况高度相关，股权越集中，内部人控制越严重。建立控股股东失信惩戒制度，加强信息披露，鼓励小股东参与公司治理。混合所有制企业必将引入大量的民营资本，相对于国有资本，民营资本存在着分散化的特征，如何保障大量的、分散的民资小股东权益便成为混合所有制企业当中一个重要的命题。国资委、证监会、发改委等政府部门在陆续颁布的法律规章中对国有控股股东的行为做出了一定的规定和限制，但是其约束力还有一定的局限性，尤其是法律效力仍显得不足。应当将规范控股股东行为上升到法律的高度,通过法律建立严格的失信惩戒制度,以促使控股股东诚实信用,依法对公司行使相关权利。

(3) 建立股权委托投票机制。

单个、分散的中小股东所拥有的股权很小,不可能均衡大股东间的权利,通过中小股东的股权集合,可以实现中小股东集合的股权对大股东间股权的均衡作用。公司控制权的获得是由拥有的股权大小决定的,这样大股东会积极主动地争取成为中小股东的股权全权代表人。而在证券市场里,大股东对公司控制权的获得就变为在股东大会上对表决权的争取。因此,若某个大股东能够争取到绝大部分中小股东的表决权,也就在股东大会上获得了充分的决策权;而要获得中小股东的表决权,大股东就不能漠视中小股东的存在。

股权委托投票机制可行之处就在于大股东可以获得大于自身实际股权所对应的表决权和公司控制权。这种机制充分调动了中小股东参与公司内部治理的积极性,使大股东更加重视中小股东的存在,而主动地将自身的利益与中小股东直接联系在一起,克服了中小股东直接监督经营者而付出的无法承受的监督成本问题。集合的中小股东也因有效地"用手投票"而获得相应的投资收益,积极主动(而非被动)地维护了自身权益。这种委托投票关系还可以建立在中小股东与机构投资者之间,促进机构投资者积极参与公司治理,完善公司的治理结构。探索多种所有制经济交叉持股、相互融合的有效途径。

4.4.2 完善混合所有制企业经理层工作机制

(1) 明确经理层权利。

各国《公司法》对董事会和经理层的职权都有详细的规定。一般来说,董事会负责公司的战略决策,是出资人或公司利益相关者的代表;经理层则在董事会的授权下,具体负责公司战略决策的执行和日常经营管理,他们所追求的是通过公司价值的提高来使自身的利益最大化。但是现实中,常常出现董事会对经理层的过度干预以及董事长和总经理的权力之争。在我国目前市场机制仍不甚健全的情况下,董事长和总经理不宜实行兼任,内部董事的权力应是相等的,董事长的职权具有组织、协调、代表的性质。而总经理作为执行层的最高领导,应主要负责具体事项的落实,起到管理的作用。

(2) 建立经理层选聘与退出机制。

政府对混合所有制企业通常采用的控制方式是人事控制。在发达国家的这种人事控制一般是通过在混合所有制企业中建立监事会，由监事会充当公司与政府之间的缓冲器，公司的高级管理人员由监事会任命。而在我国，混合所有制企业的高级管理人员存在着由政府直接任命的情况，这种选拔一般采用两种方式：一是公司内部选拔，二是将其他国有公司的经营者调任到目标公司。由政府直接任命的企业高级管理人员，由于不同国有公司之间的经营领域与环境不同、缺乏外部经理人引入机制问题导致的选拔任用人选范围狭窄，很难保证其具有胜任的管理和经营能力。由此，对于经理层的职业化和市场化的推进就显得势在必行。混合所有制企业经营者的选择范围不应局限于政府官员、混合所有制企业内部人员、其他混合所有制企业管理人员这个范畴，成功的民营企业经理人也应该被纳入选择范围。除此之外，混合所有制企业的高层管理人员由国资委直接任命的方式也应该做出相应的改进，更多地采用市场机制公开竞聘，由董事会决定选聘人选，并对该决定负责。改变目前一人身兼多职，管多个企业的现状。

无论是国有资本控股还是参股的混合所有制企业，都应从根本上废除经理人员的国家干部身份和行政任命制，在经理层的选聘中引入竞争、更新和淘汰机制，使经理层的利益及职业发展前途与企业命运紧密相连。

(3) 改善经理层激励约束机制。

激励机制的核心是协调股东和经营者之间的利益，以尽最大可能减少代理成本，实现出资人利益的最大化。经营者激励机制是否有效，取决于在多大程度上将经营者的支付函数和出资人的支付函数联系在一起。一般认为，工资和奖金对经营者的激励是有限的，而长期激励性报酬的激励效果相对要大得多。近年来，我国对混合所有制企业的经营者规定其年薪收入一般不得超过职工平均工资的3~10倍，央企股权激励收益不超过薪酬的40%，收入上限的规定将一定程度上降低混合所有制企业高级管理层的工作积极性，从而不利于混合所有制企业进行混合所有制改造初衷的实现。对于这一问题，比较可行的办法是由董事会下设薪酬委员会牵头，组织审计专家、经济学家和法学家等专业人士，负责制定经营者的薪酬标准，监督年薪标准的执行。

激励约束机制设计主要针对经理层，目的是调动经理层的积极性，可采取

"短期薪酬激励+中长期股权激励+精神激励"的组合方式。在激励的同时，应通过国家法律法规、财务制度、公司章程和合同契约对经理层进行外部硬性约束。在强化外部约束机制的同时，应以经理层的自我道德素质为基础，依靠经理层的道德修养来实现自我约束，降低委托风险与监督约束成本。

(4) 完善经理层绩效评价机制。

在混合所有制企业中应建立对董事会绩效、董事个人绩效和经理层绩效的内部与外部评价机制。在企业内部，综合运用经济增加值、关键业绩指标和关键行为指标等系统的评估工具对董事会、董事和经理层全面履行职责情况进行全方位考核。评价指标可从财务指标和非财务指标两个方面来考核，兼顾经济和社会效益。评价方式应以股东会和监事会评价为主，形成董事会、董事和经理层自我评价为辅的多方评价机制。在企业外部，应充分发挥市场和非公有资本的作用，培育其他利益相关者和市场评价机制，发挥声誉机制的作用，通过市场化的评价机制体现董事、经理层的市场价值，并通过市场机制使董事和经理层获得应有的回报。

(5) 建立经理层监督机制。

在混合所有制公司治理过程中，股东、董事会和经理层接触信息的渠道是不平等的，应建立对内、对外信息披露机制，保护股东利益。建立内外部信息披露机制可以形成监督合力，借助互联网等现代化信息技术，提高监督范围和力度，可对经理层的行为进行有效监督。尽管国资委会对混合所有制企业进行监管，但无论是国有资本控股还是参股的混合所有制企业，都应向利益相关者公开经营决策信息，尤其应向参股的非公有资本公开相关信息。由于资本市场信息透明度高、信息披露较充分，上市公司受到监管部门、债权人、媒体、公众、股东等各方的强力监督，混合所有制企业可考虑借助资本市场的力量建立健全信息披露机制，防范国有资本对非公有资本的"逆向选择"和"道德风险"，保护非公有资本的话语权和利益。

混合所有制企业的监督机制应考虑从内部和外部两方面来设计，内部监督主要是由国资委、股东、董事会、监事会、高级管理层所形成的监督机制，该监督机制包括股东对董事会、董事会对高级经理的纵向监督，以及国资委和监事会对董事会、经理层的横向监督。外部监督包括社会媒体、第三方审计机构和社会公众所形成的监督机制。监督的内容可以分为产出（效果）监督和投入（效率）监督，与绩效评价的内容联系紧密。产出监督包括对经理层的业绩指标、重点工作计划的达成情况、风险控制、财务报表真实性、管理透明度、基础管理建设等进行监督，投入监督包括经理层的努力程度等。此外，在混合所有制企业中，党组织的监督角色应进一步强化，发挥党组织的优势，形成一个以党组织监督、内部监督和外部监督三位一体的监督机制。

4.4.3 搭建混合所有制企业社会责任平台

（1）建立混合所有制企业社会责任体系。

强化混合所有制企业社会责任意识和加强混合所有制企业履行社会责任的关键是建立、健全混合所有制企业社会责任体系，明确混合所有制企业社会责任的范围，从而为混合所有制企业自觉履行社会责任提供决策依据和评判参考体系。建立混合所有制企业社会责任体系既是顺应世界潮流的需要，也是提升混合所有制企业软实力、增强市场竞争力和实现混合所有制企业自身发展的内在需要。混合所有制企业对承担和履行社会责任重要意义的充分认知，以及对企业社会责任的自觉履行，不仅有助于混合所有制企业社会形象的改善和经济效益的提升，而且有助于推进混合所有制企业治理模式的优化与管理的规范化。

国务院国资委在2007年12月29日对外发布了《关于中央企业履行社会责任的指导意见》，但文件的规范对象仅仅局限于特大型的中央企业，对其他混合所有制企业并没有提出履行社会责任的明确要求。从总体上看混合所有制企业应当承担以下几个方面的社会责任，即：对员工的责任、对消费者的责任、对供应商的责任、对债权人的责任、对环境与资源保护与合理利用的责任、对所在社区的责任、慈善责任和对政府的责任，社会责任形式体现为经济责任、社会中人、生态责任和伦理责任。为推动混合所有制企业实质性地全面履行其合理的、必要的社会责任，作为混合所有制企业投资与监督主体的政府，应将混合所有制企业社会责任的履行制度化、规范化，并以政策要求或指导性文件的形式向混合所有制企业明确提出需要承担和履行的社会责任内容，从而形成具体、规范、具有强制性特征的混合所有制企业社会责任体系。

(2) 健全社会责任法律法规。

理论界对是否需要制定相关法律法规强制企业进行社会责任信息的披露一直存在争议。当前我国许多企业没有履行社会责任的意识，这不应仅归因于企业家自身的素质，更应强调的是政府没有承担起相应的监管责任。从信息披露方面，愿意披露社会责任信息的企业，认为披露社会责任信息是企业具有良好社会责任感的体现，会吸引更多的投资者、消费者以及优秀的员工；而不愿披露的企业，则认为提供社会责任信息耗费大量的资金和成本，很可能得不偿失。实现对混合所有制企业社会责任履行情况的全民监督，不能仅仅依靠混合所有制企业的自觉，政府强制力量的介入成为必然。一方面，政府要完善混合所有制企业履行社会责任相关法律法规的修改和制定工作，使法作规定在内容上与时俱进；另一方面，政府要建立社会责任信息披露法，强制混合所有制企业进行社会责任信息的披露。这样以立法的形式对信息披露加以规范，对不披露、不全面披露、虚假披露的混合所有制企业给以惩罚，能够推进社会责任信息从披露数量和质量上都有所提高。

(3) 完善社会责任监督机制。

政府作为社会公众的监护人以及协调企业利益与社会利益的仲裁人，应当以行政干预和经济调控作为基本手段，对混合所有制企业履行社会责任的程度和方向进行有效引导和监督。混合所有制企业的管理者必须及时地纠正或惩处混合所有制企业逃避社会责任的行为，确保混合所有制企业对社会责任的有效履行。在当前情形下，由于缺乏对不履行社会责任进行惩处的法律依据，这在很大程度上弱化了混合所有制企业履行社会责任的积极性与主动性。因此，加强混合所有制企业履行社会责任的立法工作和规章制度建设，成为加强混合所有制企业社会责任监督机制建设的重要任务。

加强对混合所有制企业承担与履行社会责任的监督，还必须建立科学的混合所有制企业社会责任目标评价体系。混合所有制企业社会责任目标评价体系的构建，主要依赖于混合所有制企业社会责任会计制度和社会责任信息披露制度的实施。社会责任会计制度要求混合所有制企业按照科学合理的准则加强对自身社会责任履行情况的核算，社会责任信息披露制度则要求混合所有制企业定期对外披露企业履行社会责任的相关信息，即必须以年度企业社会责任报告的形式核算和监督混合所有制企业在一定时期内对社会做出的总贡献和总消耗情况，从而使混合所有制企业的社会效益和社会成本得到充分反映。

4.4.4 提高混合所有制企业治理绩效

（1）优化资本结构。

相关研究表明企业债务可以激励经营者改善经营，提高公司绩效。负债虽有利于抑制经营者的道德风险，但企业利用负债筹集资金可能会导致股东损害债权人利益的道德风险行为。因此，企业应当主动降低其资产负债水平。

优化产权比例，加大股权融资的力量。在其他条件不变的情况下，增加股权融资是降低企业负债水平的有效方式。适度放松上市公司股权融资限制、提高股票市场的扩容速度，有利于优化上市公司资本结构、提高资源配置效率，进而增加上市公司企业价值。积极培育接管市场，推进上市公司重组。控制权理论认为，接管市场是促进公司优化资本结构的外在力量。迫于接管市场的压力，经理人员会及时调整企业资本结构，进而形成一种资本结构的内在优化机制。

（2）提高企业的现金净流量。

加强混合所有制企业企业管理，制定完善的工作制度，缩减日常开支和薪酬支出，尽量减少不必要支出，从而达到降低经营成本，提高经营活动现金净流量的目的。减少应收账款的比例，避免由于应收账款占据企业大量的资金。如果应收账款较少，现金充裕，企业就可以及时偿还债务、支付股利，并满足企业的日常需求和扩大再投资，从而大大提高经营效率和业绩的含金量。但如果应收账款大量存在，现金不能及时收回，就会使企业陷入危机的情况。提高经营效率。在有限的资本下实现最大的收入，进而实现利润最大化，这会是企业健康稳定发展的必经之路。

（3）完善治理结构。

按照现代公司治理要求，董事会是混合所有制企业公司治理的核心，具有最高决策权。董事会（代理人）与股东（委托人）是一种委托—代理关系，国有资本和非公有资本作为股东履行出资人义务，董事会代表股东的意志进行科学决策，在公司战略制订、经理人员的选聘和公司治理方面发挥着重要作用，并对股东、债权人、员工和社会公众等利益相关者负责。因此，混合所有制企业的董事会具有决定高层经理人员的聘任、解聘和薪酬水平的权力，形成董事会领导下的经理负责制，明确董事会与经理层之间的关系与职责，对有效开展公司治理具有重要意义。

在混合所有制企业中，除了股权结构外还要考虑话语权的分配问题，关键在于应根据股权结构允许非公有资本参与混合所有制企业的公司治理，否则非公有资本就有可能成为纯粹的财务投资者。首先，在董事会结构设置上，给予非公有资本参与决策的权限，让非公有资本在董事会中占据一定席位。非公有资本参股公益性或功能性国有企业很大程度上存在国有资本控制非公有资本的风险，为打消非公有资本的疑虑，增强非公有资本参股国有企业的动力，在董事会中应尽可能安排非公有资本的代表，以此保护非公有资本股东的利益。而在竞争性行业中，应该让非公有资本在董事会中占有相对优势，甚至直接参与国有企业的管理。同时，国有资本管理部门也应该给企业的董事会放权，让董事会真正具有对职业经理人的选聘权和薪酬待遇的决定权。其次，在经理人员选聘方面，混合所有制企业处于平等和充分竞争的市场环境中，可以在职业经理人市场中选聘企业高管，由董事会决定高层经理人员的选聘，并依据市场规则决定高层经理人员的薪酬和绩效水平。最后，除了发挥党组织的监督作用外，还应该根据国有资本和非公有资本的股权结构进一步完善监事会结构。在监事会的设立上应考虑国有资本与非公有资本股权结构的差异，在国有资本控股的混合所有制企业中，应将更多的监督权分配给非公有资本、员工或社会公众，而在国有资本参股的混合所有制企业中，国有资本应该拥有更多的监督权。

本章小结

本章依据第 2 章对公司治理能力概念的界定和诠释，以利益相关者理论和企业能力理论为基础，从内外部治理主体"综合素质"角度，全面剖析公司治理能力构成要素，包含内部治理能力和外部治理能力。其中，内部治理能力分为股东会治理能力、董事会治理能力、监事会治理能力、经理层治理能力和员工治理能力;外部治理能力分为政府关系治理能力、银行关系治理能力、供应商关系治理能力、客户关系治理能力和公众关系治理能力。在此基础上,考虑混合所有制企业公司治理能力的特点,坚持科学性、系统性、操作性等原则,参考现有关于公司治理、公司治理能力评价体系,构建混合所有制企业公司治理能力测度指标体系,包含 2 项一级指标、10 项二级指标、19 项三级指标和 50 项四级指标。为测度混合所有制企业公司治理能力大小,选取 92 家国企改革成份股作为样本,建立变异系数—加权法测度模型。测度结果表明,内部治理能力比外部治理能力更能影响混合所有制企业公司治理能力大小;以综合指数反映混合所有制企业公司治理能力大小,其平均值为 0.419,48 家企业综合指数超过平均值,总体结果较好;不同行业比较发现,建筑业综合指数平均值最高,文化、体育和娱乐业综合指数平均值最低;不同区域比较发现,中部地区综合指数平均值高于东部和西部,西部地区综合指数平均值最低;不同上市板块比较发现,中小板综合指数平均值略好于主板,且两者在二级指数平均值上差异较小。

第 5 章

混合所有制企业公司治理能力对资本投资效率的影响

我国混合所有制改革的重要目标之一就是提高民企的实力和国企的活力，而对于混合所有制企业而言，资本投资效率就是活力最好的体现。同时，从 2014 年推进混合所有制分类改革起，国资委已经开始进一步深化由"管资本、管人、管事相结合"的国资监管原则向"管资本"发展方向，并同时强调并明确了完善公司治理结构对深化国有企业改革的重要作用。本章基于宏观（公司治理能力）、中观（内外部治理能力）、微观（股东会治理能力、董事会治理能力、监事会治理能力和经理层治理能力）三个层面，分析混合所有制企业公司治理能力对资本投资效率的影响，探析混合所有制企业公司治理能力提升是否能够提高资本投资效率。本章逻辑框架如图 5-1 所示。

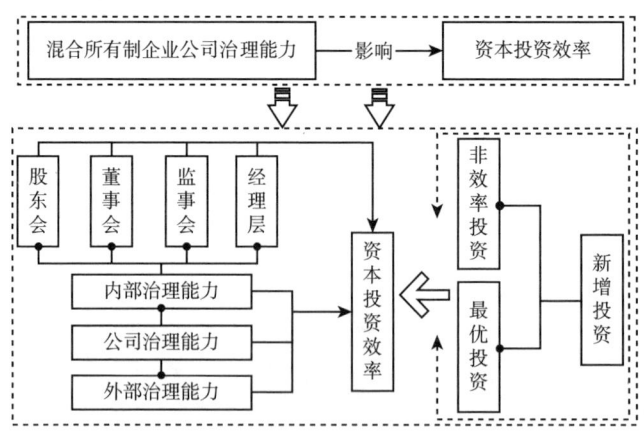

图 5-1　混合所有制企业公司治理能力对资本投资效率影响的逻辑框架

第5章 混合所有制企业公司治理能力对资本投资效率的影响

5.1 研究假设

5.1.1 公司治理能力对资本投资效率的影响

公司治理能力是一整套"综合素质"的表现，包括公司内部治理能力和公司外部治理能力，内外部公司治理能力的相互结合、相互渗透形成完善的公司治理体系。尽管较少有文献对公司治理能力展开深入研究，但其仍然属于公司治理体系的一部分，结合混合所有制企业特点，混合所有制企业公司治理能力对资本投资效率的综合影响主要从产权理论、代理理论、契约理论以及行为金融学理论等角度来考虑，而这些理论都是公司治理能力的核心理论。因此，混合所有制企业投资效率的提高离不开公司治理能力的综合提升。

投资效率的提高是公司治理能力的核心目标。公司治理的最终目标也即公司管理的目标，主要的方式是有效地协调经理人员与所有者以及相关利益者之间的利益关系来达成。同时，投资效率的提高也是公司治理能力提升的重要表现形式，即有效的公司治理结构是公司治理能力提高的表现，那么作为混合所有制企业重要的情况之一的投资活动自然也会受到其深远的影响，即资本投资效率得到极大提高。

公司治理能力构成维度的完善能够提高投资效率。混合所有制企业公司治理能力的提升带来公司治理结构优化的同时，也提升了内部治理主体与外部治理主体的治理与参与能力，内部治理主体包括股东会、董事会、监事会、经理层和员工等，外部治理主体主要包括政府、银行、供应商、客户和公众等在内的复杂利益相关者。混合所有制企业的经营过程需要投入不少资金，同时混合所有制企业的融资主体也比较多，那么在这样的情况下，融资主体选择公司的另一个条件就是评估混合所有制企业的公司治理能力，从而治理能力的提升也成为混合所有制企业吸收资金的重要形式。在较高的混合所有制企业公司治理能力下，外部更愿意将资金投资于该公司。在公司治理能力提升和有效的公司治理结构下，各种权利都能够得到有效的监督，从而解决信息不对称、代理成本较高等一系列问题，从而提高资金的使用效率。因此，在这样的情况下，混合所有制企业的投资效率得到提升，从而也促进了企业价值的提高。基于此，本书提出假设 H5-1：

H5-1：混合所有制企业公司治理能力对资本投资效率有促进作用。

此外，公司治理能力属于一种较稳定积累的能力范畴，所以本书希望在研究混合所有制企业公司治理能力对资本投资效率影响的基础上，研究公司治理能力对资本投资效率的长效影响。基于此，本书提出假设 H5-2：

H5-2：混合所有制企业公司治理能力不仅对当期资本投资效率产生影响，而且对下一年资本投资效率有促进作用。

5.1.2 内部治理能力对资本投资效率影响

公司内部治理能力和外部治理能力的有机融合与相互渗透才能促进公司整体治理能力的提升，重视并加强混合所有制企业公司治理能力，对提高企业资本投资效率，提升企业综合竞争力具有重要的意义。因此，研究混合所有制企业公司治理能力对企业资本投资效率的影响机理需要从内部治理能力和外部治理能力两个方面展开。

企业内部治理能力的研究中，学者们的关注点大多是在监事会特征、大股东控制等因素对非效率投资的影响[115]。有研究发现，当存在一股独大的情况下，大股东会为了个人利益而通过非效率投资等手段来影响企业的整体利益[116~117]。不少学者运用实证分析的方法，分析了公司治理能力与非效率投资之间的相关性，主要包括内部公司治理能力的各个指标，股东会、董事会等，他们所使用的样本不同得出来的结论存在一定的区别，但是都发现这两者之间存在一定的相关性[118-128]。基于此，本书给出假设 H5-3：

假设 H5-3：混合所有制企业内部治理能力对资本投资效率有促进作用。

同时，本书仍然希望在研究混合所有制企业内部治理能力对资本投资效率影响的基础上，研究内部公司治理能力对资本投资效率的长效影响。因此，本书提出假设 H5-4：

假设 H5-4：混合所有制企业内部治理能力不仅对当期资本投资效率产生影响，而且对下一年资本投资效率有促进作用。

从第三章混合所有制企业公司治理能力测度结果可以看出，股东会治理能力、董事会治理能力、监事会治理能力、经理层治理能力为核心二级指数,因此,本书在微观层面仅探讨内部治理能力下四个核心二级指数对资本投资效率的结构性影响。

(1) 股东会治理能力对资本投资效率的影响。

当混合所有制企业面临经营风险,资产负债率比较高,且公司的闲置资金比较少即自由现金流不多时,混合所有制企业面临破产的可能性增加。这时,公司的所有者就会要求召开更多次数的股东大会,来共同探讨公司资金的进一步投资方向,在共同决策的情况下,企业资金的投资效率提高,企业效益转而会变好。因此,可以说,股东大会召开次数越多,公司治理能力越强,资金的投资效率会越高。基于此,本书提出假设 H5-5a:

H5-5a: 混合所有制企业股东会治理能力对资本投资效率有促进作用。

(2) 董事会治理能力对资本投资效率的影响。

董事会的主要功能是促进公司股东与经营者之间的沟通。董事会的存在能够很好地监督经营者的管理活动。《公司法》规定,董事会具有监督和决策的两项基本职能,这两项基本职能发挥得好坏关系到上市公司投资效率的高低。同时,独立董事履职履职与否也影响资本投资效率。独立董事与公司的利益关系更为简单,因为当决策公司未来资金使用动向时,独立董事的立场更为客观,做出来的决定更为有效。因此,独立董事的存在优化了董事会的组织结构,并促进了董事会资金决策的有效性。基于此,本书提出假设 H5-5b:

假设 H5-5b: 混合所有制企业董事会治理能力对资本投资效率有促进作用。

(3) 监事会治理能力对资本投资效率的影响。

从公司治理的理论来说,监事会的制度安排对资本投资效率也具有非常重要的作用。监事会作用主要表现在混合所有制企业的监事会监管能力,如果监事会的主要成员比较有经验,而且监事会比较有权利,那么监事会就能很好地发挥监管能力,从而促进资本投资效率的提升;同时如果监事会的主要成员有比较强烈的职业素养,比较愿意去监督经理层的投资决策,那么监事会的存在就能快速地提升混合所有制气的资本投资效率。基于此,本书提出假设 H5-5c:

假设 H5-5c: 混合所有制企业监事会治理能力对资本投资效率有促进作用。

(4) 经理层治理能力对资本投资效率的影响。

代理理论表明,股东与经理人之间存在着利益冲突,反映在企业投资领域就是各种非效率的投资行为。在两权分离的现代企业，经理层的投资规模可能会超过实际最优的投资规模，从而导致管理者与股东之间的利益冲突。经理层以牺牲股东利益换取企业规模的扩大，其原因在于：一是投资规模的扩大会增加经理层可控制的资源，从而增加经理层的权利；二是投资规模的扩大可能会带来销售量的增加，而经理层的报酬也与企业销售的增加有紧密的联系。经理层具有通过大规模投资来建造企业帝国的倾向，从而扩大自己的掌控的资源和福利水平，非效率投资行为产生的可能性也就越高。基于此，本书提出假设H5-5d：

假设H5-5d：混合所有制企业经理层治理能力对资本投资效率有促进作用。

5.1.3 外部治理能力对资本投资效率的影响

外部治理主体包括政府、银行、供应商、客户和公众等在内的复杂利益相关者的治理与参与，企业经营者的行为进行制约和约束来达到弥补公司内部治理中的某些无效性问题，进而对企业投资行为产生影响。关于混合所有制企业外部治理能力对资本投资效率的研究尚缺乏实证依据。基于此，本书提出假设H5-6：

假设H5-6：混合所有制企业外部治理能力对资本投资效率有促进作用。

此外，本书希望在研究混合所有制企业内部治理能力对资本投资效率影响的基础上，研究内部公司治理能力对资本投资效率的长效影响。基于此，本书提出假设H5-7：

假设H5-7：混合所有制企业外部治理能力不仅对当期资本投资效率产生影响，而且对下一年资本投资效率有促进作用。

5.2 混合所有制企业资本投资效率的衡量

5.2.1 资本投资效率的模型选择

企业投资效率问题一直是学术界持续关注的焦点。国内外学者对投资效率衡量做出了大量研究，本书认为从对投资效率衡量思路上可以将当前研究成果总结为两类：一种是从投入产出的数量关系来衡量，也可以称作"投入产出比法"。这种思路的方法包括 DEA 模型法、SFA 模型法、Batlese 和 Coelli 模型法等。另一种是利用不断修正模型设计拟合出最佳投资量，并将此作为衡量标准，正好等于该最优投资值的为有效率的投资，其他都是非效率投资，这种思路的模型方法包括 FHP 模型法、Vogt 模型法和 Richardson 模型法等。表 5-1 简单介绍五种投资效率模型法，并对比分析五种模型法的优缺点。

表 5-1　　　　　　　　　五种投资效率模型法比较

模型名称	模型简介	模型优点	模型缺点
单指标模型法	单指标模型是最早使用的投资效率模型，也是实践应用最多的衡量指标，如最大利润、最高产量、最低成本、最大市场份额、最优质量、最短时间等	评价指标操作简单、评价直接、应用性强	单指标模型容易引发"短视效应"和"杀鸡取卵"行为，缺乏综合决策
DEA 模型法	通过对上市公司投资行为中的投入和产出指标的权重进行评价比较。DEA 是当前学者热衷的模型之一	不需要构建专门的函数来进行评价，并且权重不受人为主观因素的影响	对 DMU 的相对效率评估，而非绝对效率评估
SFA 模型法	指在既定的投入下产出可增加的能力或在既定的产出下投入可减少的能力。多用于一定技术水平下，各种比例投入所对应的最大产出集合	能够测量投资效率，并分离随机误差项和技术无效率项，考虑了随机因素对产出的影响	当生产函数投入指标具有复杂相关性时，评价结果受指标选择影响较大，并且无法解决多产出的问题
FHP 模型法	Fazzari，Hubbard 和 Petersen（1988）（简称 FHP）通过指标投资——现金流敏感性来度量公司的融资约束，这是史无前例的	早期 MM 理论代表性创新方法，基于信息不对称前提下检验了投资—现金流敏感性，并得到学者们多分类方法的验证	①投资——现金流敏感性与融资约束之间不一定存在单调关系。②用托宾 Q 衡量企业的投资机会存在偏误。③样本分组标准存在主观性
Vogt 模型法	通过构建模型探讨代理问题和信息不对称所引起的投资-现金流敏感性与投资机会之间所存在的相关性关系	Vogt 的度量过度投资的方法得到了多数学者的认可，较 FHP 有较大进步，得到更多认可	最优投资水平无法衡量

尽管表格中 Vogt 模型与 FHP 模型相比有了很大的进步，而且得到了大家的普遍赞同，但是这两种模型仍然存在缺点，就如表 5-1 所示，这两种模型存在的共性问题是不能够很好的计量出企业的最优投资水平，从而不能对企业

的非效率投资做出客观的评价。

Richardson（2006）[129]在其研究中，首先用模型算出企业的最有投资水平，然后根据模型计算出来的残差额作为公司非效率投资的水平。该模型最大的优点是能够衡量出企业到底是处于哪个水平——过度投资还是投资不足。

综上所述，由于 Vogt 模型与 FHP 模型都使用了托宾 Q 值作为其中的主要衡量指标，但是托宾 Q 值在我国现在企业中存在较为严重的误差（连玉君等，2007；张功富等，2009），而 Richardson 的残差模型中不仅没有使用托宾 Q 值并且能够具体的衡量过度投资的水平。国内不少学者在进行过度投资衡量时大多使用 Richardson（2006）的残差度量模型（魏明海等，2007；谭燕等，2011；王彦超，2009）。因此，本书在综合考虑国内外研究学者成果的基础上，并考虑到国内企业的现实情况的背景下，本书决定借鉴 Richardson（2006）的残差计量模型来衡量国有控股企业的过度投资以及投资不足情况。

5.2.2 资本投资效率衡量模型的构建

本书综合学者们对 Richardson（2006）模型的修正，形成了如下的投资计量 Panel Data 模型。本书借鉴 Richardson 的模型，具体模型如下：

$$Inew_{it} = Inv_{it} - Imt_{it} \quad (5-1)$$

$$Inv_{it} = \alpha_0 + \alpha_1 Inv_{it-1} + \alpha_2 Cash_{it-1} + \alpha_3 RET_{it-1} + \alpha_4 Size_{it-1} + \alpha_5 Lev_{it-1} \\ + \alpha_6 Growth_{it-1} + \alpha_7 Age_{it-1} + \sum \beta_1 Industry_i + \sum \beta_2 Year_i + \varepsilon_{it} \quad (5-2)$$

Inv_{it} 为总投资支出，维持性投资支出（Imt_{it}）和新增投资支出（$Inew_{it}$）非效率投资模型变量如下表 5-2 所示：

表 5-2　　　　　　　　非效率投资模型变量及解释

变量缩写	变量名称	变量解释
INV_{it}/ INV_{it-1}	当年/上一年总投资支出	企业第 t 年现金流量表中"购建固定资产、无形资产和其他长期资产所支付的现金""购买和处置子公司及其他营业单位所支付的现金"之和减去"处置固定资产、无形资产和其他长期资产而收回的现金净额"后与年初资产总额的比值，单位为%

续表

变量缩写	变量名称		变量解释
$CASH_{it-1}$	上一年现金持有水平		上一年度现金持有水平,等于公司 t-1 年资产负债表"货币资金"和"交易性金融资产"之和比资产总额
RET_{it-1}	上一年度股票年收益率		衡量股票投资收益水平指标主要有股利收益率、持有期收益率与拆股后持有期收益率等
$SIZE_{it-1}$	上一年度企业规模		企业 t-1 年的资产总额(回归时予以对数化)
LEV_{it-1}	资产负债率		期末负债总额除以资产总额的百分比,也就是负债总额与资产总额的比例关系
AGE_{it-1}	上一年度企业上市年龄		企业上市当年为第一年,截至第 t 年公司的成立年限
$YYSR_{it-1}$	企业成长能力 ($GROWTH_{it-1}$)	营业收入增长率	企业本年营业收入总额同上年营业收入总额差值的比率,评价企业成长状况和发展能力的重要指标[134b]
$YYZSR_{it-1}$		营业总收入增长率	企业本年营业总收入总额同上年营业总收入总额差值的比率,也是评价企业成长状况和发展能力的重要指标
INDUSTRY	行业效应		以样本企业所在行业进行哑变量处理
YEAR	年度效应		以样本所在年进行哑变量处理

注:①为检验模型回归稳定性,本书在引入营业总收入增长率衡量企业成长能力的同时,添加营业收入增长率指标作为稳健性检验;②变量数据均来自于 WIND 数据库和 CSMAR 数据库。

模型(5-1)和模型(5-2)中回归预测如下:由于投资惯性的存在,预计 INV_{it-1} 与 INV_{it} 正相关;持有的现金水平越高,越有增加投资的可能,预计对 INV_{it} 产生正影响;RET_{it-1} 为上一年度股票年收益率,对企业价值增长能力的提升会促进企业投资行为,预计与 INV_{it} 正相关;预计与 INV_{it} 正相关;LEV_{it-1} 为上一年度资产负债率,资产负债率的提高伴随着财务风险的增加,预计 LEV_{it-1} 与 INV_{it} 负相关;$GROWTH_{it-1}$ 为上一年度企业成长能力,预计与 INV_{it} 正相关;AGE_{it-1} 为上一年度企业上市年龄,随着上市年龄的增大,投资总额增加的同时,资产总额增加,所以上市年龄与投资额的关系无法确定;INDUSTRY 为行业效应;YEAR 为年度效应。

5.2.3 资本投资效率衡量模型的检验

由表 5-3 混合所有制企业非效率投资实证结果可知:在模型(1)中,非效率投资评价模型引入营业收入增长率作为成长性指标。实证结果也表明,随着营业收入增长率的增加,企业会增大投资力度。豪斯曼检验结果为96.69,且在1%显著水平上拒绝随机效应模型原假设,确定使用固定效应模型(模型(2)同理),整体回归中F值在1%水平上显著,Adj R^2为0.34,且解释变量均通过t检验。在模型(2)中,引入营业总收入增长率作为企业成长性指标,F值依然在1%水平上显著,Adj R^2为0.33,说明模型回归结果较好。

回归结果中,由于投资惯性的存在,上年投资总额(INV_{it-1})对今年产生较大的正影响,同时上一年现金持有水平($CASH_{it-1}$)、上一年股票年收益率(RET_{it-1})、上一年度公司规模($SIZE_{it-1}$)等也均对今年投资总额产生正影响,而上一年资产负债率(LEV_{it-1})意味着财务风险的增加,则对今年投资总额产生负影响,以上结论均与早期学者研究结论相同[138b]。

表5-3　　　　　　　混合所有制企业非效率投资的实证结果

变量	(1)	(2)
C	6.07 ▽	5.68 ▽
INV_{it-1}	0.48 ***	0.51 ***
$CASH_{it-1}$	0.02 ▽	0.01 ▽
RET_{it-1}	0.01 *	0.01 ***
$SIZE_{it-1}$	0.01 *	0.01 *
LEV_{it-1}	-0.05 ***	-0.05 ***
AGE_{it-1}	0.01 ▽	0.01 ▽
$YYSR_{it-1}$	—	0.01 *
$YYZSR_{it-1}$	0.02 **	—
INDUSTRY	控制	控制
YEAR	控制	控制
Adj R^2	0.34	0.33
F	16.48 ***	16.00 ***
N	276	276
Hausman Test	96.69 ***	96.57 ***
F检验	变截距模型	变截距模型
模型类型	固定效应变截距模型	固定效应变截距模型

注:表中▽、*、**、***、分别代表在0.15、0.10、0.05、0.01水平上显著(2-tailed)。其中F值为多元回归总体显著性检验,N为回归样本量,而F检验(协方差分析检验)则为选择混合回归模型、变截距模型和变系数模型的检验。豪斯曼检验(Hausman Test)为面板数据选择固定效应模型和随机效应模型的检验。

5.3 研究设计

5.3.1 样本及数据来源

本章重点研究混合所有制企业公司治理能力对资本投资效率的影响,样本为第3章确定的92家上市公司,样本选取原则在此不再赘述。

数据来源:混合所有制企业公司治理能力的相关数据均来自第三章测度结果,资本投资效率数据来自5.2.3节资本投资效率评价结果,其他变量的原始数据均来自WIND数据库、CSMAR数据库及证券门户网站等。

5.3.2 模型设计及变量解释

(1) 模型设计。

为分析混合所有制企业公司治理能力对资本投资效率的影响,建立模型(5-3) 至模型(5-5)。

为检验假设 H4-1、H4-3 和 H4-6,建立模型(5-3):

$$I_{i,2014} = \alpha_0 + \alpha_1 X_i + \alpha_2 SIZE_i + \alpha_3 LEV_i + \alpha_4 YYSR_i + \varepsilon_i \tag{5-3}$$

为检验假设 H4-2、H4-4 和 H4-7,建立模型(5-4):

$$I_{i,2015} = \alpha_0 + \alpha_1 X_i + \alpha_2 SIZE_i + \alpha_3 LEV_i + \alpha_4 YYSR_i + \varepsilon_i \tag{5-4}$$

为检验假设 H4-5a 至 H4-5d,建立模型(5-5):

$$I_{i,2014} = \alpha_0 + \alpha_1 Y_i + \alpha_2 SIZE_i + \alpha_3 LEV_i + \alpha_4 YYSR_i + \varepsilon_i \tag{5-5}$$

(2) 变量解释。

模型(5-3)至模型(5-5)中各变量解释如下表5-4所示:

表5-4 混合所有制企业公司治理能力对资本投资效率影响的模型变量

变量类型	变量缩写	变量名称	变量解释
被解释变量	$I_{i,2014}$/$I_{i,2015}$	非效率投资程度	分别代表2014年及2015年非效率投资额占年初资产总额的比例,模型中对数值做了平方处理,以将过度投资和投资不足都化作非效率投资程度指标

续表

变量类型	变量缩写		变量名称	变量解释
解释变量	X_i	$TCGC_i$	综合指数	综合衡量混合所有制企业公司治理能力大小的指数,由上文第三章定义并计算得出
		$ICGC_i$	内部治理能力指数	衡量混合所有制企业内部治理能力大小的指数,由上文第三章定义并计算得出
		$ECGC_i$	外部治理能力指数	衡量混合所有制企业外部治理能力大小的指数,由上文第三章定义并计算得出
	Y_i	SGC_i	股东会指数	衡量混合所有制企业股东治理能力大小的指数,由上文第三章定义并计算得出
		DGC_i	董事会指数	衡量混合所有制企业董事会治理能力大小的指数,由上文第三章定义并计算得出
		JGC_i	监事会指数	衡量混合所有制企业监事会治理能力大小的指数,由上文第三章定义并计算得出
		MGC_i	经理层指数	衡量混合所有制企业经理层治理能力大小的指数,由上文第三章定义并计算得出
控制变量	$SIZE_i$		公司规模	企业的资产总额(回归时予以对数化)
	LEV_i		资产负债率	企业期末负债总额除以资产总额的百分比,也就是负债总额与资产总额的比例关系
	$YYSR_i$		营业收入增长率	企业营业收入总额同上年营业收入总额差值的比率,评价企业成长状况和发展能力的重要指标

5.4 实证分析

5.4.1 描述性统计

由表5-5描述性统计结果可知,所有变量均在1%水平上显著通过J-B统计量检验,表明变量数值满足正态分布规律。混合所有制企业非效率投资(I)的中位数为-0.35,表明非效率投资(I)主要表现为投资不足。资产负债率(LEV)的中位数为0.51,均值为0.50,最高值达到0.82,最小值仅为0.14,说明混合所有制企业资产负债率(LEV)并不高。企业规模的对数(SIZE)的均值为23.35,最大值为26.97,最小值为21.23。营业收入增长率（YYSR）的均值为 0.42，最大值达 5.75，说明混合所有制保持较高的增长率。

表 5-5 　　　　　　　　　变量描述性统计结果

变量	均值	中位数	最大值	最小值	标准差	J-B 检验 p 值	观测值
I	0.09	-0.35	10.32	-8.00	3.21	0.00	92
I^2	10.21	2.87	106.49	0.00	18.46	0.00	92
SIZE	23.35	23.28	26.97	21.23	1.15	0.00	92
LEV	0.50	0.51	0.82	0.14	0.17	0.00	92
YYSR	0.42	0.14	5.75	-0.59	1.12	0.00	92

注：混合所有制企业公司治理能力的相关数据，即综合指数、内外部治理能力指数等解释变量均在 5% 水平上显著通过 J-B 统计量检验，其描述性统计分析已经在第三章做出阐述，此处不再列示。非效率投资（I）的结果为百分比，为防止回归系数过小，模型对 I*100 进行平方处理，描述性统计也为 I*100 后的结果。

5.4.2　实证检验

表 5-6、5-7 和 5-8 列示了混合所有制企业公司治理能力对资本投资效率影响的多元回归结果，分别用模型（5-3）至模型（5-5）来验证假设 H5-1 至 H5-4、H5-6、H5-7 以及 H5-5a 至 H5-5d。模型采用普通最小二乘法（OLS，Ordinary Least Square），结果均由 EXCEL2013、EVIEWS6.0 结果整理得出。

（1）公司治理能力及内外部治理能力对资本投资效率的影响分析。

表 5-6 列示了综合指数（TCGC）、内部治理能力指数（ICGC）以及外部治理能力指数（ECGC）对资本投资效率影响的回归结果。

从回归结果 OLS（1）看，综合指数（TCGC）对非效率投资（I）的影响系数为 -55.26，在 15% 水平上显著，表示综合指数（TCGC）每提高一个单位，对非效率投资（I）的遏制程度大小为 55.26 个单位。OLS（1）的回归结果表明，综合指数（TCGC）与非效率投资程度（I）显著负相关，表明综合指数（TCGC）越大，非效率投资程度（I）越低。因此，接受假设 H5-1。

从 OLS（2）的回归结果来看，内部治理能力指数（ICGC）对非效率投资（I）的影响系数为 -54.88，在 5% 水平上显著，表示内部治理能力指数（ICGC）每提高一个单位，对非效率投资（I）的遏制程度大小为 54.88 个单位。OLS（2）的回归结果表明，内部治理能力指数（ICGC）与非效率投资程度（I）显著负相关，表明内部治理能力指数（ICGC）越大，非效率投资程度（I）越低。因此，接受假设 H5-3。

从 OLS（3）的回归结果来看，外部治理能力指数（ECGC）对非效率投资（I）的影响系数为 -7.66，在 15% 水平上显著，表示外部治理能力指数（ECGC）每提高一个单位，对非效率投资（I）的遏制程度大小为 7.66 个单位。回归结果 OLS（4）同样在通过了显著性检验。OLS（3）和 OLS（4）的回归结果表明，外部治理能力指数（ECGC）与非效率投资程度（I）显著负相关，表明外部治理能力指数（ECGC）越大，非效率投资程度（I）越低。因此，接受假设 H5-6。

从回归结果 OLS（1）至 OLS（4）对比来看，混合所有制企业公司治理能力的提高能够明显遏制非效率投资程度，其影响作用大小依次为：混合所有制企业公司治理能力 > 混合所有制企业内部治理能力 > 混合所有制企业外部治理能力，即混合所有制企业公司治理能力的提升对资本投资效率的影响，以内部治理能力为主，外部治理能力为辅。

表 5-6　混合所有制企业公司治理能力对资本投资效率影响的实证结果

变量 \ 模型	$I_{i,2014}$			
	(1)	(2)	(3)	(4)
C	13.44 (0.30)	15.26 ▽ (1.54)	3.93 (0.09)	5.97 ▽ (1.60)
$TCGC_i$	-55.26* (-1.79)	—	—	—
$ICGC_i$	—	-54.88** (-1.83)	—	-48.21 ▽ (-1.46)
$ECGC_i$	—	—	-7.66 ▽ (-1.41)	-14.95 ▽ (-1.45)
$SIZE_i$	1.63*** (2.81)	1.72*** (2.86)	1.30*** (2.64)	2.03 (0.79)

续表

模型 变量	$I_{i,2014}$			
	(1)	(2)	(3)	(4)
LEV_i	-20.97* (-1.68)	-23.76* (-1.76)	-27.27* (-1.65)	-28.16* (-1.70)
$YYSR_i$	2.64▽ (1.33)	2.59▽ (1.31)	2.86▽ (1.42)	4.15▽ (1.53)
Adj R^2	0.67	0.69	0.64	0.59
F	3.32***	3.49***	3.40***	3.37***
N	92	92	92	92
D-W	1.69	1.65	1.68	1.94

注：表中▽、*、**、***、分别代表在0.15、0.10、0.05、0.01水平上显著（2-tailed）。其中F值为多元回归总体显著性检验，N为回归样本量，D-W为Durbin-Watson检验。

(2) 公司治理能力及内外部治理能力对资本投资效率的长效影响分析。

表5-7列示了综合指数（TCGC）、内部治理能力指数（ICGC）以及外部治理能力指数（ECGC）对资本投资效率长效影响的回归结果。

从OLS（5）的回归结果看，综合指数（TCGC）对下一年非效率投资（I）的影响系数为-30.96，在10%水平上显著，表示综合指数（TCGC）每提高一个单位，对下一年非效率投资（I）的遏制程度大小为30.96个单位。因此，接受假设H5-2。

从OLS（6）的回归结果看，内部治理能力指数（ICGC）对下一年非效率投资（I）的影响系数为-24.35，在15%水平上显著，表示混合所有制企业内部治理能力指数（ICGC）每提高一个单位，对下一年非效率投资（I）的遏制程度大小为24.35个单位。因此，接受假设H5-4。

从OLS（7）的回归结果看，外部治理能力指数（ECGC）对下一年非效率投资（I）的影响系数为-94.43，在15%水平上显著，表示混合所有制企业外部治理能力指数每提高一个单位，对下一年非效率投资（I）的遏制程度大小为94.43个单位。回归结果OLS（8）同样通过了显著性水平的检验。因此，接受假设H5-7。

表 5-7　混合所有制企业公司治理能力对资本投资效率长效影响的实证结果

模型 变量	(5)	(6)	(7)	(8)
	$I_{i,2015}$			
C	196.20 ▽ (1.43)	185.19 ▽ (1.61)	202.18 ▽ (1.48)	190.89 ▽ (1.20)
$TCGC_i$	-30.96 ** (-1.86)	—	—	—
$ICGC_i$	—	-24.35 ▽ (-1.54)	—	-21.20 ▽ (-1.58)
$ECGC_i$	—	—	-94.43 ▽ (-1.51)	-80.12 ▽ (-1.62)
$SIZE_i$	6.45 ** (1.93)	6.86 ** (1.99)	6.53 ** (1.96)	7.04 * (1.71)
LEV_i	-3.42 (0.05)	-2.75 (-0.04)	-26.01 * (1.73)	-25.54 ▽ (-1.46)
$YYSR_i$	17.74 ** (2.13)	17.85 ** (2.14)	17.06 ** (2.05)	16.98 ** (2.03)
Adj R^2	0.59	0.57	0.60	0.50
F	3.64 ***	3.64 ***	3.89 ***	4.01 ***
N	92	92	92	92
D-W	2.02	2.04	1.99	2.01

注：表中▽、*、**、*** 分别代表在 0.15、0.10、0.05、0.01 水平上显著（2-tailed）。其中 F 值为多元回归总体显著性检验，N 为回归样本量，D-W 为 Durbin-Watson 检验。

从 OLS（5）至 OLS（8）的回归结果看，2014 年混合所有制企业公司治理能力的提高能够明显遏制非效率投资程度，其影响作用大小依次为：混合所有制企业外部治理能力 > 混合所有制企业公司治理能力 > 混合所有制企业内部治理能力，即混合所有制企业公司治理能力的提升对资本投资效率的影响，以外部治理能力为主，内部治理能力为辅。

综合回归结果 OLS（1）至 OLS（8）对比来看，混合所有制企业公司治理能力的提高能够明显遏制非效率投资程度，但 2014 年和 2015 年的非效率投资受到的遏制程度略有改变，其中变化最大的是混合所有制企业外部治理能力，由 2014 年的 7.66 上升到 2015 年的 94.43，超过混合所有制企业内部治理能力的影响程度，这可能主要是因为混合所有制企业外部治理能力对企业投资

第 5 章 混合所有制企业公司治理能力对资本投资效率的影响

决策和投资效率的影响滞后性较强，这也符合企业公司治理实际情况，当外部利益相关者了解到当年企业内部利益相关者行为后，会在下一年产生较为明显的影响效果。同时，对比 OLS（1）至 OLS（4）和 OLS（5）至 OLS（8）可以发现，即混合所有制公司治理能力对 2015 年的非效率投资的影响 Adj R^2 普遍较 2014 年有所下降，这表明，虽然混合所有制企业公司治理能力的提升不仅对当期非效率投资产生抑制作用影响，这种影响会传递到下一年度，但是在下一年度的影响作用稳定性较上一年度稍弱。

(3) 内部治理能力对资本投资效率的结构性影响分析。

表 5-8 列示了股东会指数 (SGC)、董事会指数 (DGC)、监事会指数 (JGC) 以及经理层指数 (MGC) 对资本投资效率影响的回归结果。

从 OLS（9）的回归结果看，股东会指数 (SGC) 对非效率投资 (I) 的影响系数为 -21.68，在 10% 水平上显著，表示股东会指数 (SGC) 每提高一个单位，对非效率投资 (I) 的遏制程度大小为 21.68 个单位。因此，接受假设 H5-5a。

从 OLS（10）的回归结果看，董事会指数 (DGC) 对非效率投资 (I) 的影响系数为 -2.55，在 5% 水平上显著，表示董事会指数 (DGC) 每提高一个单位，对非效率投资 (I) 的遏制程度大小为 2.55 个单位。因此，接受假设 H5-5b。

从 OLS（11）的回归结果看，监事会指数 (JGC) 对非效率投资 (I) 的影响系数为 -9.40，在 15% 水平上显著，表示混合所有制企业外部治理能力指数每提高一个单位，对非效率投资 (I) 的遏制程度大小为 9.40 个单位。因此，接受假设 H5-5c。

从 OLS（12）的回归结果看，经理层指数 (MGC) 对非效率投资 (I) 的影响系数为 -20.00，在 10% 水平上显著，表示混合所有制企业外部治理能力指数每提高一个单位，对下一年非效率投资 (I) 的遏制程度大小为 20 个单位。OLS（12）同样在显著水平上通过检验。因此，接受假设 H5-5d。

综合回归结果 OLS（9）至 OLS（13）对比来看，混合所有制企业内部治理能力的提高能够明显遏制非效率投资程度。对比回归系数，可以得到，股东会、董事会、监事会和经理层影响投资效率的边际影响效应分别为：21.68、2.55、9.40、20.00，其边际效应递减规律依次为股东会、经理层、监事会和董事会。基于边际效应递减规律和标准正态分布规律,可以发现,当前股东会、经理层和监事会治理能力的提高对投资效率影响边际效应较董事会高的原因也正揭示了混合所有制企业亟须解决的关键问题:股东会的边际影响效应最高,表明了当前我国混合所有制企业所有者缺位现象较为严重;而经理层的边际影响效应则揭示了当前我国混合所有制企业经理层在职消费和代理成本过高;监事会的边际影响效应则从侧面反映了企业内部监事会职能形同虚设,外部监事制度挂职现象严重等。相对而言,从侧面反映了混合所有制企业董事会治理能力处于一个较高的水平。

表 5-8 混合所有制企业内部治理能力对资本投资效率结构性影响的实证结果

模型 变量	$I_{i,2014}$				
	(9)	(10)	(11)	(12)	(13)
C	12.62 (0.28)	3.89 (0.08)	2.04 (0.04)	7.89 (0.17)	10.86 (0.18)
SGC_i	-21.68* (-1.54)	—	—	—	-17.12 (-0.95)
DGC_i	—	-2.55** (-1.78)	—	—	-15.32 (-1.45)
JGC_i	—	—	-9.40▽ (-1.47)	—	-3.27*** (-2.12)
MGC_i	—	—	—	-20.00* (-1.53)	-6.92* (-1.65)
$SIZE_i$	1.29*** (1.85)	1.30*** (1.84)	1.45*** (1.71)	1.40*** (1.70)	1.80*** (1.85)
LEV_i	-24.41* (-1.28)	-29.28* (-1.54)	-29.45▽ (-1.55)	-27.27* (-1.45)	-25.5 (-1.05)
$YYSR_i$	2.28▽ (1.42)	2.91▽ (1.43)	2.97▽ (1.47)	2.72▽ (1.47)	4.16▽ (1.4)
Adj R^2	0.69	0.43	0.46	0.68	0.09
F	3.28***	3.78***	3.83***	3.27***	0.66
N	92	92	92	92	92
D-W	1.67	1.67	1.67	1.59	1.95

注:表中▽、*、**、***、分别代表在0.15、0.10、0.05、0.01水平上显著(2-tailed)。其中F值为多元回归总体显著性检验,N为回归样本量,D-W为Durbin-Watson检验。

5.4.3 稳健性检验

由于 Richardson 模型测量混合所有制企业非效率投资过程中可能会存在不稳定因素及系统性偏误问题，所以在对非效率投资评价过程中，本章进行了稳健性检验处理，在利用营业收入增长率（YYSR）作为衡量混合所有制企业成长能力的代理变量，同时引入营业总收入增长率（YYZSR）作为稳健性检验变量，代入评价模型，回归结果良好，证明混合所有制企业非效率投资评价模型稳健性较好。

此外，多元线性回归过程中可能存在残差过大而无法准确拟合的情况，需要进一步对其进行稳健性检验，同时按照新兴行业和传统行业、高资本混合度与低资本混合度两种分组样本下，进一步探索混合所有制企业公司治理能力对资本投资效率的影响。

（1）新兴行业与传统行业比较。

首先，按照"所属证监会行业名称大类行业"和《国务院关于加快培育和发展战略性新兴产业的决定》将混合所有制样本细分为新兴行业和传统行业，其中新兴行业有 29 家，传统行业 63 家，然后分新兴行业样本和传统行业样本重新进行回归分析检验假设，按行业分组后变量描述性统计结果如表 5-9 所示，新兴行业稳健性检验的结果如表 5-10 所示，传统行业稳健性检验的结果如表 5-11 所示。

由表 5-9 描述性统计结果可知，所有变量在 1% 水平上显著通过 J-B 统计量检验，表明按行业分组后变量数值满足正态分布规律。新兴行业非效率投资（I^2）的均值为 10.27，最大值为 106.49，均高于传统行业。新兴行业综合指数（TCGC）的中位数为 0.43，略高于传统行业；新兴行业外部治理能力指数（ECGC）的均值为 0.30，略低于传统行业。

表 5-9   按行业分组后变量描述性统计结果

	新兴行业						
变量	均值	中位数	最大值	最小值	标准差	J-B 检验 p 值	观测值
I	-0.31	-1.00	10.32	-3.60	3.20	0.00	29
I^2	10.27	3.19	106.49	0.00	20.26	0.00	92

续表

	新兴行业						
变量	均值	中位数	最大值	最小值	标准差	J-B检验p值	观测值
TCGC	0.42	0.43	0.53	0.30	0.06	0.00	29
ICGC	0.47	0.46	0.60	0.32	0.07	0.00	29
ECGC	0.30	0.32	0.48	0.12	0.10	0.00	29
	传统行业						
变量	均值	中位数	最大值	最小值	标准差	J-B检验p值	观测值
I	0.28	-0.09	8.57	-8.00	3.20	0.00	63
I^2	10.18	2.47	73.42	0.00	17.70	0.00	63
TCGC	0.42	0.42	0.55	0.30	0.07	0.00	63
ICGC	0.47	0.46	0.63	0.33	0.07	0.00	63
ECGC	0.31	0.32	0.51	0.09	0.09	0.00	63

注：为保持小数位一致，此处综合指数、内外部治理能力指数描述性统计值均保留两位小数。

由表5-10和表5-11的回归结果来看，综合指数（TCGC）、内部治理能力指数（ICGC）及外部治理能力指数（ECGC）对非效率投资的影响均为负相关，说明混合所有制企业公司治理能力对非效率投资均有明显的遏制作用，与前文实证假设检验结果一致。从表5-10和表5-11可看出，内部治理能力指数（ICGC）对资本投资效率的遏制程度要强于外部治理能力指数（ECGC），与实证分析结果一致。从表5-10和表5-11的整体回归效果可看出，新兴行业的混合所有制企业公司治理能力对非效率投资的遏制能力要强于传统行业。

表5-10　新兴行业公司治理能力对资本投资效率影响的实证结果

模型 变量	$I_{i,2014}$			
	(14)	(15)	(16)	(17)
C	34.90 (0.38)	54.63 (0.65)	67.63 (0.76)	71.96 (0.81)
$TCGC_i$	15.48 ▽ (1.49)	—	—	—
$ICGC_i$	—	-67.35* (-2.54)	—	-56.26* (-1.91)

续表

变量 \ 模型	$I_{i,2014}$			
	(14)	(15)	(16)	(17)
$ECGC_i$	—	—	-50.27 ▽ (-1.47)	-37.65 * (-1.97)
$SIZE_i$	0.98 (0.26)	1.25 (0.34)	0.15 (0.04)	0.62 (0.16)
LEV_i	-76.70 * (-1.82)	-56.82 (-1.32)	-54.92 ▽ (-1.22)	-45.03 (-0.97)
$YYSR_i$	-0.72 (-0.21)	-0.54 (-0.16)	-2.17 (-0.58)	-1.68 (-0.44)
Adj R^2	0.53	0.68	0.47	0.60
F	0.71 ***	1.99 ***	0.91 ***	0.89 ***
N	29	29	29	29
D-W	1.80	1.61	1.81	1.64

注：表中 ▽、*、**、*** 分别代表在 0.15、0.10、0.05、0.01 水平上显著（2-tailed）。其中 F 值为多元回归总体显著性检验，N 为回归样本量，D-W 为 Durbin-Watson 检验。

表 5-11　传统行业公司治理能力对资本投资效率影响的实证结果

变量 \ 模型	$I_{i,2014}$			
	(18)	(19)	(20)	(21)
C	44.89 (0.66)	4.67 (0.08)	-2.02 (-0.04)	5.97 (0.10)
$TCGC_i$	-48.87 ▽ (-1.50)	—	—	—
$ICGC_i$	—	-43.29 ▽ (-1.59)	—	-48.21 * (-2.26)
$ECGC_i$	—	—	2.87 (1.09)	14.95 ▽ (1.45)
$SIZE_i$	0.43 (0.16)	2.11 (0.83)	1.55 (0.61)	2.03 (0.79)
LEV_i	-27.15 (-1.17)	-25.61 (-1.10)	-28.40 (-1.17)	-28.16 (-1.17)
$YYSR_i$	4.99 * (1.88)	4.36 ▽ (1.64)	4.62 * (1.71)	4.15 ▽ (1.53)

续表

变量 \ 模型	$I_{i,2014}$			
	(18)	(19)	(20)	(21)
Adj R²	0.49	0.59	0.66	0.49
F	1.09***	1.08***	0.79***	0.92***
N	63	63	63	63
D-W	1.97	1.96	1.91	1.94

注：表中∇、*、**、***、分别代表在0.15、0.10、0.05、0.01水平上显著（2-tailed）。其中F值为多元回归总体显著性检验，N为回归样本量，D-W值为Durbin-Watson检验。

（2）高资本混合度与低资本混合度比较。

按照资本混合度（CMR）将混合所有制企业样本分为高资本混合度样本和低资本混合度样本。张文魁（2015）提出先计算所有国有资本占全部股权资本的百分比、所有非国有资本占全部股权资本的百分比，以它们两个数值中的较大者为分母、较小者为分子，所得商数即为混合度。本书据此计算混合所有制企业的资本混合度，然后分样本重新进行回归分析检验假设，描述性统计结果如表5-12所示，高资本混合度样本稳健性检验的结果见表5-13，低资本混合度样本稳健性检验的结果见表5-14。

由表5-12描述性统计结果可知，所有变量在1%水平上显著通过J-B统计量检验，表明按资本混合度分组后变量数值满足正态分布规律。高资本混合度下混合所有制企业非效率投资（I^2）的均值为10.38，最大值为106.49，均高于低资本混合度企业。高资本混合度下混合所有制企业综合指数（TCGC）的均值为0.42，略高于低资本混合度企业；高资本混合度下外部治理能力指数（ECGC）的均值为0.32，中位数为0.33，均高于低资本混合度企业。

表5-12　　　　　　按资本混合度分组后变量描述性统计结果

高资本混合度							
变量	均值	中位数	最大值	最小值	标准差	J-B检验p值	观测值
I	-0.05	-0.47	10.32	-5.42	3.26	0.00	49
I^2	10.38	2.28	106.49	0.00	21.23	0.00	49
TCGC	0.42	0.43	0.54	0.29	0.06	0.00	49
ICGC	0.47	0.46	0.63	0.33	0.07	0.00	49

第5章 混合所有制企业公司治理能力对资本投资效率的影响

续表

高资本混合度

变量	均值	中位数	最大值	最小值	标准差	J-B检验p值	观测值
ECGC	0.32	0.33	0.47	0.13	0.09	0.00	49
CMR	0.82	0.83	0.99	0.60	0.11	0.00	49

低资本混合度

变量	均值	中位数	最大值	最小值	标准差	J-B检验p值	观测值
I	0.23	-0.17	7.68	-8.00	0.91	0.00	43
I^2	10.03	2.91	63.93	0.00	15.19	0.00	43
TCGC	0.41	0.43	0.55	0.29	0.07	0.00	43
ICGC	0.47	0.46	0.60	0.33	0.07	0.00	43
ECGC	0.30	0.31	0.51	0.09	0.10	0.00	43
CMR	0.34	0.36	0.57	0.15	0.18	0.00	43

注：为保持小数位一致，此处综合指数、内外部治理能力指数描述性统计值均保留两位小数。

从表5-12和表5-13的回归结果可以看出，综合指数（TCGC）、内部治理能力指数（ICGC）及外部治理能力指数（ECGC）对非效率投资产生显著的负影响，说明混合所有制企业公司治理能力对非效率投资具有明显的遏制作用，与前文的实证分析结果一致。同时，从表5-12和表5-13的整体回归效果可看出，高资本混合度下混合所有制企业公司治理能力对非效率投资的遏制程度强于低资本混合度企业。

表5-13 高资本混合度下公司治理能力对资本投资效率影响的实证结果

变量\模型	$I_{i,2014}$			
	(22)	(23)	(24)	(25)
C	5.46 (0.06)	-9.65 (-0.11)	-26.96 (-0.31)	-13.53 (-0.15)
$TCGC_i$	-44.30 (-0.72)	—	—	—
$ICGC_i$	—	-44.84 (-0.96)	—	-32.38 (-0.65)
$ECGC_i$	—	—	-43.78 (-1.03)	-33.82 (-0.74)

续表

模型 变量	$I_{i,2014}$			
	(22)	(23)	(24)	(25)
$SIZE_i$	2.95 (0.70)	3.66 (0.90)	4.05 (0.99)	3.93 (0.96)
LEV_i	-62.87* (-1.84)	-61.56* (-1.81)	-57.67▽ (-1.67)	-56.19▽ (-1.61)
$YYSR_i$	0.74 (0.19)	0.63 (0.16)	0.52 (0.13)	0.49 (0.13)
Adj R^2	-0.10	0.11	0.11	0.12
F	0.94	1.03	1.06	0.94
N	49	49	49	49
D-W	1.68	1.74	1.76	1.79

注：表中▽、*分别代表在0.15、0.10水平上显著（2-tailed）。其中F值为多元回归总体显著性检验，N为回归样本量，D-W为Durbin-Watson检验。

表5-14　低资本混合度下公司治理能力对资本投资效率影响的实证结果

模型 变量	$I_{i,2014}$			
	(26)	(27)	(28)	(29)
C	26.00 (0.42)	3.9 (0.08)	-1.64 (-0.03)	1.03 (0.02)
$TCGC_i$	-26.42* (-2.75)	—	—	—
$ICGC_i$	—	-70.93* (-2.00)	—	-78.58** (-2.14)
$ECGC_i$	—	—	-15.82▽ (-1.57)	-27.71* (-2.01)
$SIZE_i$	-0.01 (-0.01)	1.56▽ (1.58)	0.54 (0.27)	1.66 (0.83)
LEV_i	-4.03 (-0.18)	7.61 (0.34)	-7.41* (-2.31)	0.22 (0.01)
$YYSR_i$	3.67* (1.74)	2.68** (2.31)	3.48▽ (1.66)	2.63▽ (1.49)
Adj R^2	0.51	0.48	0.56	0.60
F	0.91***	1.64***	0.86***	1.54***

续表

变量 \ 模型	$I_{i,2014}$			
	(26)	(27)	(28)	(29)
N	43	43	43	43
D-W	1.94	2.03	1.91	2.05

注：表中∇、*、**、***、分别代表在 0.15、0.10、0.05、0.01 水平上显著（2-tailed）。其中 F 值为多元回归总体显著性检验，N 为回归样本量，D-W 值为 Durbin-Watson 检验。

5.5 研究结论及启示

混合所有制企业公司治理能力对投资效率影响的统计描述以及回归结果表明：①混合所有制企业公司治理能力、内部治理能力、外部治理能力均对资本投资效率具有较为显著的影响；②对资本投资效率的影响而言，混合所有制企业内部治理能力的作用更大；③外部治理能力对资本投资效率的长效影响尤为显著，即三种视角的治理能力当期的提升均对下一阶段资本投资效率产生正向影响，但以外部治理能力影响为主；④股东会、董事会、监事会、经理层的治理能力对非效率投资存在边际递减影响效应但影响程度具有差异。基于行业分类、资本混合度的分组回归分析结果验证上述4个结论，新兴行业、高资本混合度条件下的治理能力对非效率投资的遏制作用更为显著。结合上述实证分析结果，参考相关学者的有益研究成果，能够得出以下具体研究结论及相应管理启示：

（1）公司治理能力对资本投资效率影响过程中，混合所有制企业公司内部治理能力处于核心影响地位。

相应地，公司治理能力对资本投资效率的积极促进作用更大层面是来源内部治理能力的作用，其原因主要在于投资决策更直接受到董事会提议、股东大会决议、董事会决策、经理层有效执行等内部治理环节的影响，而政府、银行、供应商、客户等其它利益相关者与社会资源关系更多地对具体经营行为、市场行为产生直接影响。研究结论也表明混合所有制企业资本投资效率更大程度上是由投资领域、投资数量、投资次序等决策行为所影响，外部治理能力主要通过对投资后经营行为、盈利能力的影响而产生间接性作用。

基于资本投资效率视角的混合所有制企业公司治理结构优化与能力提升，需强调在治理体系内快速、有效整合各资本方，设计适应不同行业领域投资决策特点的决策机制、监督机制以及管理执行方案，充分发挥治理结构更层面主体的智力、资源、经验优势，形成资本投资决策、资本投资运营、资本投资监督以及沟通反馈的系统化内部治理机制。同时在公司治理过程中，综合考虑国有资本、非国有资本各股东的社会资本、社会资源，深度分析投资后的市场空间、经营风险与盈利能力，反馈式指导投资决策，形成外部能力促进内部能力的协同影响效应。

（2）混合所有制企业外部治理能力对资本投资效率的长效影响作用更为显著。

公司治理能力不断累积与提升，是一个科学决策机制改进、前期经验指导、市场运营能力提升的综合作用过程，无疑会对下一阶段资本投资效率产生影响。公司治理能力、内部治理能力与外部治理能力当期的积累、提升都会对下一阶段非效率投资产生延期抑制影响，但外部治理能力的影响程度更大。这是由于当期资本投资具有试错性，有利于指导、规范下一阶段的投资决策，与此同时利益相关者、外部社会资源不断渗透、影响内部治理结构、治理机制与治理能力，因此外部治理能力对下一阶段产生了效果更为显著的边际抑制效应。

基于此结论，混合所有制企业应关注当期资本运营、盈利过程，识别非效率投资的关键影响因素，挖掘投资不足领域与高效益市场，及时总结资本运营组织模式、经营管理方式方法，通过有效反馈机制将市场端、运营端信息反馈至内部治理层面，进而修正、指导下一阶段资本投资决策与经营管理行为。

（3）混合所有制企业公司治理内部能力对资本投资效率的正向促进过程中，董事会治理能力作用最为显著、股东会治理能力影响最弱；相应地，股东会治理能力对资本投资效率影响的边际效应最强、经理层治理能力与监事会治理能力次之，董事会治理能力的边际影响作用最低。

结论表明目前混合所有制企业公司内部治理能力中，股东会、经理层与监事会的功能与作用扔有点深度挖掘，是内部治理能力提升的关键点与突破瓶颈。其主要原因在于：混合所有制改革初期，不同资本方组成的股东会在投资理念、决议方式等方面还需深入融合，决议规则仍需进一步调整与固化；企业体制的转变也需要经理层管理思维与方式做出相应调整，也需要建立新的经理层委托——代理与激励方式；监事成员的选择、调整以及监事制度相对滞后，导致以原有监事会结构为主的监事机制难以发挥预期效果；董事会变动相对较小，使得董事会提议、决策相对处于一个稳定状态。

因此，混合所有制企业应尽快制定股东会议事规则与章程，规避"混而不合"，提高决议效率，重点考虑新进入的基金资本、企业资本、技术资本等股东的投票比重与决策意见。混合所有制改革前国有企业经理层主要代表国有资本利益，改制后应强调国有资本、民间资本利益并重，建立新的经理层监督、约束机制以及激励方案。

(4) 新兴行业与高资本混合度的混合所有制企业公司治理能力对非效率投资具有反向遏制作用。

新兴行业具有资本与技术密集型特征，新兴行业的混合所有制企业公司治理能力的资本与技术导向性明显，一般没有典型的国有企业治理诟病，混合所有制改革后能够实现治理结构的有序过渡与调整，相比传统行业领域内企业，公司治理能力对非效率投资的遏制作用更强。高资本混合度意味着改制后企业面临急需解决的公司治理结构重建的压力，必须尽快解决资本性质更为多元化、资本数量比例更为复杂所导致的治理冲突与融合困难，因此高资本混合度的混合所有制企业公司治理结构调整更为快速、能力塑造更为及时，同时高资本混合度也有利于融合更多资本与技术优势，有利于公司治理能力的全方位提升。

需要注意的是，新兴行业具有更多的政策红利、更为明确的赢利点，相对高的盈利能力容易掩盖潜在公司治理能力不足，因此对于新兴行业的混合所有制企业而言，应充分利用现有的资本与技术优势，快速整合治理资源、调整治理结构、提升治理能力。高资本混合度企业资本多元化的约束性导向与资源优势短期内极易在公司治理能力中发挥作用，但必须重视高资本混合度条件下治理结构与机制的建立，从而避免后期多元化资本对公司治理能力的冲突式影响。

本章小结

本章探索了混合所有制企业公司治理能力对资本投资效率的影响。首先，借鉴 Richardson 模型，构建非效率投资面板数据模型，以残差项反映资本投资效率；其次，基于资本投资效率衡量结果，分析公司治理能力、内外部治理能力对资本投资效率的影响；最后，按行业和资本混合度两种分组进行稳健性检验，通过以上分析，本章得到如下结论：

回归结果表明混合所有制企业公司治理能力对资本投资效率影响过程中，内部治理能力处于核心影响地位，且这种正向促进过程中，董事会作用最为显著，监事会与经理层次之，股东会影响最弱。回归结果也表明，公司治理能力、内部治理能力和外部治理能力均对下一阶段资本投资效率产生正向影响，其中外部治理能力的长效影响更为显著。按行业和资本混合度分组检验结果表明，新兴行业、高资本混合度条件下的混合所有制企业公司治理能力对资本投资效率的影响更显著。最后，根据研究结论提出提升资本投资效率的管理启示。

第 6 章

混合所有制企业公司治理能力对资本收益的影响

公司治理在本质上是一种制度安排,能够帮助现代公司进行所有权和控制权的分离,确保公司的投资者获得合理回报,也就是确保其资本收益。混合所有制企业资本收益主要是指各出资人及利益相关者直接凭借资本所有权而取得与出资人及利益相关者相对应的净利润、产权转让、股息红利等一些形式获得的收益。因此,混合所有制企业作为所有权和控制权分离的典型企业,公司治理能力作为保障混合所有制企业资本收益的制度安排显得尤为重要。本章将从企业公司治理能力的宏观、中观、微观三个层面考察混合所有制企业公司治理能力的提升是否能够提高其资本收益。本章逻辑框架如图 6-1 所示。

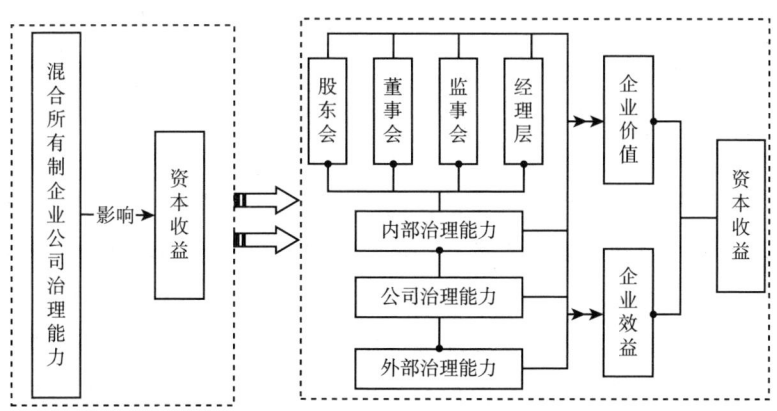

图 6-1 混合所有制企业公司治理能力对资本收益影响的逻辑框架

6.1 研究假设

6.1.1 公司治理能力对资本收益的影响

现代公司因制度问题导致经营权与所有权不由一人掌控，按照代理成本理论，企业将产生两种代理成本：其一是股东与债权人之间产生的代理成本；其二是股东与经理层之间产生的代理成本。一般而言，债权资本持有人比股权资本持有人能够优先得到较为稳定的收益，由此导致股权资本持有者为了维护自身利益，获得更多的剩余收益，更加倾向于投资风险较高的项目，因此高风险会带来更高的收益。同时，债权资本持有人为了减少该类风险产生的损失，通常做法是提高其贷款的利率，以限制或规范股权资本持有者的行为，避免投资风险的发生。如果企业债务融资成本比较低，股权资本持有者将更加倾向于投资高风险、高收益的项目，这将进一步降低企业的资本收益率。因此，混合所有制企业如果公司治理能力强，代理问题将减少，企业的资产负债率也将提高。企业价值反映了投资者投入企业资本的保全性和增长性，企业价值越大，则资本保全状态越好，所有者权益的增长也就越快，对债权人而言，投资更有保障。因此，混合所有制企业如果公司治理能力强，企业发展的后劲较强，那么企业价值也将提高。基于此，本书提出假设 H6-1。

假设 H6-1：混合所有制企业公司治理能力对资本收益有促进作用。

公司治理是保证上市公司正常进行生产经营活动的基础，对维护公司稳定、促进其可持续发展发挥着关键作用，对上市公司的资本收益也有重要影响。公司治理与公司成长有着密切的联系，改进公司内部治理如内部资源的合理配置、提高组织机构管理效率等，能够帮助公司顺利实现内生性增长。此外，公司的成长也离不开外部环境的影响，如市场或行业竞争、消费需求的变动、价格变动等。通过不断提高公司外部治理的效率，能够形成良好的外部环境和市场条件，促进公司顺利实现外生性增长。作为一种制度安排，良性循环的内外部机制自身也是促进公司发展的原动力。冯根福、黄建山

(2009)[140]基于面板数据对我国上市公司治理与公司成长能力之间的关系进行实证分析,发现公司治理能力的提升有助于公司成长。因此,公司治理能力对公司资本收益的影响不仅仅是当期的,而是一种持久性的影响,公司治理能力的提升可以促进公司成长能力的提升,进而影响资本收益。基于此,本书提出假设H6-2:

假设H6-2:混合所有制企业公司治理能力不仅对当期资本收益产生影响,而且对下一年资本收益有促进作用。

6.1.2 内部治理能力对资本收益影响

通过总结分析国内外学者对公司治理的研究,发现其主要从公司的内部治理入手,在制定和搭建完善的公司内部治理机制的基础上,进而建立合理的治理结构,促进管理人员以企业价值最大化为目标,不断提升资本收益。内部治理本质上就是要构建一种能够使得资本增值有效发挥的制度。内部治理整个机制的设置就是为了更好的发挥资本的增值性,而减少甚至避免其风险性。内部治理能力中重要的构成因素主要有股东会治理能力、董事会治理能力、监事会治理能力和经理层治理能力,对于混合所有制企业,内部治理能力更需要协调四者之间的关系,这样才能够使企业保持稳定、可持续增长,促进企业价值最大化的顺利实现。基于此,本书提出假设H6-3:

假设H6-3:混合所有制企业内部治理能力的提升对资本收益有促进作用。

此外,本书希望在研究混合所有制企业内部治理能力对资本收益影响的基础上,研究内部公司治理能力对资本收益的长效影响。基于此,本书提出假设H6-4:

假设H6-4:混合所有制企业内部治理能力的提升不仅对当期资本收益产生影响,而且对下一年资本收益有促进作用。

进一步从股东会治理能力、董事会治理能力、监事会治理能力和经理层治理能力四方面探讨内部治理能力对资本收益的结构性影响。

(1)股东会治理能力对资本收益的影响。

股东会是公司的最高权力机构,其成员包括公司的全部股东,拥有关乎企业发展的经营决策权及监督管理权，同时能够决定企业的人事变动。有效的股东会能履行其应尽的职责，进而对公司效益产生影响。基于此，本书提出假设 H6-5a：

假设 H6-5a：混合所有制企业股东会治理能力对资本收益有促进作用。

（2）董事会治理能力对资本收益的影响。

在公司内部治理机制中，董事会处于主导地位，其最主要的职能是监督和决策，尤其对混合所有制企业而言，董事会发挥着更加突出的作用。本书建立的公司治理能力评价体系中，董事会治理能力主要包括董事会运作效率、董事会组织结构合理性、独立董事制度有效性与董事评估效果。其中，董事会运作效率是用于衡量其整体运行状态及各董事会成员是否尽忠职守，运行效率的提高能够进一步提升企业的价值创造力；董事会组织结构是用于衡量专业委员会的运行情况，考察其领导结构是否合理，组织结构的健全与否决定了董事会的决策效率及其独立性；独立董事制度是用于衡量董事会的独立性及董事职能是否得到了有效发挥，合理制度的建立能够提高公司决策的科学合理性，同时提高董事会的独立性。国内外不少学者研究了董事会治理能力与企业效益的关系。李维安，孙文（2007）[141]运用董事会治理指数来反映其治理水平的高低，并采用实证研究方法对董事会治理与公司绩效的关系进行研究，结果表明二者存在正相关性。张耀伟（2008）[142]通过实证分析得出良好的董事会治理有助于企业绩效的提高，董事会不同治理机制间存在替代性。对混合所有制企业而言，企业存在两种代理问题，分别是股东与经理层、控股股东与中小股东，而处理这两种代理问题的关键是提高董事会的运行效率，能够实现资本增值。基于此，本书提出假设 H6-5b：

假设 H6-5b：混合所有制企业董事会治理能力对资本收益有促进作用。

（3）监事会治理能力对资本收益的影响。

1993年《公司法》进一步明确了监事会的职责和地位，使其能够代表公司股东及其他利益相关者行使监督职能，通过对于董事及高级管理人员的监督，可以有效防止公司出现"内部人控制"现象，减少或避免侵害股东利益的行为，进而提升公司价值。监事会是公司内部内部治理的法定机构之一，其制度安排的合理性也会影响公司业绩的好坏。学术界对监事会制度有效性的实证研究不少，部分学者认为两者之间是不相关的。孙敬水、孙金秀（2005）[143]以浙江省上市公司为研究对象,通过实证研究方法对监事会规模、持股比例与企业绩效的相关性进行分析,指出不存在明显的相关关系。刘名旭(2007)[144]结合监事会的各项特征,对监事会对公司业绩影响进行了实证分析,研究发现监事会对公司业绩有一定的影响,但是结果并不显著。但也有学者提出相反的观点,卿石松(2008)[145]实证分析发现监事会会议次数与公司绩效显著负相关,监事会规模与公司绩效存在"U"形关系,监事会持股比例与公司绩效显著正相关。基于此,本书提出假设H6-5c:

假设H6-5c:混合所有制企业监事会治理能力对资本收益有促进作用。

(4)经理层治理能力对资本收益的影响。

委托—代理理论中,公司主要以建立董事会与股东大会的权力制衡关系为出发点,并进行权力分配。在实际经营活动过程中,拥有公司控制权的主要群体是公司的经理层,同时,其在公司治理结构中也处于约束及激励的核心地位。经理层的治理能力是公司治理体系的重要内容及核心部分,同时也是整个治理系统的最终评价对象,是连接公司治理与公司管理的桥梁,具有国别条件下的特殊性。国内不少学者结合我国企业的基本情况,研究了经理层治理与公司效益的关系。李维安等(2005)[146]选取931家中国上市公司为研究对象,同时构建了经理层评级体系,通过实证研究发现公司治理水平将直接影响其盈利能力及潜在增长力,同时,对经理人经营权和控制权的约束及激励机制也有利于提高公司的盈利水平及潜在增长力。基于此,本书提出假设H6-5d:

假设H6-5d:混合所有制企业经理层治理能力对资本收益有促进作用。

6.1.3 外部治理能力对资本收益的影响

近年来,有部分学者研究了外部治理与企业效益、企业价值的关系。刘彦文等(2012)[147]首先构建衡量外部治理的指标体系,并通过回归分析检验外部治理机制与企业绩效之间的关系,发现供应商、外部审计及政府监管与企业绩效之间存在显著的正相关性。混合所有制企业作为中国上市企业的一部分,具有中国上市公司的共性特征,外部治理对混合所有制企业的资本收益依然重要。对于外部治理能力与企业价值的研究,张宜晖、廖永威(2009)[148]在总结实证研究后发现，公司外部治理可以让目标公司的股东从中获益，即实现股东财富最大化。万青叶（2015）[149]通过案例分析法得出结论，外部治理通过参与公司治理可加强对管理层的监督，激发管理层的积极主动性，进而不断提升公司的经营绩效，促进企业股东财富最大化的顺利实现。

混合所有制企业良好的外部治理机制可以提高企业的内部治理效率及资本收益。外部治理机制是来源于企业外部（包括政府、中介机构及市场等）的监督约束机制，尤其是通过市场机制发挥对企业各利益相关者的积极影响。市场上各利益主体通过约束和规范公司的经营者行为，能够有效提高公司外部治理能力，弥补内部治理中的不足，而外部治理能力的高低直接影响企业的内部治理效率和代理成本，促进管理层以股东利益为导向，使企业效益和企业价值实现最大化。基于此，本书提出假设H6-6：

假设H6-6：混合所有制企业外部治理能力对的提升资本收益是有促进作用。

此外，本书希望在研究混合所有制企业外部治理能力对资本收益影响的基础上，研究外部公司治理能力对资本收益的长效影响。基于此，本书提出假设H6-7：

假设H6-7：混合所有制企业外部治理能力的提升不仅对当期资本收益产生影响，而且对影响下一年资本收益有促进作用。

6.2 研究设计

6.2.1 样本及数据来源

本章重点研究混合所有制企业公司治理能力对资本收益的影响，样本为第三章确定的92家上市公司，样本选取原则在此不再赘述。

数据来源：混合所有制企业公司治理能力的相关数据均来自第三章测度结果，其他变量的研究区间为2014～2015年，原始数据均来自WIND数据库、CSMAR数据库及证券门户网站等。

6.2.2 模型设计及变量解释

(1) 模型设计。

为分析混合所有制企业公司治理能力对资本收益的影响,建立模型(6-1)至模型(6-6)。

为检验假设 H6-1、H6-3 和 H6-6,建立模型(6-1)和模型(6-2):

$$\text{Tobin's Q}_{i,2014} = \alpha_0 + \alpha_1 X_i + \alpha_2 \text{SIZE}_i + \alpha_3 \text{LEV}_i + \alpha_4 \text{YYSR}_i + \varepsilon_i \quad (6-1)$$

$$\text{ROA}_{i,2014} = \alpha_0 + \alpha_1 X_i + \alpha_2 \text{SIZE}_i + \alpha_3 \text{LEV}_i + \alpha_4 \text{YYSR}_i + \varepsilon_i \quad (6-2)$$

为检验假设 H6-2、H6-4 和 H6-7,建立模型(6-3)和(6-4):

$$\text{Tobin's Q}_{i,2015} = \alpha_0 + \alpha_1 X_i + \alpha_2 \text{SIZE}_i + \alpha_3 \text{LEV}_i + \alpha_4 \text{YYSR}_i + \varepsilon_i \quad (6-3)$$

$$\text{ROA}_{i,2015} = \alpha_0 + \alpha_1 X_i + \alpha_2 \text{SIZE}_i + \alpha_3 \text{LEV}_i + \alpha_4 \text{YYSR}_i + \varepsilon_i \quad (6-4)$$

为检验假设 H5-5a 至 H5-5d,建立模型(6-5)和(6-6):

$$\text{Tobin's Q}_{i,2014} = \alpha_0 + \alpha_1 Y_i + \alpha_2 \text{SIZE}_i + \alpha_3 \text{LEV}_i + \alpha_4 \text{YYSR}_i + \varepsilon_i \quad (6-5)$$

$$\text{ROA}_{i,2014} = \alpha_0 + \alpha_1 Y_i + \alpha_2 \text{SIZE}_i + \alpha_3 \text{LEV}_i + \alpha_4 \text{YYSR}_i + \varepsilon_i \quad (6-6)$$

(2) 变量解释。

本书将从企业价值和企业效益两个方面来衡量混合所有制企业的资本收益。在实际研究中,通常以财务和市场指标对上市公司的资本收益进行衡量,而指标是否具有准确性、适用性直接影响分析结果的有效性、稳定性。资产收益率(Return on Assets,ROA)、净资产收益率(Return on Equity,ROE)、经济增加值(Economic Value Added,EVA)等指标常被用于衡量公司效益;Tobin's Q 值、市净率等市场指标常用来衡量公司价值。本书选取 ROA 作为衡量企业效益的指标,反映资产结构层面的资本收益,并选取 Tobin's Q 值作为衡量企业价值的变量,反映资产及外部性层面的资本综合收益。其中,ROA 可以用来衡量混合所有制企业每单位资产创造多少净利润,Tobin's Q 值为企业股票市值对其资产重置成本的比率,能够反映由于混合所有制企业公司治理能力的提升而增加的市场价值。模型(6-1)至模型(6-6)中各变量解释如表 6-1 所示。

表 6–1　　混合所有制企业公司治理能力对资本收益影响的模型变量

变量类型	变量缩写		变量名称	变量解释
被解释变量	Tobin's $Q_{i,2014}$ / Tobin's $Qi_{i,2015}$		企业价值	分别代表 2014 年及 2015 年的 Tobin's Q 值，反映资产及外部性层面的资本综合收益
	$ROA_{i,2014}$ / $ROA_{i,2015}$		企业效益	分别代表 2014 年和 2015 年的资产收益率，反映资产结构层面的资本收益
解释变量	X_i	$TCGC_i$	综合指数	综合衡量混合所有制企业公司治理能力大小的指数，由上文第三章定义并计算得出
		$ICGC_i$	内部治理能力指数	衡量混合所有制企业内部治理能力大小的指数，由上文第三章定义并计算得出
		$ECGC_i$	外部治理能力指数	衡量混合所有制企业外部治理能力大小的指数，由上文第三章定义并计算得出
	Y_i	SGC_i	股东会指数	衡量混合所有制企业股东治理能力大小的指数，由上文第三章定义并计算得出
		DGC_i	董事会指数	衡量混合所有制企业董事会治理能力大小的指数，由上文第三章定义并计算得出
		JGC_i	监事会指数	衡量混合所有制企业监事会治理能力大小的指数，由上文第三章定义并计算得出
		MGC_i	经理层指数	衡量混合所有制企业经理层治理能力大小的指数，由上文第三章定义并计算得出
控制变量	$SIZE_i$		公司规模	企业的资产总额（回归时予以对数化）
	LEV_i		资产负债率	企业期末负债总额除以资产总额的百分比，也就是负债总额与资产总额的比例关系
	$YYSR_i$		营业收入增长率	企业营业收入总额同上年营业收入总额差值的比率，评价企业成长状况和发展能力的重要指标

6.3　实证分析

6.3.1　描述性统计

由表 6–2 描述性统计结果可知，所有变量均在 1% 水平上显著通过 J–B 统计量检验，表明变量数值满足正态分布规律。企业价值（Tobin's Q）的均值为 2.16，最大值达到 7.24，说明混合所有制企业资产及外部性层面的资本综合收益较好。企业效益（ROA）的均值仅为 0.05，最大值为 0.23，最小值为 -0.06，说明混合所有制企业反映资产结构层面的资本收益较差。

表 6-2 变量描述性统计结果

变量	均值	中位数	最大值	最小值	标准差	J-B 检验 p 值	观测值
Tobin's Q	2.16	1.92	7.24	0.83	1.10	0.00	92
ROA	0.05	0.04	0.23	-0.06	0.04	0.00	92
SIZE	23.33	23.27	26.97	21.23	1.13	0.00	92
LEV	0.49	0.51	0.82	0.14	0.17	0.00	92
YYSR	0.20	0.10	2.47	-0.33	0.47	0.00	92

6.3.2 实证检验

表 6-3 至表 6-5 列示了混合所有制企业公司治理能力对资本收益影响的多元回归结果，分别用模型（6-1）至模型（6-6）来验证假设 H6-1 至 H6-4、H6-6、H6-7 以及 H6-5a 至 H6-5d。模型采用普通最小二乘法（OLS，Ordinary Least Square），结果均由 EXCEL2013、EVIEWS6.0 结果整理得出。

（1）公司治理能力及内外部治理能力对资本收益的影响分析。

表 6-3 列示了综合指数（TCGC）、内部治理能力指数（ICGC）以及外部治理能力指数（ECGC）对资本收益影响的回归结果。

从 OLS（1）的回归结果看，综合指数（TCGC）对企业价值（Tobin's Q）的影响系数为 1.04，在 15% 水平上显著。从 OLS（2）的回归结果看，综合指数（TCGC）与企业效益（ROA）的回归系数为 3.85，在 15% 水平上显著。这说明公司治理能力的提升能够很好地解决代理问题，进而能够促进资本收益的提升。OLS（1）和 OLS（2）的回归结果表明混合所有制企业公司治理能力对企业效益和企业价值的影响有所区别，其对企业效益的影响大于企业价值。因此，接受假设 H6-1。

从 OLS（3）的回归结果看，内部治理能力指数（ICGC）对企业价值（Tobin's Q）的影响系数为 0.71，在 15% 水平上显著，这表明混合所有制企业内部治理能力越大，企业价值越大。从 OLS（4）的回归结果看，内部治理能力指数（ICGC）对企业效益（ROA）的影响系数为 5.45，在 15% 水平上显著，这说明混合所有制企业内部治理能力对资本收益有促进作用，且内部治理能力对企业效益的正向促进作用大于企业价值。因此，接受假设 H6 - 3。

从 OLS（3）和 OLS（4）的回归结果看外部治理能力指数（ECGC）对企业价值（Tobin's Q）、企业效益（ROA）的影响系数分别为 0.66 和 5.45，均在 15% 水平上显著，这说明混合所有制企业外部治理能力对资本收益促进作用，表明外部治理可通过参与公司治理可加强对管理层的监督，提高管理人员的积极主动性，进而促进企业股东财富最大化的顺利实现。OLS（5）和 OLS（6）的回归结果说明混合所有制企业外部治理对企业效益、企业价值的影响有所差异，外部治理能力对企业效益的正向促进作用大于企业价值，验证了假设 H6 - 6。

从 OLS（7）的回归结果看，内部治理能力指数（ICGC）、外部治理能力指数（ECGC）对企业价值（Tobin's Q）的影响系数分别为 1.27 和 0.96，均在 15% 水平上显著为正，这说明内外部治理能力能够提升企业价值，且内部治理能力对于企业价值的提升能力强于外部治理能力。从 OLS（8）的回归结果看，内部治理能力指数（ICGC）、外部治理能力指数（ECGC）对企业效益（ROA）的影响系数分别为 0.06 和 0.01，分别在 5%、10% 水平上显著。这表明内部治理能力、外部治理能力对企业效益有促进作用，且内部治理能力对企业效益的作用强于外部治理能力。从 OLS（7）和（8）的回归结果看，内外部治理能力对企业价值的影响力强于企业效益，再次验证了假设 H5 - 3 和 H5 - 4，由于现在企业追求企业价值最大化，管理者以企业价值最大化为导向，因此内外部治理能力对企业价值的影响力更强。

表 6 - 3　　　　混合所有制企业公司治理能力对资本收益影响的实证结果

变量	综合		内部		外部		内外部	
	价值	效益	价值	效益	价值	效益	价值	效益
	（1）	（2）	（3）	（4）	（5）	（6）	（7）	（8）
C	12.87*** (6.56)	0.06 (0.09)	12.92*** (6.57)	-0.99 (-0.82)	13.00*** (6.67)	0.55 (0.66)	8.73*** (5.25)	-0.04 (-0.50)
$TCGC_i$	1.04 ▽ (1.14)	3.85 ▽ (1.15)	—	—	—	—	—	—

续表

变量	综合		内部		外部		内外部	
	价值	效益	价值	效益	价值	效益	价值	效益
	(1)	(2)	(3)	(4)	(5)	(6)	(7)	(8)
$ICGC_i$	—	—	0.71▽ (1.54)	5.45▽ (1.42)	—	—	1.27▽ (1.24)	0.06** (1.96)
$ECGC_i$	—	—	—	—	0.66▽ (1.61)	2.02▽ (1.51)	0.96▽ (1.27)	0.01* (1.13)
$SIZE_i$	-0.43*** (-4.90)	0.61* (1.92)	-0.43*** (-4.88)	0.58* (1.97)	-0.42*** (-4.87)	0.63* (1.82)	-0.28*** (-3.74)	0.01*** (2.34)
LEV_i	-1.72** (-2.72)	-16.42** (-7.30)	-1.65*** (-2.68)	-17.35*** (-7.61)	-1.76*** (-2.65)	-16.51*** (-7.38)	-0.93** (-1.72)	-0.19*** (-7.03)
$YYSR_i$	0.27*** (3.19)	0.26 (0.87)	0.27*** (3.18)	0.28 (0.83)	0.26*** (3.15)	0.25 (0.91)	0.00 (0.00)	0.00 (1.24)
Adj R^2	0.43	0.43	0.43	0.43	0.43	0.44	0.43	0.47
F	12.68***	13.12***	12.62***	13.04***	12.64***	13.41***	4.61***	11.83***
N	92	92	92	92	92	92	92	92
D-W	1.97	1.88	1.98	1.91	1.98	1.90	1.77	1.87

注：表中▽、*、**、***、分别代表在0.15、0.10、0.05、0.01水平上显著（2-tailed）。其中F值为多元回归总体显著性检验，N为回归样本量，D-W值为Durbin-Watson检验。

（2）公司治理能力及内外部治理能力对资本收益的长效影响分析。

表6-4列示了综合指数（TCGC）、内部治理能力指数（ICGC）和外部治理能力指数（ECGC）对资本收益长效影响的回归分析结果。

从 OLS（9）和 OLS（10）的回归结果看，综合指数（TCGC）对下一年的企业价值（Tobin's Q）和企业效益（ROA）的影响系数分别为 0.29 和 2.27，均在15%水平上显著。这说明混合所有制企业公司治理能力对资本收益有长效影响，不仅对当期资本收益产生影响，而且会影响到后期资本收益。因此，接受假设 H6-2。

从 OLS（11）和 OLS（12）的回归结果看，内部治理能力指数（ICGC）对下一年企业价值（Tobin's Q）和企业效益（ROA）的影响系数分别为 0.75 和 1.05，均在15%水平上显著。这说明混合所有制企业内部治理能力对资本收益由长效影响，因此，接受假设 H6-4。

从 OLS（13）和 OLS（14）的回归结果看，外部治理能力指数（ECGC）

对下一年企业价值（Tobin's Q）和企业效益（ROA）的影响系数分别为 0.67 和 2.21，均在 15% 的水平上显著。这说明混合所有制企业外部治理能力对资本收益有长效影响，因此，接受假设 H6 – 7。

表 6 – 4　　混合所有制企业公司治理能力对资本收益长效影响的实证结果

变量	综合		内部		外部	
	价值	效益	价值	效益	价值	效益
	(9)	(10)	(11)	(12)	(13)	(14)
C	18.97*** (8.53)	-0.32 (-0.04)	19.09*** (8.61)	-0.54 (-0.06)	18.80*** (8.53)	-0.42 (-0.04)
$TCGC_i$	0.29▽ (1.17)	2.21▽ (1.33)	—	—	—	—
$ICGC_i$	—	—	0.75▽ (1.51)	1.05▽ (1.18)	—	—
$ECGC_i$	—	—	—	—	0.67▽ (1.55)	2.21▽ (1.45)
$SIZE_i$	-0.64*** (-6.35)	0.59▽ (1.50)	-0.62*** (-6.30)	0.58▽ (1.48)	-0.63*** (-6.43)	0.58▽ (1.48)
LEV_i	-1.65** (-2.41)	-17.70*** (-6.55)	-1.64** (-2.46)	-17.88*** (-6.80)	-1.83** (-2.53)	-17.40*** (-6.11)
$YYSR_i$	0.31*** (2.68)	0.49 (1.16)	0.31*** (2.70)	0.49 (1.07)	0.31*** (2.72)	0.48 (1.04)
Adj R^2	0.54	0.37	0.55	0.37	0.55	0.37
F	19.54***	9.95***	19.65***	9.93***	19.67***	9.98***
N	88	92	88	92	88	92
D – W	2.00	2.16	2.02	2.16	1.99	2.13

注：表中▽、**、***、分别代表在 0.15、0.05、0.01 水平上显著 (2 – tailed)。其中 F 值为多元回归总体显著性检验，N 为回归样本量，D – W 值为 Durbin – Watson 检验。

（3）内部治理能力对资本收益的结构性影响分析。

表 6 – 5 列示了股东会指数（SGC）、董事会指数（DGC）、监事会指数（JGC）以及经理层指数（MGC）对资本收益影响的回归结果，限于篇幅在此仅讨论四项二级核心指数对企业价值（Tobin's Q）的影响。

表 6-5 混合所有制企业内部治理能力对资本收益影响的实证结果

变量	(15)	(16)	(17)	(18)
C	13.36 *** (6.70)	12.53 *** (6.36)	13.08 *** (6.70)	12.97 *** (6.65)
SGC_i	-0.58 ▽ (-1.23)	—	—	—
DGC_i	—	1.72 ▽ (1.33)	—	—
JGC_i	—	—	0.09 (1.23)	—
MGC_i	—	—	—	0.35 ▽ (1.21)
$SIZE_i$	-0.42 *** (-4.87)	-0.43 *** (-5.01)	-0.42 *** (-4.75)	-0.42 *** (-4.87)
LEV_i	-1.49 *** (-2.41)	-1.61 *** (-2.67)	-1.60 *** (-2.62)	-1.58 *** (-2.61)
$YYSR_i$	0.25 *** (2.90)	0.25 *** (2.93)	0.26 *** (3.14)	0.27 *** (3.16)
Adj R^2	0.44	0.44	0.43	0.43
F	12.82 ***	13.14 ***	12.52 ***	12.65 ***
N	89	89	89	89
D-W	2.01	1.97	2.00	2.00

注：表中▽、***、分别代表在0.15、0.01水平上显著（2-tailed）。其中F值为多元回归总体显著性检验，N为回归样本量，D-W值为Durbin-Watson检验。

从OLS（15）的回归结果看，股东会指数（SGC）对资本收益的影响系数为-0.58，在15%水平上显著，这表明股东会治理能力对资本收益的影响为负，即股东会治理能力的提升并不能对混合所有制企业的资本收益产生促进作用，之所以出现这种结果，主要是过度的规范股东会反映出企业问题较多，股东过度参与公司治理会导致新的代理问题出现，从而对企业价值和企业效益产生抑制作用。因此，拒绝假设H6-5a。

从OLS（16）的回归结果看，董事会指数（DGC）对资本收益的影响系数为1.72，在15%水平上显著，这说明混合所有制企业董事会治理能力对资本收益有正向促进错用。因此，接受假设H6-5b。

从 OLS（17）的回归结果看，监事会治理指数（JGC）对资本收益的影响系数为 0.09，但不显著。在股东大会的领导下，监事会与董事会并列设置，对董事会和总经理行政管理系统行使监督的内部组织，监事会治理的增强势必加强对管理层的监督，结果显示混合所有制企业监事会的作用没有明显发挥出来。因此，假设 H6-5c 未验证。

从 OLS（18）的回归结果看，管理层指数（MGC）对资本收益的影响系数为 0.35，在 15% 水平显著，混合所有制企业经理层治理能力对资本收益有正向促进作用。因此，接受假设 H6-5d。

6.3.3 稳健性检验

此外，多元线性回归过程中可能存在残差过大而无法准确拟合的情况，需要进一步对其进行稳健性检验，同时按照新兴行业和传统行业、高资本混合度与低资本混合度两种分组样本下，进一步探索混合所有制企业公司治理能力对资本收益的影响。

（1）新兴行业与传统行业比较。

按行业分组后变量描述性统计结果如表 6-6，新兴行业稳健性检验的结果见表 6-7，传统行业稳健性检验的结果见表 6-8。

由表 6-6 描述性统计结果可知，所有变量在 1% 水平上显著通过 J-B 统计量检验，表明按行业分组后变量数值满足正态分布规律。新兴行业企业价值（Tobin's Q）的均值为 10.27，最大值为 106.49，均高于传统行业。新兴行业企业效益（ROA）的均值为 0.05，中位数为 0.05，均高于传统行业。

表 6-6　　　　　　　按行业分组后变量描述性统计结果

新兴行业							
变量	均值	中位数	最大值	最小值	标准差	J-B 检验 p 值	观测值
Tobin's Q	2.67	2.37	7.23	0.83	1.56	0.00	29
ROA	0.05	0.05	0.11	0.01	0.03	0.00	29
TCGC	0.42	0.42	0.53	0.30	0.06	0.00	29
ICGC	0.47	0.46	0.60	0.32	0.07	0.00	29
ECGC	0.30	0.32	0.48	0.12	0.10	0.00	29

续表

传统行业							
变量	均值	中位数	最大值	最小值	标准差	J–B检验p值	观测值
Tobin's Q	1.89	1.87	4.00	1.07	0.66	0.00	63
ROA	0.04	0.04	0.23	−0.06	0.04	0.00	63
TCGC	0.42	0.42	0.55	0.30	0.07	0.00	63
ICGC	0.47	0.46	0.63	0.33	0.07	0.00	63
ECGC	0.31	0.32	0.51	0.09	0.09	0.00	63

注：为保持小数位一致，此处综合指数、内外部治理能力指数描述性统计值均保留两位小数。

由表6–7和表6–8的回归结果来看，综合指数（TCGC）、内部治理能力指数（ICGC）和外部治理能力指数（ECGC）对资本收益有正向促进，与前文的实证分析结果一致，同时混合所有制企业公司治理能力对企业价值（Tobin's Q）和企业效益（ROA）的影响程度存在差异。从表6–7和表6–8可看出，综合指数（TCGC）对企业效益（ROA）的影响强于企业价值（Tobin's Q），与前文的实证分析结果一致。从OLS（33）和（34）的回归结果看，内部治理能力指数（ICGC）以及外部治理能力指数（ECGC）对企业价值（Tobin's Q）的影响系数分别在15%和10%的水平上显著为正；内部治理能力指数（ICGC）以及外部治理能力指数（ECGC）对企业效益（ROA）的影响系数均在15%水平上显著。同时，从表6–7和表6–8的整体回归效果可看出，新兴行业的混合所有制企业公司治理能力对资本收益的影响强于传统行业。

表6–7　　　新兴行业公司治理能力对资本收益影响的实证结果

变量	综合		内部		外部		内外部	
	价值	效益	价值	效益	价值	效益	价值	效益
	(19)	(20)	(21)	(22)	(23)	(24)	(25)	(26)
C	15.63*** (3.20)	0.20▽ (1.60)	16.28*** (3.50)	0.15 (1.21)	14.86*** (3.16)	0.11 (0.88)	15.06** (3.12)	0.13 (0.97)
$TCGC_i$	0.14▽ (1.56)	1.14▽ (1.47)	—	—	—	—	—	—
$ICGC_i$	—	—	0.05▽ (1.78)	0.34▽ (1.62)	—	—	0.07▽ (1.33)	3.12▽ (1.38)

续表

变量	综合		内部		外部		内外部	
	价值	效益	价值	效益	价值	效益	价值	效益
	(19)	(20)	(21)	(22)	(23)	(24)	(25)	(26)
$ECGC_i$	—	—	—	—	0.04 * (1.54)	2.69 * (1.59)	0.06 * (1.60)	2.92 ▽ (1.25)
$SIZE_i$	-0.56 *** (-2.69)	-0.02 (-0.39)	-0.56 * (-2.70)	-0.00 (-0.22)	-0.52 *** (-2.51)	-0.00 (-0.14)	-0.51 *** (-2.39)	-0.00 (-0.032)
LEV_i	-2.16 (-1.43)	-0.10 *** (-2.46)	-2.03 (-1.30)	-0.10 *** (-2.37)	-3.22 * (-1.69)	-0.13 *** (-2.44)	-3.16 * (-1.62)	-0.12 *** (-2.34)
$YYSR_i$	0.55 *** (2.87)	-0.00 (-0.14)	0.55 ** (2.89)	-0.00 (-0.20)	0.63 ** (3.07)	0.00 (0.05)	0.64 *** (3.03)	0.00 (0.14)
Adj R^2	0.47	0.22	0.46	0.17	0.48	0.17	0.46	0.15
F	7.09 ***	3.02 **	7.05 ***	2.42 **	7.53 ***	2.40 **	5.82 ***	2.01 *
N	29	29	29	29	29	29	29	29
D-W	2.04	1.82	2.04	1.80	2.17	1.84	2.14	1.72

注：表中▽、*、**、***、分别代表在0.15、0.10、0.05、0.01水平上显著（2-tailed）。其中F值为多元回归总体显著性检验，N为回归样本量，D-W值为Durbin-Watson检验。

表6-8　　传统行业公司治理能力对资本收益影响的实证结果

变量	综合		内部		外部		内外部	
	价值	效益	价值	效益	价值	效益	价值	效益
	(27)	(28)	(29)	(30)	(31)	(32)	(33)	(34)
C	9.10 *** (4.53)	0.05 (0.51)	8.64 *** (5.21)	-0.04 (-0.50)	8.68 *** (5.31)	-0.05 (-0.61)	8.73 *** (5.25)	-0.04 (-0.50)
$TCGC_i$	0.01 ▽ (1.38)	0.46 ▽ (1.44)	—	—	—	—	—	—
$ICGC_i$	—	—	0.15 ▽ (1.34)	0.06 ▽ (1.45)	—	—	0.06 ▽ (1.33)	0.27 ▽ (1.46)
$ECGC_i$	—	—	—	—	0.02 ▽ (1.61)	0.89 ▽ (1.42)	0.01 * (1.57)	0.96 ▽ (1.26)
$SIZE_i$	-0.28 *** (-3.60)	0.08 ** (2.05)	-0.27 *** (-3.67)	0.01 ** (2.35)	-0.30 *** (-3.83)	0.01 ** (2.23)	-0.28 *** (-3.74)	0.01 ** (2.34)
LEV_i	-0.78 ▽ (-1.51)	-0.20 *** (-7.30)	-0.80 ▽ (-1.52)	-0.20 *** (-7.38)	-0.94 * (-1.76)	-0.20 *** (-7.11)	-0.93 ** (-1.72)	-0.19 *** (-7.03)

续表

变量	综合		内部		外部		内外部	
	价值	效益	价值	效益	价值	效益	价值	效益
	(27)	(28)	(29)	(30)	(31)	(32)	(33)	(34)
$YYSR_i$	0.02 (0.25)	0.01 ▽ (1.36)	0.02 (0.22)	0.01 (0.83)	0.00 (0.04)	0.01 ▽ (1.43)	0.01 (0.00)	0.01 (1.24)
Adj R^2	0.24	0.43	0.43	0.47	0.25	0.47	0.23	0.47
F	5.59***	14.49***	5.54***	15.04***	5.85***	14.58***	4.61***	11.83***
N	63	63	63	63	63	63	63	63
D-W	1.69	1.72	1.67	1.80	1.75	1.71	1.77	1.77

注：表中▽、*、**、***分别代表在 0.15、0.10、0.05、0.01 水平上显著（2-tailed）。其中 F 值为多元回归总体显著性检验，N 为回归样本量，D-W 值为 Durbin-Watson 检验。

（2）高资本混合度与低资本混合度比较。

按照资本混合度分组后变量描述性统计结果如表 6-9 所示，高资本混合度样本稳健性检验的结果见表 6-10，低资本混合度样本稳健性检验的结果见表 6-11。

由表 6-9 描述性统计结果可知，所有变量在 1% 水平上显著通过 J-B 统计量检验，表明按资本混合度分组后变量数值满足正态分布规律。高资本混合度下混合所有制企业的企业价值（Tobin's Q）的均值为 2.26，最大值为 7.24，均高于低资本混合度企业。其企业效益（ROA）的均值为 0.05，最大值为 0.23，也高于低资本混合度企业。

表 6-9 按资本混合度分组后变量描述性统计结果

高资本混合度							
变量	均值	中位数	最大值	最小值	标准差	J-B 检验 p 值	观测值
Tobin's Q	2.26	1.93	7.24	1.07	1.25	0.00	49
ROA	0.05	0.05	0.23	-0.02	0.04	0.00	49
TCGC	0.42	0.43	0.54	0.29	0.06	0.00	49
ICGC	0.47	0.46	0.63	0.33	0.07	0.00	49
ECGC	0.32	0.33	0.47	0.13	0.09	0.00	49
CMR	0.82	0.83	0.99	0.60	0.11	0.00	49

续表

	低资本混合度						
变量	均值	中位数	最大值	最小值	标准差	J-B检验p值	观测值
Tobin's Q	2.02	1.87	5.54	0.83	0.91	0.00	43
ROA	0.04	0.04	0.11	-0.06	0.03	0.00	43
TCGC	0.41	0.43	0.55	0.29	0.07	0.00	43
ICGC	0.47	0.46	0.60	0.33	0.07	0.00	43
ECGC	0.30	0.31	0.51	0.09	0.10	0.00	43
CMR	0.34	0.36	0.57	0.15	0.18	0.00	43

表6-10　高资本混合度下公司治理能力对资本收益影响的实证结果

变量	综合		内部		外部		内外部	
	价值	效益	价值	效益	价值	效益	价值	效益
	(35)	(36)	(37)	(38)	(39)	(40)	(41)	(42)
C	12.69*** (3.75)	-0.09 (-0.66)	13.15*** (4.32)	-0.08 (-0.62)	12.60*** (4.22)	-0.11 (-0.89)	13.73*** (4.31)	-0.07 (-0.58)
$TCGC_i$	0.07▽ (1.38)	1.68▽ (1.28)	—	—	—	—	—	—
$ICGC_i$	—	—	0.02▽ (1.26)	1.98▽ (1.35)	—	—	0.02▽ (1.34)	1.77▽ (1.31)
$ECGC_i$	—	—	—	—	0.01▽ (1.61)	1.02 (0.06)	0.01▽ (1.17)	0.74▽ (1.12)
$SIZE_i$	-0.41*** (-2.95)	0.01** (1.84)	-0.41*** (-3.02)	0.01** (2.01)	-0.41*** (-3.02)	0.01** (1.93)	-0.41*** (-3.03)	0.01** (1.93)
LEV_i	-2.19*** (-2.51)	-0.20*** (-5.67)	-2.11*** (-2.52)	-0.20*** (-5.64)	-2.26*** (-2.45)	-0.20*** (-5.47)	-2.27*** (-2.46)	-0.20*** (-5.54)
$YYSR_i$	0.67 (0.25)	0.01 (1.10)	0.67*** (5.22)	0.01 (1.09)	0.67*** (5.18)	0.01 (1.09)	0.67*** (5.17)	0.01 (1.13)
Adj R^2	0.59	0.39	0.59	0.41	0.60	0.39	0.59	0.40
F	17.13***	8.62***	17.53***	9.23***	17.17***	8.62***	13.85***	7.38***
N	49	49	49	49	49	49	49	49
D-W	1.73	2.02	1.74	2.06	1.71	2.00	1.70	2.01

第6章 混合所有制企业公司治理能力对资本收益的影响

由表 6-10 和表 6-11 的回归结果来看，综合指数（TCGC）、内部治理指数（ICGC）和外部治理指数（ECGC）对资本收益的影响为正相关，说明混合所有制企业公司治理能力对资本收益具有促进作用，与前文的实证分析结果一致。但是混合所有制企业公司治理能力对企业价值以及企业效益的影响程度存在差异，从 OLS（35）和（36）的回归结果以及 OLS（43）和（44）的回归结果看，综合指数对企业价值的影响强于企业效益，与前文的实证分析结果一致。从表 6-10 和表 6-11 的整体回归效果可看出，高资本混合度的混合所有制企业公司治理能力对资本收益的影响强于低资本混合度企业。

表 6-11　　低资本混合度下公司治理能力对资本收益影响的实证结果

变量	综合		内部		外部		内外部	
	价值	效益	价值	效益	价值	效益	价值	效益
	(43)	(44)	(45)	(46)	(47)	(48)	(49)	(50)
C	12.66*** (4.87)	0.10 (1.05)	11.11*** (5.03)	0.05 (0.65)	11.11*** (4.97)	0.05 (0.62)	10.99*** (4.89)	0.05 (0.63)
$TCGC_i$	0.02▽ (1.15)	0.11▽ (1.23)	—	—	—	—	—	—
$ICGC_i$	—	—	0.08▽ (1.28)	1.25▽ (1.19)	—	—	0.09▽ (1.30)	1.57▽ (1.34)
$ECGC_i$	—	—	—	—	0.01▽ (1.23)	0.35 (0.22)	0.04▽ (1.37)	0.86▽ (1.33)
$SIZE_i$	-0.41*** (-4.02)	0.01 (0.44)	-0.41*** (-4.06)	0.01 (0.86)	-0.38*** (-3.87)	0.01 (0.81)	-0.41*** (-3.97)	0.00 (0.86)
LEV_i	-0.60▽ (-1.51)	-0.14*** (-5.54)	-0.91 (-1.19)	-0.14*** (-5.33)	-0.95 (-1.16)	-0.14*** (-5.08)	-1.08▽ (-1.39)	-0.14*** (-4.89)
$YYSR_i$	-0.02 (0.23)	0.01 (0.33)	0.01 (0.10)	0.01 (0.19)	0.03 (0.30)	0.00 (0.25)	0.01 (0.12)	0.00 (0.18)
Adj R^2	0.30	0.45	0.30	0.44	0.29	0.44	0.29	0.42
F	5.53***	9.74***	5.60***	9.13***	5.37***	9.09***	4.45***	7.11***
N	43	43	43	43	43	43	43	43
D-W	1.68	2.01	1.50	1.92	1.52	1.93	1.44	1.92

注：表中▽、*** 分别代表在 0.15、0.01 水平上显著（2 - tailed）。其中 F 值为多元回归总体显著性检验，N 为回归样本量，D-W 值为 Durbin-Watson 检验。

6.4　研究结论及启示

运用"企业效益"与"企业价值"两个指标分别从资产结构、资本综合增值能力两个视角来反映资本收益,通过混合所有制企业公司治理能力对资本收益影响的回归分析,可以反映出:①混合所有制企业公司治理能力、内部治理能力以及外部治理能力对资本收益具有正向影响;②以股东会为考察层面的内部治理能力对资本收益不能产生积极作用,以监事会为考量重点的内部治理能力与资本收益之间不存在显著关联,董事会、管理层视角考量的内部治理能力对资本收益具有正向的促进作用;③混合所有制企业公司治理能力、内部治理能力以及外部治理能力对资本收益具有正向的长效影响,即治理能力的塑造、累积、提升会长期对资本收益产生积极作用。基于企业效益与企业价值分别反映资本收益中资产结构的收益性与资本综合增值能力的实证前提,结合本章回归分析过程及数据结论,参考部分学者相关研究成果,能够得到如下几点结论及管理启示:

(1)混合所有制企业公司治理能力对资本收益具有较为明显的正向作用。这与诸多学者的研究结论具有一致性,表明无论是企业内部治理能力还是外部治理能力,都会通过公司内部治理资源与外部社会网络、社会资源等要素的作用对资本收益产生积极影响。但是回归分析结果显示公司治理能力对企业效益影响程度要强于对企业价值的影响程度,表明混合所有制企业构建的新治理结构、形成的新治理能力明显提升资产综合利用率及资产收益。但资本收益或资本价值不完全等同于资产收益,目前混合所有制企业治理能力虽然显著影响企业效益(即资产收益),但尚未能够有效引入、整合非公有资本所有者的社会资源、技术优势、经营理念,因此未明显提升企业的资本价值(即企业价值),换言之部分资产尚未在投资过程中体现其资本性即部分资产尚未资本化。

(2)混合所有制企业外部治理能力比内部治理能力对企业价值的影响更为显著。结论一中表明混合所有制企业公司治理能力对企业效益的影响要大于对企业价值的影响,其主要原因在于混合所有制改革时间不长,大多数企业公司治理能力还是决定于内部治理能力的状况,还未能对外部治理能力要素

第6章　混合所有制企业公司治理能力对资本收益的影响

(外部社会资源、新股东技术与经验)实现有效整合。企业价值更多地体现于企业资产增值能力、企业价值创造能力，即企业现有资产是否能够成为具有极强价值创造能力的资本，需要技术型新股东的技术资源、投资型股东的投资经验、新兴行业股东更为前瞻的管理理念与方法等外部化资源的有效整合。

（3）混合所有制企业内部治理能力各层面对资本收益的影响并不一致。①董事会与经理层治理能力对资本收益具有正向促进作用，主要原因在于混合所有制改革后董事会架构、议事规则以及管理管理制度与激励形式处于逐步调整阶段，改制前较为稳定的董事会、经理层相关结构与制度持续发挥作用，对企业效益影响依然显著，从这个层面而言原本较为成熟的公司治理对企业效益产生潜在作用，但董事会、经理层层治理能力对企业价值影响相对不强，表明要提高企业资本收益性需逐步实现公司治理与混合所有制改革的对接，同时说明内部治理能力对企业价值（资本价值）的影响很大程度上依赖于多元化股权的治理性融合，即将外部治理要素有效转化为外部治理能力，并逐步将外部治理能力与内部治理能力相融合。②股东会治理能力并不能对混合所有制企业资本收益产生促进作用，说明对于大多数混合所有制企业而言，目前尚处于"资产、股权"的混合，"资本、决策"的有效融合仍在推进中，更多类型股东的介入复杂化决策信息与决策流程，因此需要尽快形成适应混合所有制的股东会制度与决策规则，充分发挥各方优势，进而实现对资本收益的显著影响。③监事会治理能力与资本收益不相关，表明混合所有制企业监事会制度难以有效支持新的治理结构与治理机制，混合所有制企业公司治理各层面建设不够协调一致，未形成内部治理合力，在混合所有制企业公司治理结构调整过程中，应尽快摒弃原有监事会国有化特征，进一步扩大监事选择范围、形成更为独立与客观的监事会制度。

（4）混合所有制企业公司治理能力对资本收益具有较为显著的长效影响。混合所有制企业与原国有制企业公司在治理结构、技术创新、目标市场、投资方法、经营理念等方面具有较为显著的差异，目前大多数混合所有制企业公司治理结构处于形成初期，治理能力仍存在较大的提升空间，公司治理结构固化、治理能力塑造、治理机制稳定后能够产生最大的企业效益、企业价值影响力。因此在混合所有制改革初期，公司治理能力逐步提升、治理机制逐步完善，每一个阶段的治理能力存量、治理经验都会对今后较为长期内的企业效益与企业价值产生影响。说明对于混合所有制企业而言，初期的治理能力要素集聚、整合以及治理能力基础的构建极为重要，此外结论二表明在公司治理结构建设与公司治理能力提升过程中，应更为重视对新加入的非公有性质的股东所具备资源，比如强调决策机制中重视技术型股东的创新决策优势、投资型股东的投资建议以及新兴行业股东的市场资源。

（5）新兴行业的混合所有制企业公司治理能力对资本收益的影响强于传统行业。相比传统行业，新兴行业有着支持性很强的产业政策、更为先进的技术、更强烈的创新意识、更具潜力的产品与市场、更具优势的社会网络，这些方面涵盖了资本价值形成的关键要素，同时这些比较优势导致新兴行业的混合所有制企业外部治理能力要强于传统行业，直接导致公司治理能力对资本收益的影响更为显著。对于混合所有制实践而言，重视新兴行业混合所有制改革更为有效，同时对于混合所有制改革的每个企业而言，吸纳具有技术优势、市场资源、完善社会网络的非公有性质股东，更有利于提升公司治理能力，更有助于形成更强的资本价值创造能力。

（6）高资本混合度的混合所有制企业公司治理能力对资本收益的影响强于低资本混合度企业。混合所有制改革的目的在于通过允许多元化民间资本介入，改善治理结构、激发内在发展动力，实证结论也验证了高资本混合度的企业更能够产生更大的资本收益。高资本混合度意味着多重信息、异质资源纳入到公司治理体系，更容易优化公司治理结构、提升公司治理能力，对资本收益的影响相应提高。然而结论三也表明，高资本混合度也表明了公司治理能力形成与作用发挥存在更多的困难与更大的阻力，因此对于高资本混合度的混合所有制企业而言，应尽快消除各资本注入主体之间的治理理念、技术、管理方法等方面存在的冲突。

本章小结

本章探索了混合所有制企业公司治理能力对资本收益的影响。选取"企业效益"与"企业价值"两个指标分别从资产结构、资本综合增值能力两个视角来反映资本收益，分析公司治理能力、内外部治理能力对资本收益的影响，按行业和资本混合度两种分组进行稳健性检验，通过以上分析，本章得到如下结论：

回归结果表明混合所有制企业公司治理能对资本收益具有较明显的正向作用，但公司治理能力、内外部治理能力对企业效益影响程度要强于对企业价值的影响，外部治理能力比内部治理能力对企业价值的影响更显著。回归结果也表明，公司治理能力、内部治理能力和外部治理能力均对下一阶段资本收益产生正向影响；内部治理能力各层面对资本收益影响也存在差异，董事会治理能力和经理层治理能力均对资本收益有正向促进作用，股东会治理能力不能对资本收益产生正向促进作用，而监事会治理能力则与资本收益不相关。按行业和资本混合度分组检验结果表明，新兴行业、高资本混合度条件下的混合所有制企业公司治理能力对资本收益的影响更显著。最后，根据研究结论提出提升资本收益的管理启示。

第 7 章

混合所有制企业治理能力对资本结构影响资本收益中的中介效应

混合所有制企业资本结构与公司治理能力之间存在着一定联系,同时提高公司治理能力能够有效优化调整公司资本结构。公司治理能力对资本结构的影响主要有两个渠道:一是对资本收益的影响,对于一个企业而言,其所有的资本安排都是为了获取最大化的收益和利润,企业的资本结构能不能转化为创造收益的资本,更多地取决于企业对所拥有资本的运用和管理能力,这便是公司治理要解决的问题,简单来说公司治理能力是资本结构转化为资本收益的必经之路,是这一过程的中介变量;二是公司治理能力的高低决定了企业价值表现,公司治理能力高,企业价值表现好,则更容易选择融资方式进行扩大再生产,对于企业资本结构调整的影响也更容易实现,而公司治理能力偏弱则企业价值表现差,融资渠道不畅,则资本结构的调整更加困难,企业兼并重组等均会带来资本结构的变化。这两个渠道的实现均表明公司治理能力是企业最初资本结构实现价值创造和转化的中介变量,因此本章在第 4 章公司治理能力对投资效率的影响、第 5 章公司治理能力对资本收益的影响研究基础上,进一步探讨公司治理能力对资本结构的影响,本章将以公司治理能力作为资本结构向资本收益转化的中介作用大小来衡量。本章逻辑框架如图 7-1 所示。

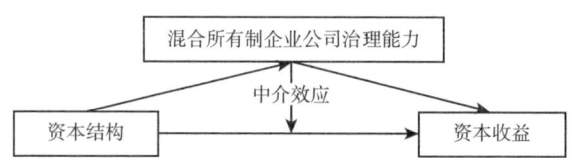

图 7-1 资本结构与公司治理能力对资本收益综合影响的逻辑框架

第7章 混合所有制企业治理能力对资本结构影响资本收益中的中介效应

7.1 研究假设

7.1.1 资本结构对公司治理能力的影响

在西方经济学理论中，资本是最重要的生产资料投入的之一，资本作为生产资料的稀缺性决定了在市场经济中，资本将向高收益企业、高收益产业和地区流动，以获取最高的资本回报率，实现最优配置。同时资本作为企业经营活动必备的一项基本要素，是企业创建、生存、发展等各个环节必不可少的投入。无论是企业资本来源结构，还是企业内部的资本运营都必须符合资本追逐最优化市场配置的基本规律。这就客观上要求人们必须对资本进行合理配置，并通过一系列手段保证其配置效率。资本在市场中以不同形式配置，带来资本所有权与支配权不同程度的分离，形成不同形式的委托—代理关系。为了保证资本的最优配置，资本委托者与代理者必然产生的不同管理利益诉求，因此，基于不同的资本结构，将形成不同的公司治理能力。

资本结构是企业一定时期筹资组合的结果，体现各种资本的价值构成及其比例关系。广义的资本结构是指企业全部资本的构成及其比例关系。根据融资来源，企业资本主要有股权和债券两大来源。企业根据发展需要，以股权或债券方式从金融市场获取资本，最终实现企业市场价值的提升，因此融资方式的选择或资本结构的优化是企业必须考虑的问题。企业通过股权和债权两种方式筹集到的资金，决定了公司的资本结构和治理模式，影响着公司所有权的变化，对两类相关利益主体的冲突，如英美企业选择减低的资产负债率产生了以外部治理为主、内部治理为辅的治理模式，德日企业选择较高的资产负债率产生了以内部治理为主、外部治理为辅的治理模式。混合所有制企业在股权和债权之间的融资选择，同样决定了公司控制权在股东和债权人之间的分配，企业经营状况的变化决定了企业产权的变化和剩余控制权的变化，股权与债权的有机组合决定了混合所有制企业的公司治理结构，进而影响着公司治理能力。因此，资本结构和公司治理能力互相联系，又互相影响。

（1）股权资本结构对公司治理能力的影响。

公司股东通过增资扩股方式所筹集的资金，虽无须还本付息，但改变着股东对企业经营所承担的风险及收益分配的比例产生起着决定性作用，即改变了企业的股权资本结构。虽然大量研究表明，金融市场发展程度较高的美欧等国家，企业越来越多地选择股份回购，转而通过债权融资，但是中国等新兴金融市场国家的企业普遍选择股权融资，学者们将此归结为金融市场参与者的非理性、相关监督机制的不健全、较高的信息不对称、债权市场不发达等使得企业更加偏向于股权融资。

股权资本结构是指不同性质的资本在总股本中所占的比例及其相互关系，是公司治理结构的基础，决定了公司的经营行为与资本收益。股权资本结构包涵股权资本构成及资本集中度两部分内容。

①资本混合度

我国股权资本结构的显著特色是国有股"一股独大"及非流通股比重过大。不仅如此，而且股票被人为地划分为国家股、国有法人股、社会法人股、内部职工股和社会流通股，其中前四者被称为非流通股。混合所有制企业的国有股份比重，主要包括国家股和国有法人股，企业间交叉持股在混合所有制企业之间也普遍存在，导致混合所有制企业持有的股份中国有成分多少的测量变得异常困难，因此学者们的普遍研究均是基于对非流通股中的国有股份展开的。

目前大多数国有控股上市公司采取授权投资机构代理行使国有股权的模式，然而，却缺乏有效的监督和评价考核，由此造成了国有控股主体缺位问题，从而导致了多重代理以及内部人控制等问题。除此之外，由于国有企业的行政化因素的存在，国有企业管理者有可能以政治功利性、利己主义为目的，而非股东权益最大化目标。从而造成损害股东的利益。

混合所有制企业具备产权多样化特征，资本混合度较高，股权结构更为合理，公司治理能力更强。并且，由于股权结构中包含政府成分，混合所有制企业具备较强的资源和政策优势。因此，如果股权控制度或股权集中度相同，国有企业有利于公司价值创造能力的提高。基于此，本书提出假设 H7-1：

假设 H7-1：资本混合度对混合所有制企业公司治理能力有促进作用。

②资本集中度

股权资本结构是指不同性质的股份占总股本的比例及其相互关系，这种比例关系决定公司的治理结构。传统的公司治理理论关注委托代理关系问题。随着一系列关于公司治理制度改革的推行，大多数上市公司通过股权制衡、股权激励、股权分置改革等措施逐渐缓和了股东和经理层之间的利益冲突。因而，在现代公司治理理论与实践中，大股东与小股东的利益冲突成为关注的重点。

通过 Berglof，Thadden（1999）[150]研究发现可知，股权高度分散的公司十分少见，而股权相对集中的公司较为常见。在资本集中度较高的公司中，控股股东能够直接控制公司的经营决策。为追求自身利益最大化，控股股东可能不会牺牲小股东的利益，但是，控股股东通常会为了防止股权稀释，从而选择市场流动性较弱的融资方式，导致融资成本增加。同时，控股股东还会对经理层形成过度监督，这一方面会防止经理层滥用职权，另一方面也会压抑经理层的创新意愿和能力。除此之外，在资本集中度较高的公司中，"搭便车"行为较为少见。基于此，本书提出假设 H7-2：

假设 H7-2：资本集中度对混合所有制企业公司治理能力有促进作用。

（2）债权资本结构对公司治理能力的影响。

债务融资是企业通过发行债券、贷款等形式获得资金的一种融资方式。债权结构是指企业债权资金构成和比例关系，是资本结构的一部分。债务不仅是混合所有制企业进行融资的一种方式，更是一种规范债权债务关系的合约或制度安排，对公司经理层和股东具有一定的监督和约束作用。

对股东而言，债务融资能够对股东行为产生约束作用，促使股东在进行项目投资时，选择更为稳健的投资策略，从而降低企业经营风险，减少债权人面临的风险。由于破产机制的作用，当混合所有制企业无法偿还债务时，债权人拥有剩余索取权和控制权。与此同时，混合所有制企业涉及兼并重组时，债务高低也会对企业之间的并购与反并购造成影响，也即，债务融资能够影响股东、管理层对企业法人控制权的竞争。

企业的负债水平能够在股东、管理层和债权人之间起到一个很好的平衡器和策略效应，通过直接效应、间接效应、代理效应和策略效应均衡分配三者之间的利益，最终达到提升公司市场价值的目的。可以看出，债务融资虽然具有融资成本和融资规模等方面的局限性，但其对优化资本结构和提高上市公司价值创造能力具有非常重要的作用。基于此，本书提出假设 H7-3：

假设 H7-3：资产负债率对混合所有制企业公司治理能力有促进作用。

7.1.2 公司治理能力对资本收益的影响

第5章的研究详细论证了混合所有制企业公司治理能力对资本收益的影响机理。内部治理能力本质上就是要构建一种能够使得资本增值能力有效发挥的制度。资本是指在运动中不断追求自身增值的价值,其区别于一般商品和货币的根本特征是资本的增值性。从这个意义上来说,内部治理整个机制的设置就是为了更好的发挥资本的增值性,而减少甚至避免其风险性。外部治理能力的实现主要是通过市场上存在多方利益主体对企业经营者的行为进行制约和约束来达到弥补公司内部治理中的某些无效性问题,减少因为两权分离产生的代理成本,使管理者更加努力地服务于股东的利益,从而使企业效益和企业价值实现最大化。因此,第5章提出并验证了假设H7-4a至H7-4c:

假设H7-4a:混合所有制企业公司治理能力对资本收益有促进作用。

假设H7-4b:混合所有制企业内部治理能力对资本收益有促进作用。

假设H7-4c:混合所有制企业外部治理能力对资本收益有促进作用。

7.1.3 公司治理能力的中介效应

资本结构决定了企业生产经营所需资本的融资成本,以及资本使用权转移带来的剩余索取权的形式、优先次序与大小,因此资本结构在一定程度上决定了企业经营所得的分配。张红军(2000)[151],陈小悦、徐晓东(2001)[152],吴淑琨(2002)[153],田利辉(2005)[154]等探讨了国有股比例与公司治理绩效的正相关、负相关及U形关系。张红军(2000)、孙永祥(2001)[155]、佘晓明(2003)[156]以各种不同的资本集中度指标验证了资本集中度对Tobin's Q影响的表现形式。徐向艺、张立达(2008)[157]、陆珩瑱、吕睿(2012)[158]等探讨了资产负债率与企业价值创造的相关关系。

可以看出,多数学者的研究均证实资本结构对资本收益存在影响。而企业的资本从融通而来,到创造出资本效益不是一个简单的传递和自生长过程,而是由参与该过程利益相关者共同治理呈现出的结果。

孙永祥(2001)[159]认为股权过于集中和分散都不利于高层管理层更换。刘汉民(2002)[160]强调在特殊的制度环境下,国有股的完全退出并不一定能使公司效率提升，关键在于公司治理结构是否适应当时的制度环境，包括特殊的资本结构。邵东亚（2003）[161]，李增泉，余谦等（2005）[162]，谢军（2006）[163]等认为由于缺乏有效的投资者保护机制，分散的股权资本结构难以有效改善公司治理。Jensen（1986）[164]的"自由现金流理论"认为较高的负债权益比率产生的破产清算压力可以减少管理层对现金流的浪费，因此负债会对公司价值产生正向的影响。他认为长期债务可以有效阻止经营者的过度投资，从而影响企业价值真正的提高。基于此，本书提出假设 H7-5 至 H7-7：

假设 H7-5：混合所有制企业公司治理能力对资本混合度影响资本收益具有中介作用。

假设 H7-6：混合所有制企业公司治理能力对资本集中度影响资本收益具有中介作用。

假设 H7-7：混合所有制企业公司治理能力对资产负债率影响资本收益具有中介作用。

7.2 研究设计

7.2.1 样本及数据来源

本章重点研究混合所有制企业公司治理能力对资本收益的影响，样本为第 3 章确定的 92 家上市公司，样本选取原则在此不再赘述。

数据来源：混合所有制企业公司治理能力的相关数据均来自第 3 章测度结果，其他变量的研究区间为 2014 年，原始数据均来自 WIND 数据库、CSMAR 数据库及证券门户网站等。由于现有数据库仅按照非流通股对国有资本进行统计，显示部分企业国有资本为 0，不符合实际情况，本书依据混合所有制企业年报，将前十大股东中国有性质股东持股比例合计作为国有资本占比。

7.2.2 模型设计及变量解释

（1）模型设计。

①为分析资本结构对混合所有制企业公司治理能力的影响，并建立模型

(7-1)。

为检验假设 H7-1 至 H7-3，建立模型（7-1）：
$$TCGC_i = \alpha_0 + \alpha_1 X_i + \alpha_2 SIZE_i + \alpha_3 YYSR_i + \varepsilon_i \qquad (7-1)$$

②假设 H7-4a 至 H7-4c 已在第5章完成验证。

③为分析混合所有制企业公司治理能力对于资本结构影响资本收益的中介作用，构建模型（7-2）。

为检验假设 H7-5 至 H7-7，建立模型（7-2）：
$$\begin{cases} \text{Tobin's } Q_{i,2014} = \alpha_0 + \alpha_1 X_i + \varepsilon_i \\ TCGC_i = \alpha_0' + \alpha_1' X_i + \varepsilon_i' \\ \text{Tobin's } Q_{i,2014} = \alpha_0'' + \alpha_1'' X_i + \alpha_2 TCGC_i + \varepsilon_i'' \end{cases} \qquad (7-2)$$

（2）变量解释。

在 5.4.3 中按照资本混合度将混合所有制企业样本进行分类时，对资本混合度指标计算方法已做阐述，即借鉴张文魁（2015）对混合度的定义，计算资本混合度。

资本集中度（CCR）指标相对较多，CR 指数、Herfindahl 指数、Z 指数均被广泛使用：①CRn 指数表示为前 n 大股东持股比例之和，CRn 值越大，则表示股权越集中，本书选取 CR1 和 CR4 进行探讨；②Herfindahl 指数简称 H 指数，表示前几位股东持股比例的平方和，股东持股比例取平方后会出现马太效应，更能够突出股东之间的差距，本书选取 H5 进行探讨；③Z 指数是指公司第一大股东与第二大股东持股比例的比值，Z 指数越大，第一大股东与第二大股东的力量差异越大，第一大股东的优势越明显，因此 Z 指数能够更好地界定大股东对公司的控制能力。

资产负债率即债权资本占全部资本的比重，反映公司主要是靠债权人来融资还是股东提供资本，该比率越低（50%以下），表明企业的偿债能力越强。

本书在分析公司治理能力中介效应时，从资本增值的长远视角选择企业价值指标来描述资本收益，如表 7-1 和表 7-2 所示。

表 7-1　混合所有制企业资本结构对公司治理能力影响的模型变量

变量类型	变量缩写		变量名称	变量解释
被解释变量	$TCGC_i$		综合指数	综合衡量混合所有制企业公司治理能力大小的指数，由第3章定义并计算得出
解释变量	X_i	CMR_i	资本混合度	所有国有股份占全部股权的百分比、所有非国有股份占全部股权的百分比，以它们两个数值中的较大者为分母、较小者为分子，所得商数即为混合度
		CCR_i 资本集中度 (CCR)	CR1	第1大股东持股比例
			CR4	前4大股东持股比例之和
			Z指数	第一大股东与第二大股东持股比例的比值
			H5	Herfindahl指数常用于反映资本集中度，H5是前5位股东持股比例的平方和
		LEV_i	资产负债率	企业期末负债总额除以资产总额的百分比，也就是负债总额与资产总额的比例关系
控制变量	$SIZE_i$		公司规模	企业的资产总额（回归时予以对数化）
	$YYSR_i$		营业收入增长率	企业营业收入总额同上年营业收入总额差值的比率，评价企业成长状况和发展能力的重要指标

表 7-2　混合所有制企业公司治理能力中介作用检验模型变量

变量类型	变量缩写		变量名称	变量解释
被解释变量	托宾 $Q_{i,2014}$		托宾 Q 值	分别代表2014年的托宾Q值，反映资产及外部性层面的资本综合收益
解释变量	X_i	CMR_i	资本混合度	同上表 7-2
		CCR_i	资本集中度	同上表 7-2
		LEV_i	资产负债率	同上表 7-2
中介变量	$TCGC_i$		综合指数	同上表 7-2

7.3　实证分析

7.3.1　描述性统计

由表 7-3 描述性统计结果可知，所有变量均在1%水平上显著通过 J-B

统计量检验,表明变量数值满足正态分布规律。混合所有制企业资本混合度(CMR)的均值为0.59,中位数为0.61,说明国有资本与非国有资本混合程度较高,其最大值接近于1。从反映资本集中度(CCR)的四项指标来看,CR1的均值为0.45,最大值为0.82,CR4的均值达到0.62,最大值接近于1,说明混合所有制企业第一大股东和前四大股东的股权资本所占比例较高;Z值的均值为16.15,最大值达到95.75,说明混合所有制企业第一大股东的股权资本占比与第二大股东的股权资本占比差距较大;H5的均值为0.24,最大值为0.67。反映债权资本结构的资产负债率(LEV)均值为0.50,最高值达到0.82,最小值仅为0.14,说明混合所有制企业债权资本比例不大。

表7-3   变量描述性统计结果

变量	均值	中位数	最大值	最小值	标准差	J-B检验p值	观测值
CMR	0.59	0.61	0.99	0.15	0.28	0.00	92
CR1	0.45	0.48	0.82	0.13	0.15	0.00	92
CR4	0.62	0.63	0.96	0.26	0.16	0.00	92
Z	16.15	10.22	95.75	1.04	18.32	0.00	92
H5	0.24	0.22	0.67	0.02	0.14	0.00	92
LEV	0.50	0.51	0.82	0.14	0.17	0.00	92

7.3.2 资本结构对公司治理能力影响的实证检验

(1) 资本混合度对公司治理能力的影响。

从表7-4中可以看出,企业规模(SIZE)对混合所有制企业公司治理能力的影响系数仅为0.01,且这一影响无论是对综合指数还是内外部治理能力指数均是相同且显著。而营业收入增长率(YYSR)对混合所有制企业公司治理能力的影响系数均为负值且显著。

资本混合度(CMR)对混合所有制企业公司治理能力的回归模型中系数为0.04,说明资本混合度对其治理能力存在正向影响,但影响并不显著。进一步分别以内部治理能力和外部治理能力为因变量建立回归模型,可得到资本混合度对内部治理能力的影响系数为0.06,在15%水平上显著,说明资本混合度的上升能够提高混合所有制企业的内部治理能力;而资本混合度对外部治理能力的影响系数趋近于 0,反映出资本混合度对混合所有制企业的外部治理能力不存在影响。因此,可以总结为:资本混合度高低对混合所有制企业公司治理能力存在一定程度的正向影响,这种影响主要通过促进内部治理能力的提高来实现。因此,接受假设 H7-1。

表 7-4　混合所有制企业资本混合度对公司治理能力影响的实证结果

变量	TCGC	ICGC	ECGC
C	0.15 (1.40)	0.22 ▽ (1.47)	-0.01 (1.45)
CMR	0.04 (1.25)	0.06 ▽ (1.60)	0.01 (1.03)
SIZE	0.01** (2.13)	0.01* (1.73)	0.01* (1.73)
YYSR	-0.39** (-2.5)	-0.35* (-1.93)	-0.50** (-1.85)
Adj R^2	0.40	0.37	0.36
F	4.46***	3.33***	2.87***
N	92	92	92
D-W	1.87	2.03	1.80

注:表中▽、*、**、***分别代表在 0.15、0.10、0.05、0.01 水平上显著(2-tailed)。其中 F 值为多元回归总体显著性检验,N 为回归样本量,D-W 值为 Durbin-Watson 检验。

(2) 资本集中度对公司治理能力的影响。

从表 7-5 中可以看出,在 4 个反映资本集中度的变量构建的回归模型中,企业规模对混合所有制企业公司治理能力的影响系数均仍为显著的微弱影响 0.01,而资产收益率对混合所有制企业公司治理能力的影响系数也均为显著的负影响。

分别用 CR1、CR4、Z 和 H5 指数作为自变量建立资本集中度与综合指数(TCGC)的回归模型,得到四个自变量的系数依次为 0.10、0.12、0.12、-0.12,说明资本集中度对混合所有制企业公司治理能力存在一定的影响。从回归结果来看,仅 H5 对综合指数(TCGC)的影响系数在 15% 水平上显著,在研究公司治理能力对资本结构影响资本收益时,选取 H5 反映资本集中度

(CCR)。因此,接受假设 H7-2。

表 7-5　混合所有制企业资本集中度对公司治理能力影响的实证结果

变量	模型		TCGC	TCGC	TCGC	TCGC
C			0.15 (1.13)	0.15 (1.13)	0.16 (1.18)	0.15 (1.07)
CCR	CR1		0.10 (0.04)	—	—	—
	CR4		—	0.12 (1.03)	—	—
	Z		—	—	0.12 (0.45)	—
	H5		—	—	—	-0.12▽ (-1.56)
SIZE			0.01** (2.08)	0.01** (2.19)	0.01* (2.03)	0.01* (2.16)
YYSR			-0.39** (-2.25)	-0.37** (-2.24)	-0.39* (-2.41)	-0.37* (-2.18)
Adj R^2			0.34	0.39	0.39	0.39
F			3.87**	3.96**	3.94**	3.91**
N			92	92	92	92
D-W			1.94	1.96	1.95	1.95

注:表中▽、*、**分别代表在 0.15、0.10、0.05 水平上显著(2-tailed)。其中 F 值为多元回归总体显著性检验,N 为回归样本量,D-W 值为 Durbin-Watson 检验。

(3) 资产负债率的影响。

从表 7-6 中可以看出,企业规模对混合所有制企业公司治理能力的影响系数仍为 0.01,但不显著,表明企业规模的影响变得微弱而不显著。资产收益率对混合所有制企业公司治理能力的影响系数仍为负值,且不显著。而资产负债率对公司治理能力影响为 0.09,且为 10% 水平上显著,说明资产负债率越高,混合所有制企业公司治理能力越强。

考虑到企业债务水平有上限限制,因此再试着将"LEV×LEV"引入模型,寻找最佳的资产负债率水平。新的回归模型显示,企业规模与资产收益率的系数及其显著性都几乎没有变化,而资产负债率平方(LEV×LEV)的系数为-0.39,且在10%水平上显著,该系数显著高于资产负债率对公司治理能力影响的0.09。这说明存在适度的资产负债率水平,资产负债率与混合所有制企业公司治理能力的关系并非线性的正相关,而是倒"U"形关系。

因此,接受假设 H7-3,并将假设内容修正为:资产负债率与混合所有制企业公司治理能力之间存在倒"U"形关系。

表7-6　混合所有制企业资产负债率对公司治理能力影响的实证结果

变量	TCGC	TCGC
C	0.20 ▽ (1.47)	0.33** (2.16)
LEV	0.09* (1.68)	0.28 (-1.30)
LEV × LEV	—	0.39* (1.78)
SIZE	0.01 (1.27)	0.01 (0.87)
YYSR	-0.16 (-0.76)	-0.17 (-0.83)
Adj R^2	0.42	0.44
F	4.94***	4.59***
N	92	92
D-W	1.94	1.91

注:表中▽、*、**、***分别代表在0.15、0.10、0.05、0.01水平上显著(2-tailed)。其中F值为多元回归总体显著性检验,N为回归样本量,D-W值为Durbin-Watson检验。

7.3.3　公司治理能力中介效应的实证检验

根据7.1.3中提出的假设 H7-5、H7-6 和 H7-7,依次将资本结构中的资本混合度(CMR)、资本集中度(CCR)和资产负债率(LEV)作为自变量,以综合指数(TCGC)与企业价值(Tobin's Q)作为因变量,以综合指数(TCGC)作为中介变量建立三个模型进行考察,整理结果得到表7-7。

表 7-7　　公司治理能力在资本结构对资本收益影响的中介效应的实证结果

变量	被解释变量	解释变量		中介变量		控制变量	Adj R²	N	F	D-W
资本混合度	Tobin's Q	CMR	0.20 ▽ (1.34)	—		控制	0.31	92	19.21***	2.00
	TCGC	CMR	0.02 ▽ (1.27)	—		控制	0.38	92	2.70**	1.79
	Tobin's Q	CMR	0.23* (1.87)	TCGC	1.17* (1.67)	控制	0.31	92	12.92***	2.02
资本集中度	Tobin's Q	CCR	1.46** (2.08)	—		控制	0.34	92	22.05***	1.99
	TCGC	CCR	-0.02* (-1.78)	—		控制	0.09	92	3.91**	1.95
	Tobin's Q	CCR	1.42* (1.98)	TCGC	0.66* (1.92)	控制	0.34	92	14.62***	2.00
资产负债率	Tobin's Q	LEV	-1.34** (-2.15)	—		控制	0.34	92	22.30***	2.03
	TCGC	LEV	0.09* (1.87)	—		控制	0.12	92	4.94**	1.94
	Tobin's Q	LEV	-1.30** (-2.07)	TCGC	0.70** (2.10)	控制	0.34	92	14.80***	2.04

注：表中▽、*、**、***分别代表在 0.15、0.10、0.05、0.01 水平上显著（2-tailed）。其中 F 值为多元回归总体显著性检验，N 为回归样本量，D-W 值为 Durbin-Watson 检验。

（1）综合指数（TCGC）在资本混合度（CMR）对企业价值（Tobin's Q）影响中存在显著的中介效应。以资本混合度为自变量构建的三个模型中，不考虑中介变量影响时，资本混合度（CMR）对企业价值（Tobin's Q）的影响系数为 0.20，在 15% 水平上显著；资本混合度（CMR）对综合指数（TCGC）的影响系数为 0.02，在 15% 水平上显著；综合指数（TCGC）对企业价值（Tobin's Q）的影响系数为 1.17，且在 10% 水平上显著。三个系数均显著，能够说明资本混合度对企业价值的影响虽然不大，但在这一影响作用过程中综合指数起到了中介效应，因此接受假设 H7-5。

（2）综合指数（TCGC）在资本集中度（CCR）对企业价值（Tobin's Q）

影响中存在一定的中介效应。以资本集中度为自变量构建的三个模型中，不考虑中介变量影响时，资本集中度（CCR）对企业价值（Tobin's Q）的影响系数为1.46，同时资本集中度（CCR）对综合指数（TCGC）的影响系数为0.02，分别在5%和10%水平上显著；将综合指数（TCGC）作为中介变量引入模型，综合指数（TCGC）对企业价值（Tobin's Q）的影响系数为0.66，且均在10%水平上显著。说明综合指数在资本集中度对企业价值的影响中具有中介效应，因此接受假设H7-6。

（3）综合指数（TCGC）在资产负债率（LEV）对企业价值（Tobin's Q）影响中存在一定的中介效应。以资产负债率为自变量构建的三个模型中，不考虑中介变量影响时，资产负债率（LEV）对企业价值（Tobin's Q）的影响系数为-1.34，同时资产负债率（LEV）对综合指数（TCGC）的影响系数为0.09，均为显著的。将综合指数（TCGC）作为中介变量引入模型后，综合指数（TCGC）对企业价值（Tobin's Q）的影响系数为0.70，在5%水平上显著。三个系数均显著，说明综合指数在资产负债率对企业价值的影响中具有中介效应，因此接受假设H7-7。

7.3.4 稳健性检验

此外，多元线性回归过程中可能存在残差过大而无法准确拟合的情况，需要进一步对其进行稳健性检验，同时按照新兴行业和传统行业、高资本混合度与低资本混合度两种分组样本下，进一步探索混合所有制企业公司治理能力对资本结构影响资本收益的中介效应。

（1）新兴行业与传统行业比较。

按行业分组后变量描述性统计结果如表7-8，新兴行业稳健性检验的结果见表7-9，传统行业稳健性检验的结果见表7-10。

由表7-8描述性统计结果可知，所有变量在1%水平上显著通过J-B统计量检验，表明按行业分组后变量数值满足正态分布规律。新兴行业资本混合度（CMR）的均值为0.60，均高于传统行业。新兴行业资本集中度（CCR）的均值为0.24，最大值为0.67，略高于传统行业。新兴行业资产负债率（LEV）的均值为0.42，最大值为0.72，均低于传统行业。

表 7-8　　按行业分组后变量描述性统计结果

新兴行业							
变量	均值	中位数	最大值	最小值	标准差	J-B 检验 p 值	观测值
Tobin's Q	2.67	2.37	7.23	0.83	1.56	0.00	29
CMR	0.60	0.57	0.97	0.23	0.26	0.00	29
CCR	0.24	0.21	0.67	0.05	0.15	0.00	29
LEV	0.42	0.44	0.72	0.18	0.16	0.00	29
TCGC	0.42	0.42	0.53	0.30	0.06	0.00	29
TCGC	0.42	0.42	0.53	0.30	0.06	0.00	29
ICGC	0.47	0.46	0.60	0.32	0.07	0.00	29
ECGC	0.30	0.32	0.48	0.12	0.10	0.00	29
传统行业							
变量	均值	中位数	最大值	最小值	标准差	J-B 检验 p 值	观测值
Tobin's Q	1.89	1.87	4.00	1.07	0.66	0.00	63
CMR	0.58	0.61	0.99	0.15	2.11	0.00	63
CCR	0.24	0.23	0.60	0.02	0.13	0.00	63
LEV	0.53	0.56	0.82	0.14	0.16	0.00	63
TCGC	0.42	0.42	0.55	0.30	0.07	0.00	63
ICGC	0.47	0.46	0.63	0.33	0.07	0.00	63
ECGC	0.31	0.32	0.51	0.09	0.09	0.00	63

从表 7-9 中可以看出，以新兴行业的 29 家混合所有制企业为样本，比较以资本混合度为自变量构建的三个模型系数，不考虑中介变量影响时，资本混合度（CMR）对企业价值（Tobin's Q）的影响系数为 0.36，在 0.01 水平上显著；资本混合度（CMR）对综合指数（TCGC）的影响系数为 0.06，在 0.15 水平上显著。考虑中介变量情况下，综合指数（TCGC）对企业价值（Tobin's Q）的影响系数为 0.48，且在 10% 水平上显著；同时，资本混合度（CMR）对企业价值（Tobin's Q）的影响系数下降到 0.31，显著性也大幅下降。这说明新兴行业的混合所有制企业公司治理能力在资本混合度对企业价值的影响中具有较强的中介效应。

比较以资本集中度为自变量构建的三个模型系数，不考虑中介变量影响时，资本集中度（CCR）对企业价值（Tobin's Q）的影响系数为 1.69，在 15% 水平上显著；资本集中度（CCR）对综合指数（TCGC）的影响系数为

第7章 混合所有制企业治理能力对资本结构影响资本收益中的中介效应

-0.07，不显著。考虑中介变量情况下，综合指数（TCGC）对企业价值（Tobin's Q）的影响系数为0.48，不显著。三个系数中有两个不显著，这已经说明了新兴行业的混合所有制企业公司治理能力在资本集中度对企业价值的影响中不具有中介效应。

比较以资产负债率为自变量构建的三个模型系数，不考虑中介变量影响时，资产负债率（LEV）对企业价值（Tobin's Q）的影响系数为-0.16，在10%水平上显著；资产负债率（LEV）对综合指数（TCGC）的影响系数为0.08，在15%水平上显著。考虑中介变量情况下，综合指数（TCGC）对企业价值（Tobin's Q）的影响系数为1.67，且在10%水平上显著；同时，资本混合度（CMR）对企业价值（Tobin's Q）的影响系数变为-1.78，显著性大幅下降到15%水平。这说明新兴行业的混合所有制企业公司治理能力在资产负债率对企业价值的影响中具有较强的中介效应。

表7-9 新兴行业公司治理能力在资本结构对资本收益影响的中介效应实证结果

变量	被解释变量	解释变量		中介变量		控制变量	Adj R²	N	F	D-W
资本混合度	Tobin's Q	CMR	0.36*** (2.06)	—		控制	0.36	29	7.31***	2.05
	TCGC	CMR	0.06▽ (1.57)	—		控制	0.38	29	5.67**	1.89
	Tobin's Q	CMR	0.31* (1.77)	TCGC	0.48* (1.67)	控制	0.36	29	4.70***	2.05
资本集中度	Tobin's Q	CCR	1.69▽ (1.48)	—		控制	0.38	29	8.12***	2.03
	TCGC	CCR	-0.07 (-0.78)	—		控制	0.10	29	1.78**	1.47
	Tobin's Q	CCR	1.70* (1.68)	TCGC	0.94 (0.53)	控制	0.39	29	5.23***	2.00
资产负债率	Tobin's Q	LEV	-0.16*** (-2.28)	—		控制	0.38	29	8.00***	2.10
	TCGC	LEV	0.08▽ (1.53)	—		控制	0.13	29	4.97**	1.90
	Tobin's Q	LEV	-1.78▽ (1.59)	TCGC	1.67* (1.86)	控制	0.38	29	5.20***	2.10

注：表中▽、*、**、***分别代表在0.15、0.10、0.05、0.01水平上显著（2-tailed）。其中F值为多元回归总体显著性检验，N为回归样本量，D-W值为Durbin-Watson检验。

从表 7-10 中可以看出，以传统行业的 63 家混合所有制企业为样本，比较以资本混合度为自变量构建的三个模型系数，不考虑中介变量影响时，资本混合度（CMR）对企业价值（Tobin's Q）的影响系数为 0.07，在 1% 水平上显著；资本混合度（CMR）对综合指数（TCGC）的影响系数为 0.01，在 15% 水平上显著。考虑中介变量情况下，综合指数（TCGC）对企业价值（Tobin's Q）的影响系数为 0.58，且在 10% 水平上显著；同时，资本混合度（CMR）对企业价值（Tobin's Q）的影响系数不变，显著性也大幅下降到 15% 水平。这说明传统行业的混合所有制企业公司治理能力在资本混合度对企业价值的影响中具有较强的中介效应。

表 7-10　传统行业公司治理能力在资本结构对资本收益影响的中介效应实证结果

变量	被解释变量	解释变量	中介变量	控制变量	Adj R^2	N	F	D-W
资本混合度	Tobin's Q	CMR	0.07*** (2.21)	—	控制	0.23	63	9.85***	1.81
	TCGC	CMR	0.01▽ (1.37)	—	控制	0.27	63	4.38**	1.74
	Tobin's Q	CMR	0.07▽ (1.47)	TCGC 0.58* (1.79)	控制	0.26	63	6.55***	1.85
资本集中度	Tobin's Q	CCR	0.79▽ (1.53)	—	控制	0.28	63	11.00***	1.79
	TCGC	CCR	-0.02* (-1.78)	—	控制	0.09	63	3.91**	1.95
	Tobin's Q	CCR	0.76▽ (1.46)	TCGC 0.32*** (2.26)	控制	0.28	63	7.24***	1.76
资产负债率	Tobin's Q	LEV	-0.75▽ (-1.56)	—	控制	0.29	63	11.45***	1.86
	TCGC	LEV	0.03▽ (1.48)	—	控制	0.18	63	4.64**	1.74
	Tobin's Q	LEV	-0.74▽ (1.52)	TCGC 0.44* (1.76)	控制	0.29	63	7.56***	1.96

注：表中▽、*、**、*** 分别代表在 0.15、0.10、0.05、0.01 水平上显著（2-tailed）。其中 F 值为多元回归总体显著性检验，N 为回归样本量，D-W 值为 Durbin-Watson 检验。

第 7 章 混合所有制企业治理能力对资本结构影响资本收益中的中介效应

比较以资本集中度为自变量构建的三个模型系数,不考虑中介变量影响时,资本集中度(CCR)对企业价值(Tobin's Q)的影响系数为 0.79,在 15% 水平上显著;资本集中度(CCR)对综合指数(TCGC)的影响系数为 -0.02,在 10 水平上显著。考虑中介变量情况下,综合指数(TCGC)对企业价值(Tobin's Q)的影响系数为 0.32,在 1% 水平上显著;资本集中度(CCR)对企业价值(Tobin's Q)的影响系数为 0.76,显著性仍为在 15% 水平上显著。这说明传统行业的混合所有制企业公司治理能力在资本集中度对企业价值的影响中具有中介效应。

比较以资产负债率为自变量构建的三个模型系数,不考虑中介变量影响时,资产负债率(LEV)对企业价值(Tobin's Q)的影响系数为 -0.75,在 15% 水平上显著;资产负债率(LEV)对综合指数(TCGC)的影响系数为 0.03,在 15% 水平上显著。考虑中介变量情况下,综合指数(TCGC)对企业价值(Tobin's Q)的影响系数为 0.44,且在 10% 水平上显著;同时,资本混合度(CMR)对企业价值(Tobin's Q)的影响系数变为 -0.74,显著性大幅维持在 15% 水平。这说明传统行业的混合所有制企业公司治理能力在资产负债率对企业价值的影响中具有中介效应。

综上所述,混合所有制企业公司治理能力在资本结构对企业价值的影响中具有中介作用,且对于资本结构的不同指标在新兴产业和传统产业的中介作用存在差异,在新兴行业的资本集中度对企业价值影响中无中介作用,在传统行业的资本混合度对企业价值影响中具有较强的中介作用。

(2)高资本混合度与低资本混合度比较。

按照资本混合度分组后变量描述性统计结果如表 7-11 所示,高资本混合度样本稳健性检验的结果见表 7-12,低资本混合度样本稳健性检验的结果见表 7-13。由表 7-11 描述性统计结果可知,所有变量在 1% 水平上显著通过 J-B 统计量检验,表明按资本混合度分组后变量数值满足正态分布规律。高资本混合度下混合所有制企业资本集中度(CCR)的均值为 0.23,最大值为 0.39,均低于低资本混合度企业。其资产负债率(LEV)的中位数为 0.51,最大值为 0.71,也低于低资本混合度企业。

表7-11　　按资本混合度分组后变量描述性统计结果

				高资本混合度				
变量	均值	中位数	最大值	最小值	标准差	J-B检验p值	观测值	
Tobin's Q	2.26	1.93	7.24	1.07	1.25	0.00	49	
CMR	0.82	0.83	0.99	0.60	0.11	0.00	49	
CCR	0.23	0.22	0.39	0.11	0.07	0.00	49	
LEV	0.50	0.51	0.76	0.16	0.16	0.00	49	
TCGC	0.42	0.43	0.54	0.29	0.06	0.00	49	
ICGC	0.47	0.46	0.63	0.33	0.07	0.00	49	
ECGC	0.32	0.33	0.47	0.13	0.09	0.00	49	
				低资本混合度				
变量	均值	中位数	最大值	最小值	标准差	J-B检验p值	观测值	
Tobin's Q	2.02	1.87	5.54	0.83	0.91	0.00	43	
CMR	0.34	0.36	0.57	0.15	0.18	0.00	43	
CCR	0.26	0.23	0.67	0.02	0.18	0.00	43	
LEV	0.49	0.55	0.82	0.14	0.18	0.00	43	
TCGC	0.41	0.43	0.55	0.29	0.07	0.00	43	
ICGC	0.47	0.46	0.60	0.33	0.07	0.00	43	
ECGC	0.30	0.31	0.51	0.09	0.10	0.00	43	

从表7-12中可以看出，以高资本混合度的49家混合所有制企业为样本，比较以资本混合度为自变量构建的三个模型系数，不考虑中介变量影响时，资本混合度（CMR）对企业价值（Tobin's Q）的影响系数为3.03，在5%水平上显著；资本混合度（CMR）对综合指数（TCGC）的影响系数为0.02，在15%水平上显著。考虑中介变量情况下，综合指数（TCGC）对企业价值（Tobin's Q）的影响系数为0.60，且在15%水平上显著；同时，资本混合度（CMR）对企业价值（Tobin's Q）的影响系数略有上升，显著性水平不变。这说明高资本混合度下混合所有制企业公司治理能力在资本混合度对企业价值的影响中具有中介效应，但是中介效应较弱。

表 7 – 12　高资本混合度下公司治理能力在资本结构对资本收益影响的中介效应实证结果

变量	被解释变量	解释变量	中介变量	控制变量	Adj R^2	N	F	D – W
资本混合度	Tobin's Q	CMR	3.03** (2.39)	—	控制	0.42	49	15.21***	1.98
	TCGC	CMR	0.02▽ (1.27)	—	控制	0.38	49	2.70**	1.79
	Tobin's Q	CMR	3.05** (2.34)	TCGC	0.60▽ (1.57)	控制	0.42	49	9.92***	1.98
资本集中度	Tobin's Q	CCR	1.46▽ (1.69)	—	控制	0.24	49	12.05***	1.99
	TCGC	CCR	-0.02* (-1.78)	—	控制	0.09	49	3.91**	1.95
	Tobin's Q	CCR	1.09* (1.91)	TCGC	0.27** (1.98)	控制	0.30	49	7.29***	2.17
资产负债率	Tobin's Q	LEV	-1.87* (-1.72)	—	控制	0.38	49	13.25***	2.10
	TCGC	LEV	0.09* (1.87)	—	控制	0.12	49	4.94**	1.94
	Tobin's Q	LEV	-1.88* (-1.70)	TCGC	0.11▽ (1.53)	控制	0.38	49	8.62***	2.19

注：表中▽、*、**、***分别代表在 0.15、0.10、0.05、0.01 水平上显著（2 – tailed）。其中 F 值为多元回归总体显著性检验，N 为回归样本量，D – W 值为 Durbin – Watson 检验。

比较以资本集中度为自变量构建的三个模型系数，不考虑中介变量影响时，资本集中度（CCR）对企业价值（Tobin's Q）的影响系数为 1.46，在 15% 水平上显著；资本集中度（CCR）对综合指数（TCGC）的影响系数为 -0.02，在 10% 水平上显著。考虑中介变量情况下，综合指数（TCGC）对企业价值（Tobin's Q）的影响系数为 0.27，在 5% 水平上显著。同时，资本集中度（CCR）对企业价值（Tobin's Q）的影响系数下降到 1.09，显著性水平上升到 10% 水平。说明高资本混合度下混合所有制企业公司治理能力在资本集中度对企业价值的影响中具有中介效应。

比较以资产负债率为自变量构建的三个模型系数，不考虑中介变量影响时，资产负债率（LEV）对企业价值（Tobin's Q）的影响系数为 -1.87，在

10%水平上显著；资产负债率（LEV）对综合指数（TCGC）的影响系数为0.09，在10%水平上显著。考虑中介变量情况下，综合指数（TCGC）对企业价值（Tobin's Q）的影响系数为0.11，且在15%水平上显著；同时，资本混合度（CMR）对企业价值（Tobin's Q）的影响系数变为-1.88，显著性水平不变。这说明高资本混合度下混合所有制企业公司治理能力在资产负债率对企业价值的影响中具有中介效应。

从表7-13中可以看出，以低资本混合度的49家混合所有制企业为样本，比较以资本混合度为自变量构建的三个模型系数，不考虑中介变量影响时，资本混合度（CMR）对企业价值（Tobin's Q）的影响系数为0.02，在10%水平上显著；资本混合度（CMR）对公司治理能力（TCGC）的影响系数为0.04，在15%水平上显著。考虑中介变量情况下，公司治理能力（TCGC）对企业价值（Tobin's Q）的影响系数为1.99，且在10%水平上显著；同时，资本混合度（CMR）对企业价值（Tobin's Q）的影响系数上升到0.10，显著性水平下降到15%水平。这说明低资本混合度下混合所有制企业公司治理能力在资本混合度对企业价值的影响中具有较强的中介效应。

比较以资本集中度为自变量构建的三个模型系数，不考虑中介变量影响时，资本集中度（CCR）对企业价值（Tobin's Q）的影响系数为1.61，在5%水平上显著；资本集中度（CCR）对公司治理能力（TCGC）的影响系数为-0.07，在15%水平上显著。考虑中介变量情况下，公司治理能力（TCGC）对企业价值（Tobin's Q）的影响系数为1.18，在10%水平上显著。同时，资本集中度（CCR）对企业价值（Tobin's Q）的影响系数下降到1.52，显著性水平不变。说明低资本混合度下混合所有制企业公司治理能力在资本集中度对企业价值的影响中具有中介效应。

比较以资产负债率为自变量构建的三个模型系数，不考虑中介变量影响时，资产负债率（LEV）对企业价值（Tobin's Q）的影响系数为-1.77，在15%水平上显著；资产负债率（LEV）对公司治理能力（TCGC）的影响系数为0.06，在15%水平上显著。考虑中介变量情况下，公司治理能力（TCGC）对企业价值（Tobin's Q）的影响系数为1.71，且在15%水平上显著；同时，资本混合度（CMR）对企业价值（Tobin's Q）的影响系数变为-0.66，显著性水平上升到10%水平。这说明低资本混合度下混合所有制企业公司治理能力在资产负债率对企业价值的影响中具有中介效应。

综上所述,混合所有制企业公司治理能力在资本结构对企业价值的影响中具有中介作用,但这种中介作用较弱,在不同资本混合度的企业间存在一定的差异,在低混合度企业的资本混合度作用中较为突出。

表 7-13　　低资本混合度下公司治理能力在资本结构对资本收益影响的中介效应实证结果

变量	被解释变量	解释变量	中介变量	控制变量	Adj R^2	N	F	D-W
资本混合度	Tobin's Q	CMR	0.02*** (2.42)	—	控制	0.36	43	9.86***	1.85
	TCGC	CMR	0.04▽ (1.54)	—	控制	0.33	43	2.71*	1.80
	Tobin's Q	CMR	0.10▽ (1.42)	TCGC	1.99* (1.71)	控制	0.35	43	7.09***	1.69
资本集中度	Tobin's Q	CCR	1.61** (2.68)	—	控制	0.43	43	15.21***	1.72
	TCGC	CCR	-0.07▽ (-1.48)	—	控制	0.26	43	2.85*	1.99
	Tobin's Q	CCR	1.52** (2.46)	TCGC	1.18* (1.73)	控制	0.44	43	10.20	1.75
资产负债率	Tobin's Q	LEV	-1.77▽ (-1.49)	—	控制	0.35	43	10.81***	1.95
	TCGC	LEV	0.06▽ (1.41)	—	控制	0.34	43	2.54*	1.73
	Tobin's Q	LEV	-0.66* (1.95)	TCGC	1.71▽ (1.41)	控制	0.38	43	7.55***	1.71

注:表中▽、*、**、***分别代表在0.15、0.10、0.05、0.01水平上显著(2-tailed)。其中F值为多元回归总体显著性检验,N为回归样本量,D-W值为Durbin-Watson检验。

7.4　研究结论及启示

以资本混合度、资本集中度、资产负债率三个指标从不同层面反映资本结构,从资本增值的长远视角选择企业价值指标来描述资本收益,通过混合所有制企业公司治理能力对资本结构影响资本收益的中介效应分析,可以反映出:①资本结构整体上对资本收益具有显著影响,但资本混合度对资本收益影响不够显著;②公司治理能力对资本结构影响资本收益具有整体上的强中介作用,但对资本混合度影响资本收益中介效应难以发挥作用;③对于新兴行业与传统行业、高资本混合度与低资本混合度条件下,公司治理能力对资本混合度、资本集中度、资产负债率各自影响资本收益的中介作用存在差异。综合实证分析结果以及现有相关研究成果,可以提出以下具体结论与相应管理启示:

(1)资本混合度对企业价值影响较小,相应地混合所有制企业公司治理能力的中介效应实际上难以产生作用。

分析结论理论上支持"混合所有制企业公司治理能力对资本混合度影响资本收益具有中介效应",但由于资本混合度对企业价值影响比较弱,使这种潜在的中介作用难以发挥,而资本混合度对企业价值的弱影响主要原因在于混合所有制改革时间尚短,民间资本及其主体主要对企业短期收益产生影响、尚未充分影响资本价值。

资本混合度从资本所有权性质层面反映资本结构,相对于资本集中度(股权资本结构的比例层面)、资产负债率(资产结构的视角),资本混合度需要对各资本方在性质、体制等方面进行融合,其难度最大。然而,资本混合度对企业价值的长效作用,即一旦各资本方在资本配置、治理体系等方面有效融合、协同一致,就能够对企业价值形成显著的促进作用,此时公司治理能力中介效应也具有良好的作用途径与平台。

(2)新兴行业中混合所有制企业公司治理能力对资本结构影响资本收益(企业价值)具有整体上的较强中介作用,但对资本集中度影响企业价值不具有中介效应。

在政策红利、资本集聚、技术创新的推动下,新兴行业处于较快发展速度,市场前景良好并且产出效率高、盈利能力强,新兴行业内企业更容易适合混合所有制改革,混合所有制改革后公司治理体系需优化、改善的环节较少,改制前企业的公司治理能力就处于较高的水平,因此治理能力对资本混合度、资产负债率影响企业价值的中介作用显著。资本集中度反映了治理体系中决策权、控制权的集中程度,由于新兴行业投资领域相对明确、投资市场与政策导向清晰,资本集中度的变化并不能对企业价值起到关键性作用。

第7章 混合所有制企业治理能力对资本结构影响资本收益中的中介效应

借助新兴行业自身的资本集聚、政策利好的优势，行业内的混合所有制企业应根据资本混合度、资产负债率对资本收益（企业价值）的影响规律，寻求最佳的资本混合度、调整出最有利的资产负债率，基于此形成最适的公司治理结构与治理机制，最大程度地发挥公司治理能力的中介作用。

（3）传统行业的混合所有制企业公司治理能力对资本混合度影响资本收益（企业价值）的中介效应最强。

描述性统计显示本书研究的混合所有制和企业样本中传统行业内企业占近70%的比例，说明传统行业企业是混合所有制改革的重点，期望通过多元化资本结构激发企业活动、提升公司治理能力。传统行业内企业改制前往往没有民间资本方的合作经验，资本混合度是一种新的公司治理影响因素，相应地资本混合度影响的边际效应极强，通过混合所有制改革的企业相应会建立多资本主体的治理结构，资本混合度的影响以及公司治理能力的中介影响会充分发挥作用。

分析结果显示，传统行业混合所有制改革的作用极为明显，治理能力对资本集中度、资产负债率影响资本收益都具有较为显著的中介作用。因此，实践中应将传统行业作为混合所有制改革重点领域，构建全新的公司治理体系、形成公司治理新能力，通过更为科学、客观、有效的投资决策、投资运营与经营管理，实现更高的资本收益。

（4）资本混合度的高低对公司治理能力中介作用的影响差异性并不显著。

无论是高资本混合度企业或是低资本混合度企业，公司治理能力对资本结构影响资本收益都存在较为显著的中介作用，唯一差异在于高资本混合度条件下，国有资本与民间资本的比例十分接近，资本混合度对于资本收益的影响非常直接和显著，公司治理能力中介作用相应微弱。

混合所有制企业公司治理能力的中介作用，更多的是根据当前资本结构影响资本收益的状况，及时调整资本结构进而对资本收益产生更强的促进作用。因此实践中，混合所有制企业应当考察可获取的资本类型与资本数量，根据所在行业特征与企业混合所有制改革需求，及时调整资本结构、提升治理能力，形成更强的资本结构与资本收益的影响关系。总之，不同领域、不同企业都存在最佳的资本混合度，需依据资本结构影响资本收益、公司治理能力的中介作用的现实规律，不断调整资本结构，形成良性的治理能力、资本结构、资本收益系统影响结构，提高资本收益。

本章小结

本章探索了混合所有制企业资本结构与公司治理能力对资本收益的综合影响。选取资本混合度、资本集中度和资产负债率三个维度反映资本结构，分析混合所有制企业公司治理能力对资本结构影响资本收益的中介效应，并按行业和资本混合度两种分组进行稳健性检验，通过以上分析，本章得到如下结论：

回归结果表明，资本结构整体上对资本收益具有显著影响，但资本混合度对资本收益影响不够显著；公司治理能力对资本结构影响资本收益具有整体上的强中介作用，但对资本混合度影响资本收益中介效应难以发挥。基于行业分组和资本混合度分组进行稳健性检验，结果表明不同分组条件下，公司治理能力对资本混合度、资本集中度和资产负债率各自影响资本收益的中介效应存在差异。其中，新兴行业中混合所有制企业公司治理能力对资本结构影响资本收益（企业价值）具有整体上的较强中介作用，但对资本集中度影响企业价值不具有中介效应。传统行业的混合所有制企业公司治理能力对资本混合度影响资本收益（企业价值）的中介效应最强。资本混合度的高低对公司治理能力中介作用的影响差异性并不显著。

第 8 章

结论与展望

8.1 全书总结

混合所有制改革一直以来都是我国经济发展中的重要议题之一，国有资本与非国有资本交叉持股、相互融合的混合所有制经济，将是未来我国经济形势的主流。随着国有资产改革方向从"管人管事管资产"向"管资本"的转变，资本管理也成为混合所有制改革的重要内容和目标，而公司治理能力又是混合所有制企业发展的内在动力，在混合所有制企业资本管理过程中发挥重要作用。

基于上述现状，本书基于混合所有制企业、公司治理能力和资本管理的相关研究成果，结合公司治理理论、资本管理理论、企业能力理论等多种理论，综合运用变异系数—加权法、面板数据模型、多远回归模型等研究方法，构建混合所有制企业公司治理能力测度体系，并从资本投资效率、资本收益和资本结构三方面，探索混合所有制企业公司治理能力对资本管理的影响，为混合所有制企业提升公司治理能力、提高资本投资效率和资本收益并优化资本结构提出管理启示。通过本书的研究，得到如下研究结论：

（1）界定了混合所有制企业概念，基于概念界定分析混合所有制企业的特征，梳理混合所有制企业的形式，并厘清了公司治理能力、混合所有制公司治理能力的概念，分析混合所有制企业公司治理能力的特点，搭建了混合所有制企业公司治理能力对资本管理影响的思路框架，探讨了资本管理与资本管理能力的关系。从委托—代理理论、利益相关者理论、两权分离理论和投资效率利率、托宾 Q 理论、资本结构理论、资本控制理论，分别梳理公司治理理论和资本管理理论。

（2）混合所有制企业利益相关者中尤为重要的是股东，随着不同性质股权的介入，股东性质不同对企业利益诉求不同从企业价值创造过程、社会责任与价值实现、合作剩余的产生剖析混合所有制企业价值创造，并基于产权制度效率、经营制度效率和分配制度效率分析混合所有制企业的制度效率，进而说明混合所有制企业利益相关者合作剩余，即探索混合所有制企业存在的必要性。在此基础上，构建了混合所有制企业利益相关者动态博弈模型并进行了求解，得出国有企业进行混合所有制改革的必然性结论。

（3）混合所有制企业公司治理能力测度结果。基于混合所有制企业公司治理能力概念和特点，从内部治理主体和外部治理主体解析混合所有制企业公司治理能力的构成要素，包含内部治理能力和外部治理能力。其中，内部治理能力分为股东会治理能力、董事会治理能力、监事会治理能力、经理层治理能力和员工治理能力；外部治理能力分为政府关系治理能力、银行关系治理能力、供应商关系治理能力、客户关系治理能力和公众关系治理能力。依据科学性、系统性和操作性等原则，建立混合所有制企业公司治理能力测度指标体系。同时，选取 92 家国企改革成份股作为样本，采用变异系数法—加权法计算指标权重和公司治理能力指数。测度结果表明，混合所有制企业综合指数平均值为 0.419，48 家企业综合指数超过平均值，总体结果较好。不同行业比较发现，建筑业综合指数平均值最高，文化、体育和娱乐业综合指数平均值最低；不同区域比较发现，中部地区综合指数平均值高于东部和西部，西部地区综合指数平均值最低；不同上市板块比较发现，中小板综合指数平均值略好于主板。

（4）混合所有制企业公司治理能力对资本投资效率影响的相关结论。利用 Richardson 模型计算混合所有制企业非效率投资，以此反映其资本投资效率。在此基础上，分析混合所有制企业公司治理能力和内外部治理能力对资本投资效率的影响，回归结果表明混合所有制企业公司治理能力对资本投资效率影响过程中，内部治理能力处于核心影响地位，且这种正向促进过程中，董事会治理能力作用最为显著，监事会治理能力与经理层治理能力次之，股东会治理能力影响最弱。回归结果也表明，公司治理能力、内部治理能力和外部治理能力均对下一阶段资本投资效率产生正向影响，其中外部治理能力的长效影响更为显著。进一步基于行业分类和资本混合度分组进行稳健性检验，结果表明新兴行业、高资本混合度条件下的混合所有制企业公司治理能力对资本投资效率的影响更显著。

（5）混合所有制企业公司治理能力对资本收益影响的相关结论。运用"企业效益"与"企业价值"两个指标分别从资产结构、资本综合增值能力两个视角来反映资本收益，分析混合所有制企业公司治理能力和内外部治理能力对资本收益的影响，回归结果表明三者对资本收益均具有较明显的正向影响，公司治理能力对企业效益的影响大于对企业价值的影响，而外部治理能力对企业价值的影响比内部治理能力更为显著。回归结果也表明公司治理能力、内部治理能力和外部治理能力均对下一阶段资本收益有显著的长效影响。基于行业分类和资本混合度分组进行稳健性检验，回归结果同样表明新兴行业、高资本混合度混合所有制企业公司治理能力对资本收益的影响更显著。

（6）混合所有制企业资本结构与公司治理能力对资本收益的综合影响结论。从资本混合度、资本集中度和资产负债率三个指标反映资本结构，分析混合所有制企业公司治理能力对资本结构影响资本收益的中介效应。回归结果表明，资本结构整体上对资本收益具有显著影响，但资本混合度对资本收益影响不够显著；公司治理能力对资本结构影响资本收益具有整体上的强中介作用，但对资本混合度影响资本收益中介效应难以发挥。基于行业分类和资本混合度分组进行稳健性检验，结果表明不同分组条件下，公司治理能力对资本混合度、资本集中度和资产负债率各自影响资本收益的中介效应存在差异。

8.2　创新点

本书的创新点可以概括为以下三个方面：

（1）提出了混合所有制企业公司治理能力对资本管理的影响逻辑。

公司治理和资本管理一直是财务管理领域的重要研究方向，但公司治理能力的研究尚处于起步阶段，关于资本管理的研究也大多局限于资本投资效率、资本收益或资本结构的某一方面，虽然研究比较深入，但没有建立起广泛认同的完整研究框架，以指导资本管理的后续研究工作，本书确立的公司治理能力测度体系→公司治理能力对资本投资效率的影响→公司治理能力对资本收益的影响→公司治理能力对资本结构影响资本收益的中介效应的研究路径和框架是一项有益的尝试。

（2）设计了基于内外部治理主体的混合所有制企业公司治理能力测度体系。

依据利益相关者共治理论、企业能力理论，结合学者提出的广义公司治理概念，界定公司治理能力、混合所有制企业公司治理能力的概念，并分析混合所有制企业公司治理能力要素，进一步建立混合所有制企业公司治理能力测度指标体系，包含内部治理能力和外部治理能力2项一级指标、10项二级指标、19项三级指标和50项四级指标。设计变异系数—加权法测度模型，对混合所有企业样本进行测度，得到反映公司治理能力大小的综合指数。

（3）揭示了混合所有制企业公司治理能力在资本结构对资本收益影响关系中的中介作用。

将混合所有制企业公司治理能力作为中介变量引入资本结构对资本收益影响的模型中，从资本混合度、资本集中度和资产负债率三个维度，检验资本结构、公司治理能力、资本收益之间的影响关系。结果显示公司治理能力对资本结构影响资本收益存在中介效应，按照行业分组和资本混合度分组进行稳健性检验，进一步验证公司治理能力的中介作用，间接反映公司治理能力对资本结构的影响。

8.3 研究展望

本书基于公司治理理论、资本管理理论和企业能力理论等相关理论，综合采用变异系数—加权法、面板数据分析法和多元回归分析法，对混合所有制企业公司治理能力构成要素及测度体系进行深入研究，围绕资本投资效率、资本收益与资本结构三个方面，探索混合所有制企业公司治理能力对资本管理的影响，具有一定的理论意义和现实意义。但是，由于作者自身能力及学识的限制，本书研究还存在一些不足和需要完善的地方，具体内容如下：

第 8 章 结论与展望

（1）混合所有制企业公司治理能力测度指标数据搜集工作量较大，搜集、归纳和整理一年数据进行测度需要大量的时间和精力，未能拥有充足的时间获取混合所有制企业多年的数据，进而不能连续反映混合所有制企业公司治理能力的变化。在后续研究中可以持续研究样本企业公司治理能力的逐年变化趋势，同时多年的公司治理能力数据，对资本管理的影响做面板数据，效果可能更好。由于获取客观数据需要对公司年报、相关公告进行解读，本书选取样本时，依据 WIND 数据库国企改革 100 成分股，后续研究还可以选取扩大样本。

（2）在分析混合所有制企业公司治理能力对资本投资效率和资本收益影响时，用外部治理能力综合反映外部治理主体的影响，未展开研究政府关系治理能力、银行关系治理能力、供应商关系治理能力、客户关系治理能力和公众关系治理能力对资本投资效率和资本收益的影响。而且本书围绕公司治理能力、内外不治理能力、股东会治理能力、董事会治理能力、监事会治理能力、经理层治理能力对资本投资效率和资本收益影响时，考虑按行业分组和按资本混合度分组，建立了较多的回归模型，未深入到具体的三级指数和四级指数，后续研究可以考虑从内外治理主体的某一方面能力，具体分析其解释指标对资本投资效率和资本收益的影响。

（3）在研究混合所有制企业资本结构与公司治理能力对资本收益的综合影响时，限于篇幅，本书仅探讨公司治理能力对资本结构影响资本收益的中介效应，未展开研究内外部治理能力以及股东会、董事会等治理主体的能力对资本结构影响资本收益的中介效应。本书未对混合所有制公司治理能力综合影响资本管理进行研究，源于两个方面的原因：第一，资本管理不同于公司治理能力，公司治理已有成熟的评价体系可以进行衡量，同样公司治理能力也可以用一套测度体系进行衡量，也即可以用一个数值反映其大小，而资本管理难以用一套完整的体系进行衡量；第二，在本书第 7 章分析公司治理能力对资本结构的影响时，分析其对资本结构影响资本收益的中介效应，这种解释类似于综合影响分析。此外，本书没有采用系统动力学的方法对公司治理能力影响资本管理进行分析，是因为选取反映资本管理的三个模块，具备多层面、动态性，考虑不同结构以及采取反映来源和结果的变量，无法进行系统动力学分析。公司治理能力对资本结构影响资本收益还可能存在调节作用，这一点有待进一步研究。

参 考 文 献

[1] 厉以宁,程志强. 中国道路与混合所有制经济 [M]. 北京:商务印书馆,2014.

[2] 程志强. 积极探索国有企业发展混合经济的路径 [N]. 人民日报,2014 – 06 – 04 (007).

[3] 赵春雨. 混合所有制发展的历史沿革及文献述评 [J]. 经济体制改革,2015 (01):48 – 53.

[4] 张卓元. 混合所有制经济是基本经济制度的重要实现形式 [N]. 经济日报,2013 – 11 – 22 (001).

[5] 李毅中. 发展混合所有制经济要落实到企业做好顶层设计 [J]. 宏观经济管理,2014 (04):7 – 8.

[6] 中国社会科学院工业经济研究所课题组,黄群慧,黄速建. 论新时期全面深化国有经济改革重大任务 [J]. 中国工业经济,2014 (09):5 – 24.

[7] 荣兆梓. 发展混合所有制经济视角的国有经济改革新问题 [J]. 经济纵横,2014 (09):71 – 74.

[8] 项启源,何干强. 科学理解和积极发展混合所有制经济——关于改革和加强国有企业的对话 [J]. 马克思主义研究,2014 (07):5 – 14,159.

[9] 张晖明,陆军芳. 混合所有制经济的属性与导入特点的新探究 [J]. 毛泽东邓小平理论研究,2015 (02):23 – 28,91 – 92.

[10] 殷实. 混合所有制经济体系发展策略 [J]. 上海经济研究,2015 (08):89 – 98.

[11] 胡锋,黄速建. 混合所有制经济的优势、改革困境与上海实践 [J]. 经济体制改革,2016 (05):100 – 105.

[12] 臧跃茹,刘泉红,曾铮. 促进混合所有制经济发展研究 [J]. 宏观

经济研究，2016（07）：21-28，113.

[13] 黄群慧. 新时期如何积极发展混合所有制经济 [J]. 行政管理改革，2013（12）：49-54.

[14] 刘玉廷，刚成军. 关于优先股在国有控股上市公司中优先推广的路径分析 [J]. 经济师. 2014（05）：171-172.

[15] 黄速建. 中国国有企业混合所有制改革研究 [J]. 经济管理，2014（07）：1-10.

[16] Jinyang Hua, Paul Miesing, Mingfang Li. An Empirical Taxonomy of SOE Governance in Transitional China [J]. Journal of Management Governance, 2006（10）：401-433

[17] Yang K. State–owned Enterprise Reform in post–Mao China [J]. International Journal of Public Administration, 2007, 31（01）：24-53.

[18] Pengfei Yan, Zhenyu Yang. The Path of the Privatization Reform for Public Utility: A Perspective on the Analyzing Efficiency of a Mixed Ownership Economy [C].//Proceedings of the Second China Private Economy Innovation International Forum, 2009：747-753.

[19] Guy S. Liu, John Beirne, Pei Sun et al. The Performance Impact of Firm Ownership Transformation in China: Mixed Ownership vs. fully Privatised Ownership [J]. Journal of Chinese Economics and Business Studies, 2015, 13（03）：197-216.

[20] 顾钰民. 混合所有制的制度经济学分析 [J]. 福建论坛（人文社会科学版），2006（10）：16-20.

[21] 顾钰民. 混合所有制经济是基本经济制度的重要实现形式 [J]. 毛泽东邓小平理论研究，2014（01）：35-39.

[22] 吴延兵. 不同所有制企业技术创新能力考察 [J]. 产业经济研究，2014（02）：53-64.

[23] 张东明，史册. 国有企业实行混合所有制若干观念问题思考 [J]. 经济体制改革，2015（01）：122-125.

[24] 吴万宗，宗大伟. 何种混合所有制结构效率更高——中国工业企业数据的实证检验与分析 [J]. 天津财经大学学报，2016（03）15-25，35.

[25] 周叔莲, 刘戒骄. 尚未完成的国有企业改革 [J]. 理论前沿, 2008 (18): 5-9.

[26] 张文魁. 国有企业改革30年的中国范式及其挑战 [J]. 改革, 2008 (10): 5-18.

[27] 匡贤明. 为何重提混合所有制 [J]. 中国经济报告, 2014 (04): 49-52.

[28] 谭江华. 完善混合所有制经济的几大突破点 [J]. 福建论坛 (人文社会科学版), 2016 (01): 36-39.

[29] Robert J. Larner. Ownership and Control in the 200 Largest Nonfinancial Corporations, 1929 and 1963 [J]. The American Economic Review, 1966, 56 (04): 777-787.

[30] Barclay M. J., Smith C. W.. The Priority Structure of Corporate Debt [J]. Journal of Finance, 1995 (50): 609-632.

[31] Shleifer A., Vishny R. A.. Survey of Corporate Govermance [J]. Journal of Finance, 1997, 52 (02): 737-783.

[32] 林毅夫, 李周. 现代企业制度的内涵与国有企业改革方向 [J]. 经济研究, 1997 (03): 3-10.

[33] 张维迎. 产权安排与企业内部的权力斗争 [J]. 经济研究, 2000 (06): 41-50.

[34] 李维安. 金融危机防范: 公司治理是关键 [J]. 农村金融研究, 2009 (04): 14-18.

[35] 李广存. 对公司治理力及其规律的探讨 [J]. 经济问题, 2004 (07): 41-43.

[36] 张东风, 任爱英. 培育公司治理能力, 再造企业 (集团) 制度平台——中国企业治理: 结构、机制、效率 [J]. 河北企业, 2004 (10): 5-8.

[37] 朱开悉, 王小朋. 公司治理能力的价值探讨 [J]. 系统工程, 2006 (04): 83-88.

[38] 李尊卫. 基于企业能力的企业绩效审计指标体系研究 [D]. 重庆: 重庆大学, 2006.

[39] 杜运潮, 王任祥, 徐凤菊. 国有控股上市公司的治理能力评价体系——

混合所有制改革背景下的研究 [J]. 经济管理, 2016 (11): 11-25.

[40] 李维安, 徐业坤, 宋文洋. 公司治理评价研究前沿探析 [J]. 外国经济与管理, 2011 (08): 57-65.

[41] 裴武威. 公司治理评价体系研究 [J]. 证券市场导报. 2001 (09): 4-15.

[42] 南开大学公司治理研究中心课题组. 中国上市公司治理评价系统研究 [J]. 南开管理评论, 2003 (03): 4-12.

[43] 吴淑琨, 李有根. 中国上市公司治理评价体系研究 [J]. 中国软科学, 2003 (05): 65-69.

[44] 叶银华, 李存修, 柯承恩. 公司治理与评等系统 [M]. 北京: 中国财政经济出版社, 2003.

[45] 施东晖, 司徒大年. 值得企业家关注的公司治理评价体系 [J]. 国际经济评论, 2003 (03): 53-56.

[46] 严若森. 公司治理评价及其灰色关联分析 [J]. 技术经济, 2009 (07): 114-120.

[47] 杨建仁, 左和平, 罗序斌. 中国上市公司治理结构评价研究 [J]. 经济问题探索, 2011 (10): 66-72.

[48] 白重恩, 刘俏, 陆洲, 宋敏, 张俊喜. 中国上市公司治理结构的实证研究 [J]. 经济研究, 2005 (02): 81-91.

[49] 张俊喜. 中国上市公司治理结构的实证研究 [J]. 经济研究, 2005 (02): 81-91.

[50] 韩贵义. 我国国有企业公司治理诊断模型与评价研究 [J]. 中国科技论坛, 2010 (10): 62-66.

[51] 秦斗豆. 混合所有制是提高企业治理绩效的有效途径 [J]. 中国市场, 2014 (03): 82-88.

[52] 谢军, 黄建华. 试析中国混合所有制企业公司治理的特殊性 [J]. 经济师, 2012 (10): 22, 30.

[53] 张敏. 论混合所有制企业公司治理的特殊性 [J]. 青海社会科学, 2015 (06): 58-65.

[54] 杨红英, 童露. 论混合所有制改革下的国有企业公司治理 [J]. 宏

观经济研究,2015 (01): 42-51.

[55] 杨红英,童露. 国有企业混合所有制改革中的公司内部治理 [J]. 技术经济与管理研究,2015 (05): 50-54.

[56] 郝云宏,汪茜. 混合所有制企业股权制衡机制研究——基于"鄂武商控制权之争"的案例解析 [J]. 中国工业经济,2015 (03): 148-160.

[57] 臧跃茹,刘泉红,曾铮. 促进混合所有制经济发展研究 [J]. 宏观经济研究,2016 (07): 21-28,113.

[58] 程承坪,焦方辉. 现阶段推进混合所有制经济发展的难点及措施 [J]. 经济纵横,2015 (01): 51-55.

[59] 郑志刚. 国企公司治理与混合所有制改革的逻辑和路径 [J]. 证券市场导报,2015 (06): 4-12.

[60] 李正图. 混合所有制公司制企业的制度选择和制度安排研究 [J]. 上海经济研究. 2005 (05): 19-27.

[61] 高明华. 公司治理与国企发展混合所有制 [J]. 天津社会科学,2015 (05): 76-83.

[62] 阎达五,杜胜利. 资本管理论——控股公司资本控制研究 [M]. 北京:中国人民大学出版社,1999.

[63] Franco Modigliani, Merton H. Miller. The Cost of Capital, Corporation Finance and the Theory of Investment [J]. American Economic Review, 1958, 48 (3): 261-297.

[64] 沈艺峰,田静. 我国上市公司资本成本的定量研究 [J]. 经济研究,1999 (11): 62-68.

[65] 张维迎,吴有昌. 公司融资结构的契约理论:一个综述 [J]. 改革,1995 (04): 109-116,52.

[66] Allen N. Berger, Emilia Bonaccorsi di Patti. Capital Structure and Firm Performance: A New Approach to Testing Agency Theory and an Application to the Banking Industry [J]. Ssrn Electronic Journal, 2002, 30 (4): 1065-1102.

[67] Stijn Claessens, Simeon Djankov, Joseph P. H., Fan Et Al. Disentangling the Incentive and Entrenchment Effects of Large Shareholdings [J]. Journal of Finance, 2002, 57 (6): 2741-2771.

[68] 周革平. 资本结构与公司价值关系研究——MM 理论及最新进展概要 [J]. 金融与经济, 2006 (03): 29-31.

[69] 黄文青. 债权融资结构与公司治理效率——来自中国上市公司的经验证据 [J]. 财经理论与实践, 2011 (02): 46-50.

[70] 张海龙, 李秉祥. 公司价值、资本结构与经理管理防御 [J]. 软科学, 2012 (06): 111-114.

[71] 阮素梅. 公司治理与资本结构对上市公司价值创造能力影响的实证研究 [D]. 合肥: 合肥工业大学, 2014.

[72] Gary C. Biddle, Gilles Hilary. Accounting Quality and Firm-Level Capital Investment [J]. Accounting Review, 2006, 81 (5): 963-982.

[73] 孙刚. 控股权性质、会计稳健性与不对称投资效率——基于我国上市公司的再检验 [J]. 山西财经大学学报, 2010 (05): 74-84.

[74] 刘斌, 吴娅玲. 会计稳健性与资本投资效率的实证研究 [J]. 审计与经济研究, 2011 (04): 60-68.

[75] Bushman R. M., Piotroski J. D., Smith A. J.. Capital Allocation and Timely Accounting Recognition of Economic Losses [J]. Journal of Business Finance & Accounting, 2011, 38 (1/2): 1-33.

[76] 刘星, 代彬, 郝颖. 高管权力与公司治理效率——基于国有上市公司高管变更的视角 [J]. 管理工程学报, 2012 (01): 1-12.

[77] 潘前进. 管理层能力、盈余质量与资本配置效率研究 [D]. 北京: 中央财经大学, 2015.

[78] Heitor V. Almeida, Daniel Wolfenzon. A Theory of Pyramidal Ownership and Family Business Groups [J]. Journal of Finance, 2006, 61 (06): 2637-2680.

[79] 付青山. 国有资本收益分配的研究 [D]. 上海: 复旦大学, 2009.

[80] 李军, 肖金成. 混合所有制企业中的国有资本管理 [J]. 经济研究参考, 2015 (03): 18-25.

[81] 王竹泉. 中国上市公司营运资金管理调查: 2013 [J]. 会计研究, 2014 (12): 72-78, 96.

[82] 杜媛, 孙莹, 王苑琢. 混合所有制改革推动资本管理创新和营运资金管理发展——中国企业营运资金管理研究中心协同创新回顾及 2014 年论坛

综述[J]. 会计研究, 2015 (01): 93-95.

[83] 刘树艳. 混合所有制企业资本融合: 问题、机制[J]. 会计之友, 2015 (13): 46-48.

[84] 张炳雷, 王振伟. 国有企业资本运营管理的问题探析[J]. 经济体制改革, 2016 (02): 24-28.

[85] 王淼. 政府干预、公司治理与国有企业的资本配置效率[J]. 华东经济管理, 2016 (03): 34-41.

[86] 蒋松云. 国有商业银行公司治理改革与资本金管理[J]. 上海金融, 2006 (03): 24-27.

[87] 廖继胜. 基于资本管理的国有商业银行公司治理研究[D]. 南昌: 华东交通大学, 2008.

[88] 许小年. 以法人机构为主体建立公司治理机制和资本市场[J]. 改革, 1997 (05): 27-33.

[89] 张维迎. 从公司治理结构看中国国有企业改革的成效、问题与出路[J]. 社会科学战线, 1997 (2): 42-51.

[90] 陈晓, 江东. 股权多元化、公司业绩与行业竞争性[J]. 经济研究, 2000 (08): 28-35, 80.

[91] 吴丽贤. 资本结构与公司治理的关系研究[D]. 上海: 东华大学, 2007.

[92] 张兆国, 陈华东, 郑宝红. 资本结构视角下国企混合所有制改革中几个问题的思考[J]. 宏观经济研究, 2016 (01): 86-92.

[93] 肖明, 张静亚, 常乐. 自由现金流、公司治理与资本结构动态调整[J]. 财会月刊, 2016 (12): 14-19.

[94] 殷军, 皮建才, 杨德才. 国有企业混合所有制的内在机制和最优比例研究[J]. 南开经济研究, 2016 (01): 18-32.

[95] Bebchuk S., Stock Pyramids. Cross-ownership and Dual Class Equity: The Creation and Agency Costs of Seperating Control from Cash Flow Rights[J]. Working paper, Cambridge, 2001.

[96] Eisdorfer A., Giaccotto C., White R.. Capital structure, executive compensation, and investment efficiency[J]. Journal of Banking & Finance, 2013, 37

（02）：549－562.

［97］范恒山. 如何理解大力发展混合所有制经济［N］. 人民日报，2003－11－03.

［98］张晓玫，朱琳琳. 混合所有制公司的治理结构、高管薪酬和经营绩效——基于分行业的研究视角［J］. 金融经济，2016（02）：153－155.

［99］包刚. 混合所有制对公司绩效的影响：融资约束的中介效应［J］. 会计之友，2016（09）：57－62.

［100］剧锦文. 国有企业推进混合所有制改革的缔约分析［J］. 天津社会科学，2016（01）：91－96.

［101］张文魁. 民营化：国企改革的终极目标［J］. 北大商业评论，2015（02）：104－115，22.

［102］谢军. 中国混合所有制企业国有产权管理研究［D］. 武汉：武汉理工大学，2013.

［103］珀尔·简斯特，大卫·赫西著，冀书鹏译. 公司能力分析——确定战略能力［M］. 北京：人民邮电出版社，2004.

［104］吴敬琏. 什么是现代企业制度［J］. 改革，1994（01）：17－34.

［105］梁能. 公司治理结构，中国的实践与美国的经验［M］. 北京：中国人民大学出版社，2000.

［106］李维安. 公司治理与公司治理原则［J］. 中国物资流通，2001（02）：6－7.

［107］郝晓春. 提升中铁十四局集团公司治理能力途径的研究［D］. 济南：山东大学，2009.

［108］吴振信. 资本管理［M］. 北京：经济管理出版社，2006.

［109］庞贝维克. 资本实证论［M］. 陈端译. 北京：商务印书馆，1964.

［110］萨缪尔森. 经济学［M］. 高鸿业译. 北京：商务印书馆，1982.

［111］苏敬勤，王鹤春. 企业资源分类框架的讨论与界定［J］. 科学学与科学技术管理，2010（02）：158－161.

［112］Barclay M. J., Smith C. W.. The Priority Structure of Corporate Debt［J］. Journal of Finance，1995，50（03）：899－917.

［113］聂锐. 现代企业理论［M］. 北京：经济管理出版社，2007：

157、179.

[114] 谭忠游. 基于企业能力视角的公司治理研究 [J]. 经济纵横, 2009 (02): 102 - 104.

[115] 李维安, 武立东. 公司治理教程 [M]. 上海: 上海人民出版社, 2002.

[116] Claessens S., Djankov S., Lang L. H. P.. The separation of ownership and control in East Asian corporations [J]. Journal of Financial Economics, 2000, 58 (1 - 2): 81 - 112.

[117] La Porta R., Lopez - de - Silanes F., Shleifer A., Vishny R. W.. What works in securities laws? [J]. Journal of Finance, 2006, 61 (01): 1 - 32.

[118] Bianco M., Casavola P.. Italian Corporate Governance: Effects on Financial Structure and Firm Performance [J]. European Economic Review, 1999, 43 (4 - 6): 1057 - 1069.

[119] Nelson J.. Corporate governance practices, CEO characteristics and Firm Performance [J]. Journal of Corporate Finance, 2005, 11 (1 - 2): 197 - 228.

[120] Chari A., Henry P.. Firm - specific information and the efficiency of investment. Journal of Financial Economics, 2008, 87 (03): 636 - 655.

[121] Epps R, Cereola S. Do Institutional Shareholder Services (ISS) corporate governance rating reflect a company's operating performance? [J]. Critical Perspectives on Accounting, 2008, 19 (08): 1135 - 1148.

[122] Bauer R., Frijns B., Otten R., Tourani - Rad A. The impact of corporate governance on corporate performance: Evidence from Japan [J]. Pacific - Basin Finance Journal, 2008, 16 (03): 236 - 251.

[123] Mashayekhi B., Bazaz M. S.. Corporate governance and firm performance in Iran [J]. Journal of Contemporary Accounting & Economics, 2008, 4 (02): 156 - 172.

[124] Chen S., Sun Z., Tang S., Wu D.. Government intervention and investment efficiency: Evidence from China [J]. Journal of Corporate Finance, 2011, 17 (02): 259 - 271.

[125] Sami H., Wang J., Zhou H.. Corporate Governance and Operating

Performance of Chinese Listed Firms [J]. Journal of International Accounting, Auditing and Taxation, 2011, 20 (02): 106-114.

[126] Guo Z., Kga U.. Corporate Governance and Firm Performance of Listed Firms in Sri Lanka [J]. Procedia - Social and Behavioral Sciences, 2012, 40 (04): 664-667.

[127] Martin Reyna J., Duran Encalada J.. The relationship among family business, corporate governance and firm performance: Evidence from the Mexican Stock Exchange [J]. Journal of Family Business Strategy, 2012, 03 (02): 106-117.

[128] Eisdorfer A, Giaccotto C, White R. Capital structure, executive compensation, and investment efficiency [J]. Journal of Banking & Finance, 2013, 37 (02): 549-562.

[129] Scott Richardson. Over-investment of free cash flow [J]. Rev Acc Stud, 2006 (11): 159-189.

[130] S. M. Fazzari, R. G. Hubbard, B. C. Petersen, A. S. Blinder, J. M. Poterba. Financing Constraints and Corporate Investment [J]. Brookings Papers on Economic Activity, 1988 (01): 141-206.

[131] Vogt Stephen C.. The Cash Flow/Investment Relationship: Evidence from U. S. Manufacturing Firms [J]. The Journal of the Financial Management Association, 1994 (02): 3-20.

[132] 连玉君, 程建. 投资—现金流敏感性: 融资约束还是代理成本? [J]. 财经研究, 2007 (02): 37-46.

[133] 张功富, 宋献中. 我国上市公司投资: 过度还是不足?——基于沪深工业类上市公司非效率投资的实证度量 [J]. 会计研究, 2009 (05): 69-77, 97.

[134] 魏明海, 柳建华. 国企分红、治理因素与过度投资 [J]. 管理世界, 2007 (04): 88-95.

[135] 辛清泉, 郑国坚, 杨德明. 企业集团、政府控制与投资效率 [J]. 金融研究, 2007 (10): 123-142.

[136] 王彦超. 融资约束、现金持有与过度投资 [J]. 金融研究, 2009 (07): 121-133.

[137] 谭燕,陈艳艳,谭劲松,张育强. 地方上市公司数量、经济影响力与过度投资 [J]. 会计研究, 2011 (04): 43-51, 94.

[138] 刘慧龙,王成方,吴联生. 决策权配置、盈余管理与投资效率 [J]. 经济研究, 2014 (08): 93-106.

[139] 喻坤,李治国,张晓蓉,徐剑刚. 企业投资效率之谜:融资约束假说与货币政策冲击 [J]. 经济研究, 2014 (05): 106-120.

[140] 冯根福,黄建山. 中国上市公司治理对公司成长能力影响的实证分析 [J]. 经济管理, 2009 (12): 61-68.

[141] 李维安,孙文. 董事会治理对公司绩效累积效应的实证研究——基于中国上市公司的数据 [J]. 中国工业经济, 2007 (12): 77-84.

[142] 张耀伟. 董事会治理评价、治理指数与公司绩效实证研究 [J]. 管理科学, 2008 (05): 11-18.

[143] 孙敬水,孙金秀. 我国上市公司监事会与公司绩效的实证检验 [J]. 统计与决策, 2005 (03): 64-65.

[144] 刘名旭. 监事会、公司治理与公司绩效——基于民营上市公司的研究 [J]. 华东经济管理, 2007 (10): 95-98.

[145] 卿石松. 监事会防合谋激励机制研究 [J]. 商业经济与管理, 2009 (02): 47-51.

[146] 李维安,张国萍. 经理层治理评价指数与相关绩效的实证研究——基于中国上市公司治理评价的研究 [J]. 经济研究, 2005 (11): 87-98.

[147] 刘彦文,叶曦,郭杰. 公司外部治理机制对企业绩效的影响研究 [J]. 上海管理科学, 2012 (06): 57-62.

[148] 张宜晖,廖永威. 公司外部治理机制研究——对我国激活公司外部治理机制的启示 [J]. 企业经济, 2009 (03): 182-185.

[149] 万青叶. 外部公司治理与股东财富最大化 [D]. 北京:首都经济贸易大学, 2015.

[150] 辛宇,徐莉萍. 投资者保护视角下治理环境与股改对价之间的关系研究 [J]. 经济研究, 2007 (09): 121-133.

[151] 张红军. 中国上市公司股权结构与公司绩效的理论及实证分析 [J]. 经济科学, 2000 (04): 34-44.

[152] 陈小悦,徐晓东. 股权结构、企业绩效与投资者利益保护 [J]. 经济研究,2001 (11): 3 – 11,94.

[153] 吴淑琨. 股权结构与公司绩效的 U 型关系研究——1997~2000 年上市公司的实证研究 [J]. 中国工业经济,2002 (01): 80 – 87.

[154] 田利辉. 国有股权对上市公司绩效影响的 U 型曲线和政府股东两手论 [J]. 经济研究,2005 (10): 48 – 58.

[155] 孙永祥. 所有权、融资结构与公司治理机制 [J]. 经济研究,2001 (01): 45 – 53.

[156] 佘晓明. 中国上市公司的股权结构与公司绩效 [J]. 世界经济,2003 (09): 50 – 55.

[157] 徐向艺,张立达. 上市公司股权结构与公司价值关系研究——一个分组检验的结果 [J]. 中国工业经济,2008 (04): 102 – 109.

[158] 陆珩瑱,吕睿. 资本结构选择偏好、成长性与公司绩效 [J]. 投资研究,2012 (03): 114 – 124.

[159] 孙永祥. 所有权、融资结构与公司治理机制 [J]. 经济研究,2001 (01): 45 – 53.

[160] 刘汉民. 所有制、制度环境与公司治理效率 [J]. 经济研究,2002 (06): 63 – 68,95.

[161] 邵东亚. 公司治理的机制与绩效——案例分析与制度反思 [J]. 管理世界,2003 (12): 115 – 127.

[162] 李增泉,余谦,王晓坤. 掏空、支持与并购重组——来自我国上市公司的经验证据 [J]. 经济研究,2005 (01): 95 – 105.

[163] 谢军. 股利政策、第一大股东和公司成长性:自由现金流理论还是掏空理论 [J]. 会计研究,2006 (04): 51 – 57,94 – 95.

[164] M. C. Jensen. Agency Cost of Free Cash Flow, Corporate Finance [J]. American Economic Review,1986,76 (02): 323 – 329.

附　　录

附表1　样本企业股票代码及名称

股票代码	股票名称	股票代码	股票名称
002368.SZ	太极股份	600085.SH	同仁堂
600839.SH	四川长虹	600893.SH	中航动力
600008.SH	首创股份	600429.SH	三元股份
600332.SH	白云山	600776.SH	东方通信
601801.SH	皖新传媒	600050.SH	中国联通
600406.SH	国电南瑞	600418.SH	江淮汽车
601928.SH	凤凰传媒	000927.SZ	一汽夏利
000851.SZ	高鸿股份	002051.SZ	中工国际
600637.SH	东方明珠	600649.SH	城投控股
600708.SH	光明地产	000719.SZ	大地传媒
600825.SH	新华传媒	600056.SH	中国医药
000800.SZ	一汽轿车	002152.SZ	广电运通
600850.SH	华东电脑	600704.SH	物产中大
600037.SH	歌华有线	600754.SH	锦江股份
002268.SZ	卫士通	000786.SZ	北新建材
600270.SH	外运发展	600587.SH	新华医疗
601158.SH	重庆水务	601888.SH	中国国旅
600372.SH	中航电子	600787.SH	中储股份
601989.SH	中国重工	600073.SH	上海梅林

续表

股票代码	股票名称	股票代码	股票名称
300114.SZ	中航电测	002100.SZ	天康生物
002369.SZ	卓翼科技	000528.SZ	柳工
000768.SZ	中航飞机	601238.SH	广汽集团
600820.SH	隧道股份	002419.SZ	天虹商场
601669.SH	中国电建	601717.SH	郑煤机
000596.SZ	古井贡酒	600879.SH	航天电子
600606.SH	绿地控股	600826.SH	兰生股份
002678.SZ	珠江钢琴	000973.SZ	佛塑科技
000837.SZ	秦川机床	600009.SH	上海机场
600526.SH	菲达环保	600597.SH	光明乳业
000425.SZ	徐工机械	600629.SH	华建集团
000581.SZ	威孚高科	600639.SH	浦东金桥
000960.SZ	锡业股份	600741.SH	华域汽车
601718.SH	际华集团	600483.SH	福能股份
600559.SH	老白干酒	600675.SH	中华企业
000028.SZ	国药一致	600395.SH	盘江股份
600835.SH	上海机电	000729.SZ	燕京啤酒
002281.SZ	光迅科技	601992.SH	金隅股份
600761.SH	安徽合力	000801.SZ	四川九洲
600688.SH	上海石化	000778.SZ	新兴铸管
601607.SH	上海医药	600153.SH	建发股份
600519.SH	贵州茅台	000006.SZ	深振业A
600872.SH	中炬高新	600482.SH	中国动力
000860.SZ	顺鑫农业	600729.SH	重庆百货
600859.SH	王府井	600176.SH	中国巨石
600827.SH	百联股份	600329.SH	中新药业
000733.SZ	振华科技	600511.SH	国药股份
600018.SH	上港集团	600894.SH	广日股份
002461.SZ	珠江啤酒	600026.SH	中远海能

样本来源：WIND 数据库国企改革 100 指数成分股。

附表2 混合所有制企业公司治理能力测度指标变异系数

一级指标	变异系数	二级指标	变异系数	三级指标	变异系数	四级指标	变异系数
内部治理能力	16.65	股东会治理能力	3.84	股东会合法合规与合理性	0.61	股东会的合法合规性	0.21
						非国有股东参与比例	0.40
				中小股东权益保障	1.32	中小股东保护制度	0.55
						临时提案制度	0.77
				非国有股东权益保障	1.91	管理权行使	0.81
						监督权行使	0.33
						表决权行使	0.18
						知情权行使	0.21
						收益分配权行使	0.18
						剩余财产分配权行使	0.18
		董事会治理能力	4.51	董事评价效果	0.90	董事的产生与退出	0.21
						董事的考核	0.69
				董事会运作效率	1.21	董事会的构成规模	0.43
						董事会决策效果	0.79
				董事会结构合理性	1.58	董事会的决策机制	0.11
						董事会人员结构	0.58
						非国有股董事人数	0.61
						专业委员会的设置	0.29
				独立董事制度有效性	0.82	独立董事制度实施效果	0.35
						独立董事权力行使的状况	0.20
						独立董事的激励与约束	0.27
		监事会治理能力	2.93	监事能力保障	1.80	外部监事比例	0.77
						监事会人员专职程度	0.68
						外部监事履职状况	0.35
				监事会运行效率	1.13	与董事会、管理层交叉任职的情况	0.31
						监事会行使监督有效性	0.46
						监事会监管记录的完备性	0.35

续表

一级指标	变异系数	二级指标	变异系数	三级指标	变异系数	四级指标	变异系数
内部治理能力	16.65	经理层治理能力	4.19	经理层构成合理性	0.80	管理人员的选聘方式	0.61
						职业经理人比率	0.19
				决策与执行效果	1.43	决策有效性	0.46
						决策风险损失	0.96
				激励与约束效果	1.96	薪酬回报倍数	0.48
						激励方式	0.39
						约束与追责	0.35
						内部人控制	0.63
						考核评价机制	0.11
		员工治理能力	1.19	员工利益保障	1.19	社保提取率	0.49
						员工权益保护	0.70
外部治理能力	7.27	政府关系治理能力	2.33	政府扶持与监管效果	1.12	政府扶持	0.73
						政府的监管与约束	0.39
				政府关系维护	1.21	资产纳税率	0.46
						就业贡献率	0.76
		银行关系治理能力	1.49	银行关系维护	1.49	债权人权益保护	0.54
						银行借款率	0.95
		供应商关系治理能力	0.91	供应商关系维护	0.91	前五大供应商采购成本占比	0.17
						前五大供应商采购成本变化率	0.74
		客户关系治理能力	1.21	客户关系维护	1.21	前五大客户销售额占比	0.30
						前五大客户销售额变化率	0.91
		公众关系治理能力	1.33	公众关系维护	1.33	社会公众权益保护	0.75
						社会公益捐献比率	0.58

附表3 按行业分组的混合所有制企业内部治理能力指数描述性统计

	企业数	均值	中位数	最大值	最小值	标准差	全距
制造业	52	0.475	0.467	0.627	0.334	0.072	0.292
批发和零售业	11	0.446	0.466	0.568	0.341	0.066	0.227
信息传输、软件和信息技术服务业	7	0.495	0.49	0.589	0.386	0.076	0.204
交通运输、仓储和邮政业	5	0.444	0.453	0.485	0.383	0.04	0.102
房地产业	4	0.474	0.475	0.447	0.418	0.047	0.029
文化、体育和娱乐业	4	0.415	0.392	0.55	0.325	0.096	0.225
电力、热力、燃气及水生产和供应业	3	0.401	0.42	0.447	0.335	0.059	0.113
建筑业	3	0.546	0.54	0.573	0.524	0.025	0.049
采矿业	1	0.405	0.405	0.405	0.405	—	0.000
住宿和餐饮业	1	0.463	0.463	0.463	0.463	—	0.000
租赁和商务服务业	1	0.461	0.461	0.461	0.461	—	0.000
总体	92	0.468	0.463	0.627	0.325	0.071	0.301

附表4 按行业分组的混合所有制企业外部治理能力指数描述性统计

	企业数	均值	中位数	最大值	最小值	标准差	全距
制造业	52	0.318	0.332	0.505	0.118	0.087	0.387
批发和零售业	11	0.273	0.312	0.414	0.088	0.11	0.325
信息传输、软件和信息技术服务业	7	0.320	0.341	0.432	0.181	0.095	0.251
交通运输、仓储和邮政业	5	0.252	0.25	0.351	0.155	0.076	0.197

续表

	企业数	均值	中位数	最大值	最小值	标准差	全距
房地产业	4	0.334	0.354	0.477	0.204	0.105	0.273
文化、体育和娱乐业	4	0.215	0.217	0.225	0.201	0.011	0.023
电力、热力、燃气及水生产和供应业	3	0.306	0.258	0.477	0.183	0.153	0.294
建筑业	3	0.358	0.386	0.416	0.272	0.076	0.144
采矿业	1	0.410	0.410	0.410	0.410	—	0.000
住宿和餐饮业	1	0.347	0.347	0.347	0.347	—	0.000
租赁和商务服务业	1	0.318	0.318	0.318	0.318	—	0.000
总体	92	0.307	0.320	0.505	0.088	0.092	0.417

附表5 按行业分组的混合所有制企业二级指数均值统计

	股东会指数	董事会指数	监事会指数	经理层指数	员工指数	政府指数	银行指数	供应商指数	客户指数	公众指数
制造业	0.575	0.480	0.297	0.509	0.453	0.349	0.330	0.229	0.214	0.403
批发和零售业	0.549	0.439	0.299	0.474	0.405	0.294	0.268	0.196	0.252	0.313
信息传输、软件和信息技术服务业	0.561	0.573	0.290	0.480	0.535	0.404	0.236	0.230	0.231	0.407
交通运输、仓储和邮政业	0.526	0.454	0.241	0.520	0.379	0.263	0.315	0.230	0.196	0.229
房地产业	0.567	0.481	0.327	0.488	0.457	0.310	0.439	0.265	0.208	0.423
文化、体育和娱乐业	0.512	0.531	0.281	0.408	0.014	0.306	0.076	0.241	0.225	0.183
电力、热力、燃气及水生产和供应业	0.449	0.537	0.253	0.365	0.214	0.322	0.497	0.302	0.133	0.223
建筑业	0.681	0.498	0.316	0.612	0.621	0.397	0.274	0.267	0.229	0.564
采矿业	0.455	0.502	0.231	0.320	0.608	0.528	0.424	0.276	0.098	0.564
住宿和餐饮业	0.559	0.510	0.359	0.339	0.670	0.245	0.457	0.187	0.289	0.564
租赁和商务服务业	0.639	0.429	0.393	0.339	0.599	0.219	0.370	0.189	0.269	0.564
总体	0.564	0.486	0.294	0.491	0.434	0.338	0.315	0.231	0.217	0.379

附表 6　按区域分组的混合所有制企业内部治理能力指数描述性统计

	企业数	均值	中位数	最大值	最小值	标准差	全距
东部	67	0.468	0.463	0.607	0.334	0.070	0.272
西部	16	0.451	0.445	0.605	0.356	0.062	0.249
中部	8	0.494	0.507	0.627	0.325	0.095	0.301
东北	1	0.488	0.488	0.488	0.488	—	0.000
总体	92	0.468	0.463	0.627	0.325	0.071	0.301

附表 7　按区域分组的混合所有制企业外部治理能力指数描述性统计

	企业数	均值	中位数	最大值	最小值	标准差	全距
东部	67	0.308	0.318	0.505	0.088	0.091	0.417
西部	16	0.325	0.327	0.473	0.183	0.090	0.290
中部	8	0.266	0.271	0.377	0.118	0.108	0.259
东北	1	0.290	0.290	0.290	0.290	—	0.000
总体	92	0.307	0.320	0.505	0.088	0.092	0.417

附表 8　按区域分组的混合所有制企业二级指数均值统计

	股东会指数	董事会指数	监事会指数	经理层指数	员工指数	政府指数	银行指数	供应商指数	客户指数	公众指数
东部	0.564	0.488	0.296	0.487	0.440	0.329	0.336	0.228	0.221	0.375
西部	0.526	0.490	0.286	0.457	0.441	0.359	0.356	0.233	0.206	0.402

续表

	股东会指数	董事会指数	监事会指数	经理层指数	员工指数	政府指数	银行指数	供应商指数	客户指数	公众指数
中部	0.666	0.450	0.304	0.562	0.333	0.382	0.079	0.246	0.205	0.344
东北	0.368	0.509	0.228	0.696	0.715	0.278	0.125	0.233	0.257	0.564
总体	0.564	0.486	0.294	0.491	0.434	0.338	0.315	0.231	0.217	0.379

附表9 按上市板块分组的混合所有制企业二级指数均值统计

	股东会指数	董事会指数	监事会指数	经理层指数	员工指数	政府指数	银行指数	供应商指数	客户指数	公众指数
主板	0.567	0.484	0.293	0.489	0.438	0.337	0.321	0.229	0.218	0.380
中小板	0.568	0.491	0.305	0.498	0.437	0.348	0.301	0.247	0.207	0.407
创业板	0.290	0.554	0.282	0.571	0.085	0.366	0.006	0.218	0.231	0.000
总体	0.564	0.486	0.294	0.491	0.434	0.338	0.315	0.231	0.217	0.379